SEGREDOS DO ZOHAR

São Paulo
Alameda Itu, 1.561 | Jardim Paulista | São Paulo, SP – 01421-005
Tel.: 11 3061-2307 | e-mail: kcsaopaulo@kabbalah.com
Rio de Janeiro
R. Vitor Maurtua, 15 | Lagoa | Rio de Janeiro, RJ - 22471-200
Tel.: 21 3042-7272 | e-mail: kcrio@kabbalah.com

0800 772-3272
www.kabbalahcentre.com.br
www.facebook.com/KabbalahCentreBr
e-mail: kcbrasil@kabbalah.com

Segunda Edição
Abril de 2014
Design: HL Design (Hyun Min Lee) www.hldesignco.com
Adaptação para o português por Kabbalah Centre Publicações
Impresso no Brasil
ISBN: 978-85-64579-05-7
Título original: Secrets of the Zohar – Stories and Meditations to Awaken the Heart
Tradução: Equipe de voluntários do Kabbalah Centre do Brasil

Somos profundamente gratos aos voluntários do time de tradução e revisão do Kabbalah Centre do Brasil que contribuíram com grande empenho para que esta obra fosse produzida em português. Sem vocês este trabalho não teria sido possível.

Dados Internacionais de Catalogação na Publicação (CIP)
(Câmara Brasileira do Livro, SP, Brasil)

Berg, Michael
   Os segredos do Zohar : histórias e meditações
para despertar o coração / Michael Berg ;
traduzido pela Equipe do Kabbalah Centre]. --
1. ed. -- São Paulo : Kabbalah Centre do
Brasil, 2011.

   Título original: Secrets of the Zohar.
   ISBN 978-85-64579-05-7

   1. Cabala 2. Espiritualidade 3. Transformação
pessoal I. Título

11-13218   CDD-296.16

Índices para catálogo sistemático:
1. Cabala : Poder   296.16

SEGREDOS

DO

ZOHAR

HISTÓRIAS E MEDITAÇÕES
PARA DESPERTAR O CORAÇÃO

UM GUIA COM A TECNOLOGIA PARA
TRANSFORMAR A SUA VIDA

KABBALAH
PUBLISHING

MICHAEL BERG

EDITOR DA PRIMEIRA TRADUÇÃO COMPLETA
DO ZOHAR PARA O INGLÊS

Dedicamos e convidamos a todos aqueles
que tiverem contato com esta obra, que tem
o formato de um livro, a acreditarem na LUZ
incondicionalmente, entenderem que somos
um e a se conectarem com a verdadeira
felicidade usando como canal, o amor.

Que o universo lhes proporcione muitas bênçãos,
filhos e prosperidade sem fim...

Flávia e Alfredo

Índice

PREFÁCIO

Em setembro de 2004, meu pai, Rav Berg, sofreu um derrame cerebral, um AVC.

Na ocasião, os médicos não tinham certeza de que ele conseguiria sobreviver, e os prognósticos em relação à qualidade de vida que ele teria caso não morresse eram desoladores.

Desde então, meu pai teve uma recuperação impressionante, embora não seja a mesma pessoa de antes do derrame. Aqueles que estão mais próximos a ele têm diferentes formas de compreender a razão disso acontecer e as causas de sua mudança.

Hoje, ele tem muito pouco ou nenhum desejo de ensinar ou escrever, e o que mais quer é rezar.

Venho aprendendo com ele em meus sonhos.

Há alguns meses, quando comecei a trabalhar neste livro, tive um sonho em que meu pai me falava sobre o *Zohar*. Com o tempo, fui me esquecendo dos detalhes do sonho, mas não da mensagem. Ele me disse: "Venho dizendo isso há anos, mas ninguém tem escutado: o *Zohar* é a essência de tudo".

O "tudo" a que ele se referia em meu sonho é a grande obra da qual ele e minha mãe fazem parte há mais de quarenta anos. Um trabalho que começou com a criação do Universo: gerar o mundo perfeito, onde haja paz e plenitude para todos. Os kabalistas nos ensinam que isso acontecerá quando uma massa crítica de Luz for revelada em nosso mundo por meio de ações positivas da humanidade.

O que ele disse no sonho não tinha nada de diferente do que dissera anteriormente, milhares de vezes. O *Zohar* é a ferramenta mais importante que temos para realizar essa incrível transformação global.

Somente após seu derrame e esse sonho foi que comecei a entender verdadeiramente a simples mensagem que recebi de meu pai. Espero poder continuar a ouvi-lo e fazer tudo o que estiver ao meu alcance para colocar o *Zohar* à disposição de todos.

Para mim, é uma honra escrever este livro. Significa subir mais um degrau na escada do processo de fazer com que nos aproximemos de um mundo sem dor, sem sofrimento e, até mesmo, como nos prometem a *Bíblia* e o *Zohar*, de um mundo sem morte.

Dedico este livro a meu pai, Rav Berg. Que sua recuperação seja total e completa, e que ele tenha o mérito de que sua visão de um mundo livre de caos se manifeste nesta vida. E também o dedico à minha mãe, Karen, pois este trabalho não existiria sem sua força, seu comprometimento inabalável e seus suaves empurrões. Ela ainda continua a dar continuidade, mesmo em meio à sua dor, ao projeto de ambos, um sonho herdado dos grandes kabalistas de milhares de anos.

Rezo para que eu e todos nós lembremos que: "O *Zohar* é a essência de tudo".

Com lágrimas, amor, Luz e certeza.

Michael Berg, Los Angeles, Califórnia, fevereiro de 2007

INTRODUÇÃO

Antes do tempo, antes do espaço, antes de um único átomo vir a existir, o <u>pensamento</u> da criação já era uma realidade na mente de Deus. Esse pensamento era, e é, a visão de um mundo perfeito – sem dor, sem sofrimento, sem morte – trazendo abundância ilimitada e plenitude para todas as almas.

Esse mundo perfeito é muito mais do que uma mera visão. É uma realidade. Ele <u>existe</u>. É um universo paralelo bem aqui, neste exato instante, que permanecerá oculto até que tenhamos alcançado nosso propósito neste nosso plano de existência.

Por que esse mundo perfeito está oculto? Porque nada pode nos ser dado sem que o <u>mereçamos</u>. Viemos a este mundo em busca da Luz. Mas a Luz já está aqui, precisamos apenas nos preparar e estar prontos para recebê-la.

Esse é o nosso propósito. E, para nos ajudar a alcançá-lo, Deus nos deu o instrumento extremamente poderoso, conhecido como o Zohar.

Ao iniciar seu estudo e exploração do *Zohar*, é importante que você entenda o verdadeiro significado do "pensamento da criação".

Antes da criação deste mundo físico, existia uma visão na mente de Deus, uma visão de um mundo perfeito, livre de toda a dor e sofrimento, com alegria e plenitude para todos. Mas o pensamento divino da Criação é muito mais do que uma mera visão.

O mundo perfeito já existe, porque o Criador não é limitado pelo tempo ou pelo espaço. Esse mundo, onde toda a dor e sofrimento são removidos, é uma realidade neste exato momento.

Porém, os kabalistas ensinam que não podemos obter gratuitamente o acesso a esse universo perfeito. Precisamos merecê-lo e alcançá-lo por meio do nosso trabalho espiritual e de nossa transformação.

E o *Zohar* é a mais poderosa ferramenta para nossa transformação, uma grande dádiva do Criador, um portal para o mundo perfeito.

À medida que nossos corações despertam para o *Zohar*, atravessamos literalmente um portal esplêndido que nos dá acesso ao mundo perfeito e o trazemos para nossas vidas. Quanto mais nos conectamos com o *Zohar*, mais intensa será a fusão do nosso universo com a visão do Criador.

Para avançar nesse processo, muitas traduções do *Zohar* e de outras escrituras kabalísticas foram feitas ao longo dos séculos. Apesar da relevância desses textos, eles não eram acessíveis a todos. Este livro dá o passo seguinte: faz um convite a todos que desejem ter acesso ao *Zohar*.

A verdade é que já existe uma conexão entre nós e a realidade mais elevada. O nosso ser perfeito já existe no pensamento da Criação. À medida que estudar o *Zohar*, que seus olhos percorrerem suas letras aramaicas e que meditar sobre seus ensinamentos, você começará a revelar sua essência perfeita neste mundo.

Além disso, a Kabbalah nos ensina que no momento em que cada vez mais pessoas também começarem esse estudo, atingiremos a transformação suprema do mundo físico.

Fisicamente, o *Zohar* é um livro, ou com mais frequência, um conjunto de livros. Porém, essa forma física é, na verdade, uma grande fonte de mal-entendidos.

Embora as páginas apresentem comentários sobre a *Bíblia* sob a forma de conversas entre mestres espirituais, os grandes sábios kabalistas nos ensinam que elas nos oferecem muito mais. Tanto seu conteúdo como as palavras e letras que o transmitem corporificam a Luz do Criador. O fato do *Zohar* chegar a nós no formato de um livro faz parte de uma estratégia que almeja torná-lo acessível a toda e qualquer pessoa.

À medida que nossa conexão com o *Zohar* se torna mais profunda, nossa conexão com a Luz do Criador também se intensifica. Para aqueles que se aproximam do *Zohar* com sinceridade e com o coração aberto, ele significa a maior dádiva recebida ou oferecida. E, como o Rav Shimon Bar Yohai explica em suas páginas, somente trazendo a Luz do *Zohar* para o mundo é que o mundo perfeito será alcançado, livre da dor, do sofrimento e da morte. Foi por esse motivo que os kabalistas engajaram-se com tanta paixão na tarefa de revelar o *Zohar*.

Lendo o *Zohar*: Despertando a Luz

Ao lermos um livro comum ou um artigo, fazemos exatamente isso, ou seja, apenas *lemos*. Entretanto, estudar e ler o *Zohar* é diferente, pois, na verdade, ele desperta as próprias energias sobre as quais estamos lendo.

Quando estudamos uma passagem referente à misericórdia, por exemplo, esse aspecto da Luz do Criador é despertado não apenas em nós, mas até mesmo no mundo, como um todo. Tornamo-nos mais misericordiosos, perdoamos mais, e, com isso, despertamos também essa mesma qualidade nos outros.

Quando percorremos com os olhos os trechos do *Zohar* escritos em aramaico sobre julgamento, nós obtemos o poder de remover julgamentos feitos sobre nós, e, ao mesmo tempo, apagamos nossas próprias tendências a julgar os demais.

Imagine o seguinte: você vai almoçar com uma amiga e ela lhe mostra uma fotografia antiga. É uma foto de um casal, marido e mulher, obviamente tirada em um país estrangeiro, muitos anos atrás. Inicialmente, você pode até ter um ligeiro interesse pela imagem, mas as roupas estranhas, a iluminação ruim e sua falta de conexão com essas duas pessoas fará com que seja difícil ficar profundamente tocado pela foto.

Apenas por educação, você poderá cumprimentar sua amiga pela antiguidade que encontrou e depois devolver a foto para ela.

"Mas espere", ela poderá dizer. "Você não está completamente cativado por esta foto? Não sente uma enorme onda de emoção quando olha para ela?"

"Bem, na verdade, não sinto", você responderia, tentando ser paciente com sua amiga. "Por que eu deveria sentir alguma coisa a respeito dela? Como eu não conheço essas duas pessoas, não posso sentir nenhuma identificação com elas. Não sei onde essa foto foi tirada, portanto, não sinto nenhuma conexão com ela. Na verdade, não sei nada sobre o que está acontecendo nessa imagem. Por que iria me importar? "

"Mas se eu lhe dissesse que alguém dedicou muito tempo e esforço para encontrar esta foto para você? Se eu lhe contasse que essas pessoas são seus tataravôs, que viveram há mais de cem anos?

Se você ouvisse essa informação, certamente a sua atitude em relação à foto mudaria no mesmo instante. Seria a mesma imagem de antes, mas num instante se tornaria incrivelmente interessante. Você enxergaria aquelas pessoas de uma maneira completamente diferente. Procuraria encontrar qualquer semelhança, por menor que fosse, com você ou com seus pais. Ficaria se perguntando onde essas pessoas teriam vivido, de que forma teriam se conhecido, ganhado a vida e até como teriam morrido.

Além dessas perguntas, sem dúvida teria uma forte reação emocional em relação à foto. Sentimentos intensos seriam acionados de repente em seu coração, talvez como nenhum outro que já tivesse experimentado. Pelo resto de sua vida, sempre se lembraria dessa foto e das circunstâncias em que a viu pela primeira vez. Entretanto, apenas um instante antes teria lhe parecido algo absolutamente fácil de esquecer; não haveria razão alguma para ficar empolgado com ela.

Para a maioria das pessoas, o *Zohar* se parece muito com a foto que acabo de descrever. No início, pode parecer distante e intimidador devido à sua complexidade e estranheza. Mas o propósito deste livro é fazer com que você saiba, simples e diretamente, que no nível mais profundo de sua alma, existe uma profunda conexão entre o *Zohar* e sua essência.

Quanto mais estudar o *Zohar*, mais entenderá o que isso quer dizer. Mas agora, mesmo que não compreenda absolutamente nada, espero que você se permita experimentar a conexão com o *Zohar* que já existe dentro de você. Abra-se para esse poder, e ele estará ao seu lado.

A Luz de Deus é como um poço sem fundo, que pode oferecer uma quantidade ilimitada de água. Nossa consciência é como um recipiente, uma entidade receptora que também não tem limites. Quanto maior o recipiente se tornar, mais água ele pode retirar do poço. Quanto mais alto nosso nível de consciência, mais Luz receberemos. Nossa tarefa é nos abrirmos cada vez mais para a Luz, conforme expandimos o volume de nosso recipiente espiritual.

Com esse propósito, estudar e meditar utilizando as páginas do *Zohar* tem uma importância vital. E mais, isso deve ser feito não apenas utilizando o que você encontrará traduzido para o português, mas também usando o texto original em aramaico e a leitura fonética (transliteração). Mesmo que não "entenda" uma única palavra, estes dois elementos tem o poder de nos conectar à energia específica daquela meditação. Por esse motivo, os textos com as passagens do *Zohar* foram incluídos neste livro tanto em seu formato original, em aramaico, como traduzidos para o português.

Os kabalistas nos ensinam que simplesmente possuir o *Zohar* em casa traz conexão com a Luz do Criador. Ler, meditar ou simplesmente percorrer suas páginas com os olhos pode ser ainda mais poderoso, mesmo se encontrarmos algo fora de nossa compreensão. Mais uma vez, isso acontece porque o *Zohar* é muito mais do que apenas um simples livro de sabedoria. O *Zohar* é uma fonte de energia. É um meio para acessarmos a Luz divina que reside na alma de todo ser humano. Qualquer conexão com o *Zohar* traz Luz. Quanto mais profunda sua conexão, maior a revelação de Luz.

A História do *Zohar*

O *Zohar* sempre existiu, embora não na atual forma de livro. Começou como uma tradição de segredos transmitidos oralmente. Adão possuía o *Zohar*, da mesma forma que todos os patriarcas bíblicos. No Monte Sinai, Moisés recebeu a *Torá* (ou seja, a sabedoria espiritual) e também os segredos do *Zohar* na forma oral. Eles foram passados de geração a geração, mas não foram redigidos até que Rav Shimon Bar Yorrai recebesse permissão divina para reunir esses segredos ancestrais na forma escrita.

O *Zohar* foi originalmente composto em aramaico, um idioma amplamente falado na antiguidade e esquecido na atualidade. Foi escrito pela primeira vez aproximadamente há dois mil anos, sendo que não se tem certeza sobre a data exata. Porém, mais do que ter sido escrito, o *Zohar* foi *revelado*.

Apesar dos eruditos discordarem sobre a autoria do *Zohar*, de uma perspectiva espiritual, trata-se de um debate sem importância. Quando apreciamos a grandeza da sabedoria do *Zohar*, torna-se claro que seu autor – seja quem for – era uma alma verdadeiramente elevada. De qualquer maneira, sempre que a autoria do *Zohar* foi discutida pelos kabalistas ao longo da história, eles acabaram concordando que certamente a obra foi escrita por Rav Shimon Bar Yorrai. Nenhuma alma menos elevada poderia ter sido o canal para essa revelação.

Rav Yehuda Ashlag, o grande kabalista do século XX, expressou-se sobre a questão da seguinte maneira:

"Desde o dia em que me foi dada a capacidade, através da Luz do Todo Poderoso, de examinar esse livro sagrado, nunca me ocorreu investigar sua autoria. A razão para isso é simples. O conteúdo desse livro fez com que minha mente visualizasse a valiosa excelência da autoridade de Rav Shimon bar Yorrai, incalculavelmente maior do que a de qualquer outro mestre sagrado".

Durante o período em que Rav Shimon Bar Yorrai viveu, O *Zohar* foi escrito por seu discípulo, Rav Aba. Mas nos séculos seguintes, como o próprio *Zohar* havia previsto, a obra permaneceu escondida do mundo em geral. Os sábios da Kabbalah perceberam que a revelação do *Zohar* deveria esperar até o dia em que a humanidade como um todo estivesse preparada para recebê-lo.

O *Zohar* voltou a emergir no século XIII, por meio dos esforços de Rav Moses de Leon, na Espanha. Mas foi somente em 1540 que um proeminente kabalista da época, Rav Avraham Azulai, declarou que havia chegado o tempo do *Zohar* ser disseminado por toda a humanidade.

"A partir de agora", ele escreveu, "os níveis básicos da Kabbalah devem ser ensinados a todos, jovens e velhos. Somente através do estudo da Kabbalah, eliminaremos para sempre as guerras, a destruição e a desumanidade entre os homens". Rav Azulai citou as passagens do *Zohar* que descrevem um futuro em que até crianças pequenas irão conhecer os ensinamentos da Kabbalah.

O grande avanço seguinte para a revelação da Kabbalah veio de Rav Isaac Luria, conhecido como O Ari, nascido em Jerusalém, em 1534. Depois de se mudar de Jerusalém para o Egito ainda jovem, adotou uma vida de ermitão estudioso, isolando-se com o *Zohar* em um chalé perto do rio Nilo. De acordo com a Kabbalah, o profeta Elias e uma legião inteira de anjos se juntaram a ele em seu estudo, e lá, Rav Isaac Luria alcançou uma poderosa conexão com a Luz do Criador.

Aos trinta e seis anos, O Ari foi informado pelo profeta Elias que deveria ir para a Terra Santa, mais precisamente à cidade de Safed, uma comunidade espiritual. Lá, encontraria um erudito, Rav Chaim Vital, e iria guiá-lo.

Naquela ocasião, Rav Vital estava se confrontando com uma seção muito desafiadora do *Zohar*. Ele havia passado semanas rezando, meditando, implorando para que a sabedoria lhe fosse revelada, tentando decifrar seu código. Nessa época, Rav Luria ganhava a vida trabalhando como um modesto lojista. Depois que os dois se encontraram, Rav Vital perguntou a si mesmo: "Como posso aprender sabedoria espiritual com um homem que não faz nada além de trabalhar numa loja?". Então, ele começou a ter um sonho recorrente. Nele, Rav Luria lhe explicava O *Zohar* sem nenhuma dificuldade.

Movido pelo poder desse sonho, Rav Vital procurou Rav Luria, mas, novamente, foi tomado pela dúvida. Quando Rav Vital se virou para ir embora, Rav Luria lhe perguntou se ele estava familiarizado com uma determinada seção do *Zohar*. Rav Vital ficou perplexo, pois era exatamente a passagem que estava tentando entender.

Rav Luria então lhe explicou a sabedoria daquele texto. E quando a Luz contida naquela passagem foi revelada a Rav Vital, ele soube que Rav Luria seria seu professor daquele momento em diante. Assim como Shimon Bar Yorrai, Rav Luria nunca escreveu uma palavra. Sua sabedoria foi passada oralmente ao seu discípulo, que por sua vez documentou seus ensinamentos.

Kabalistas Cristãos

Embora alguns acreditem que o *Zohar* seja um texto judaico dirigido apenas a poucos e seletos eruditos, ele sempre foi estudado por pessoas de todos os credos. Durante o século XV, por exemplo, houve um movimento significativo de kabalistas cristãos em toda a Europa.

Um dos primeiros eruditos cristãos da Kabbalah foi Giovanni Pico Della Mirandola, um prodígio intelectual e renomado humanista italiano. Mirandola via a Kabbalah como uma tradição oral ininterrupta cuja origem se encontrava em um tempo remoto, com Moisés no Monte Sinai. Ele considerava o *Zohar* uma revelação divina, a chave perdida para entender os antigos ensinamentos que eram capazes de revelar os segredos mais ocultos do cristianismo.

Mirandola morreu aos trinta e um anos de idade. Seus esforços para disseminar a Kabbalah no mundo cristão foram seguidos por Johannes Reuchlin, um pioneiro no estudo da língua hebraica. Assim como Mirandola, Reuchlin argumentava em seu livro *On the Art of the Kabbalah* (Sobre a Arte da Kabbalah) que os ensinamentos cristãos não poderiam ser verdadeiramente entendidos sem uma compreensão dos princípios kabalísticos.

Um novo avanço ocorreu no século XVII quando os kabalistas cristãos Knoor Von Rosenroth e Francis Von Helmont produziram uma tradução do *Zohar* para o latim. Esse texto, conhecido como *Kabbalah Denudata*, influenciou muitos dos grandes eruditos e cientistas da época, incluindo Gottfried Leibniz, na Alemanha, e Sir Isaac Newton, na Inglaterra. O exemplar do *Zohar* em latim, que pertenceu a Sir Isaac Newton pode ser visto hoje na biblioteca da Universidade de Cambridge.

Lendo o *Zohar*

Depois de aberta, a porta para o *Zohar* nunca se fechou. Gigantes espirituais e intelectuais ao longo da história recorreram ao *Zohar* para desvendar os mistérios do Universo, sendo que Rav Isaac Luria previu que chegaria um dia em que o *Zohar* estaria disponível a "todo homem, mulher e criança".

Essa Nova Era começou com o trabalho de Rav Yehuda Ashlag, que fundou a organização conhecida como Kabbalah Centre.

Rav Ashlag é o responsável pela primeira tradução do texto original completo do *Zohar* do aramaico para o hebraico.

Quando Rav Ashlag faleceu, seu discípulo, Rav Yehuda Brandwein assumiu o trabalho de disseminar a sabedoria do *Zohar*, e com a morte de Rav Brandwein em 1969, Rav Berg e Karen Berg deram continuidade a esse processo. O trabalho deles levou a um marco histórico na trajetória de tornar o *Zohar* acessível a toda humanidade: a primeira tradução para o inglês do *Zohar* completo, com os comentários de Rav Ashlag, publicada pelo Kabbalah Centre em 1995.

Fui abençoado por ter sido o editor desse trabalho, que exigiu dez anos e os esforços combinados de dezenas de pessoas. Como resultado, o *Zohar* agora está disponível à ampla comunidade internacional.

O Idioma e As Letras do *Zohar*

O *Zohar* foi escrito no antigo idioma aramaico, língua irmã do hebraico que também emprega as letras hebraicas. Enquanto o hebraico era a língua das classes superiores, o aramaico era o idioma do povo. O fato do *Zohar* ter sido revelado em aramaico é uma mensagem nos dizendo que essa ferramenta de Luz pode e deve ser utilizada por todos, independentemente de nível espiritual.

Em nosso cotidiano, estamos acostumados a pensar nas letras do alfabeto de nosso idioma exclusivamente em termos funcionais. Letras são unidades que juntamos para criar palavras, da mesma forma que tijolos são unidades para criar uma parede. Pensamos tanto nas letras como nos tijolos em termos práticos, não espirituais. São objetos pequenos, inertes que utilizamos para criar objetos maiores.

As letras do alfabeto hebraico (utilizadas tanto no aramaico como no hebraico) devem ser entendidas de uma forma totalmente distinta de outros alfabetos. Além de sua importância funcional como componente de uma palavra, cada letra hebraica é também um canal de energia espiritual – mesmo que não saibamos o som que ela tem ou como se encaixa em uma determinada palavra.

Quanto mais sabemos a respeito das combinações e sequências dessas letras, mais rica nossa conexão por meio delas se torna. Como os kabalistas deixam claro, tanto o alfabeto hebraico, o idioma hebraico, como o idioma aramaico são ferramentas universais destinadas a toda a humanidade. O propósito máximo dessas ferramentas é conexão espiritual.

Da mesma forma, o *Zohar* por si só é uma dádiva divina destinada a todos, não apenas a uma nação ou religião. O alfabeto hebraico é uma ferramenta concedida a toda a humanidade pelo Criador. A concentração focada nas letras hebraicas é uma poderosa forma de meditação kabalística. Simplesmente deixar que nossos olhos percorram as letras abre um canal para a Luz. Isso é algo que qualquer pessoa **pode** fazer, e é algo que todos **deveriam** fazer, para melhor utilizar a dádiva do Criador.

Para Começar...

A tradução e o comentário de Rav Ashlag sobre o *Zohar* se chama Ha Sulam, ou A Escada, conforme explica:

"Denominei este comentário de A Escada para demonstrar que a função dele é a mesma que a de uma escada. Quando existe um lugar em um nível mais elevado, pleno de todas as coisas boas, tudo que precisamos é de uma escada para subir, e, então, tudo que há de bom no mundo estará ao nosso alcance. Contudo, uma escada por si mesma não serve a nenhuma finalidade. Ou seja, se apenas ficarmos sobre um degrau da escada e não entrarmos no lugar, nosso propósito não será atingido.

O mesmo se aplica ao meu comentário sobre o Zohar. Ainda não foram inventadas as palavras que transmitam completamente o profundo sentido do texto. Assim, o que fiz foi oferecer um caminho e uma introdução para qualquer pessoa que deseje, por meio dele, perscrutar o próprio sagrado Zohar. Somente então minha intenção terá sido alcançada".

Assim como Rav Ashlag descreveu seu trabalho como uma escada, espero que este livro também sirva como uma escada para esta geração se conectar com a incrível Luz que é o *Zohar*.

Segredos do *Zohar*: Formato e fundações

Este livro foi organizado de forma bem direta. Trechos selecionados do *Zohar* foram cuidadosamente organizados para oferecer um sistema de estudo e meditação.

Uma pequena seção introdutória precede cada texto selecionado, explicando a passagem e seu poder em nosso cotidiano. Em seguida, encontramos uma meditação para colocar esse poder em prática.

Da mesma forma que estudamos o *Zohar*, meditar utilizando as palavras e letras do texto original também nos traz conexão com a Luz. Por esse motivo, cada trecho selecionado também é apresentado aqui em aramaico.

Escolhi duas seções do *Zohar* para começar este livro e apresentar a organização e o formato que os demais textos terão a seguir.

A primeira, "Apreciando o Zohar", nos conta como o poder e a importância do *Zohar* foram revelados, e relata a reunião de muitas almas justas para ajudar essa grande revelação.

A segunda, "Amor Incondicional", se refere a um importante aspecto kabalístico do amor e ao fato de que a Luz do *Zohar* só pôde ser revelada por meio do amor existente entre os amigos que conviveram com Rav Shimon bar Yorrai.

Espero que essas duas seções introdutórias abram o seu coração e o caminho para a Luz do *Zohar*.

Apreciando o Zohar

(Tikunei Zohar, Hakdamat, Versículo 1)

Muitas vezes, perdemos as oportunidades de receber enormes dádivas em nossas vidas.

Não aproveitamos ao máximo as grandes bênçãos à nossa disposição porque não sabemos dar valor ao que recebemos.

Segundo a Kabbalah, para receber as bênçãos que são destinadas a nós, precisamos valorizá-las, apreciá-las. Isso se aplica também às ferramentas espirituais que nos foram entregues, especialmente o *Zohar*.

Para maximizar a conexão com a Luz que é estabelecida quando estudamos passagens do *Zohar*, inclusive as deste livro, devemos apreciar essa obra e também seu processo de criação.

Como revela o *Zohar*, seus segredos estavam destinados a permanecer ocultos até os dias atuais, o tempo de uma geração chamada "geração do Messias". O termo Messias não se refere a uma pessoa, mas a um nível de consciência global que deve ser alcançado por toda a humanidade.

A revelação do *Zohar* foi a expressão física do pensamento da Criação: a total e completa Luz de plenitude. Foi um acontecimento único, de enorme significado, comparável apenas à revelação da *Bíblia* no Monte Sinai. Nunca antes – e certamente nunca mais desde então – todas as almas dos justos e todos os nomes sagrados colaboraram com um processo histórico como esse.

O *Zohar* é o maior tesouro de Luz que a humanidade já recebeu. Graças a ele, a cada momento podemos descobrir e nos conectar com cada vez mais Luz do Criador. E ele representa muito mais do que uma incrível oportunidade que nos é oferecida. Trata-se de nada menos do que o verdadeiro propósito de nossas vidas.

Esta passagem é o início de uma porção do *Zohar* conhecida como *Tikunei Zohar* (as correções do *Zohar*). Consiste de setenta explicações sobre *Bereshit,* a primeira palavra da Torá.

Rav Shimon Bar Yorrai revelou esses segredos durante os treze anos que passou em uma caverna, escondido dos romanos. Durante esse longo período, o Criador e todas as grandes almas da história vieram à sua presença.

← Direção de leitura

1. רַבִּי שִׁמְעוֹן אֲזַל לֵיהּ וְעָרַק לְמַדְבְּרָא דְּלוֹד וְאִתְגְּנִיז

ve'itganiz delud lemadbera ve'arak le azal Shimon Rabi

בְּחַד מְעָרְתָּא, הוּא וְרַבִּי אֶלְעָזָר בְּרֵיהּ אִתְרְחִישׁ נִיסָּא,

nisa itrachish bere Elazar veRabi hu me'arta bechad

נָפַק לְהוֹן חַד חֲרוּב, וְחַד מַעְיָינָא דְּמַיָּא, אָכְלֵי

achlei demaya ma'ayana vechad charuv chad lehon nafak

מֵהַהוּא חֲרוּב, וְשָׁתָן מֵהַהוּא מַיָּא, הֲוָה אֵלִיָּהוּ זְכוּר

zachur eliyahu hava maya mehahu veshatan charuv mehahu

לַטּוֹב אָתֵי לְהוֹן בְּכָל יוֹמָא תְּרֵי זִמְנֵי, וְאוֹלִיף

ve'olif zimnei terei yoma bechol lehon atei latov

לוֹן וְלָא יָדַע אִינִישׁ בְּהוֹ כוּ.

chulei behu inish yada vela lon

1. Rav Shimon fugiu para o deserto de Lod e se escondeu em uma caverna com seu filho, Rav Elazar.

E um milagre aconteceu ali: uma árvore – uma alfarrobeira – brotou e uma nova fonte de água surgiu.

Eles comeram os frutos da alfarrobeira e beberam da fonte. A alma do profeta Elias os visitava duas vezes por dia e estudava com eles, e ninguém sabia onde pai e filho estavam.

2. קוּם רַבִּי שִׁמְעוֹן אַפְתַּח מִילִין קַמֵּי שְׁכִינְתָּא. פָּתַח

patach shechinta kamei milin aftach Shimon Rabi kum

וְאָמַר וְהַמַּשְׂכִּילִים יַזְהִירוּ כְּזֹהַר הָרָקִיעַ וגו'.

vegomer harakia kezohar yazhiru vehamaskilim veamar

2. Levante-se Rav Shimon e comece a falar diante da *Shechiná*. Ele começou assim:

   "*Aqueles que forem sábios resplandecerão como o brilho (zohar) do firmamento.*",

3. וְהַמַּשְׂכִּילִים אִלֵּין רַבִּי שִׁמְעוֹן וְחַבְרַיָּיא. יַזְהִירוּ, כַּד אִתְכַּנְשׁוּ

itkanshu kad yazhiru vechavraya Shimon Rabi ilen vehamaskilim

לְמֶעֱבַד הַאי וּבּוּרָא, רְשׁוּתָא אִתְיְהִיב לְהוֹן וּלְאֵלִיָּהוּ עִמְּהוֹן,

imhon uleliyahu lehon ityahiv reshuta chibura hay leme'evad

וּלְכָל נִשְׁמָתִין דְּמְתִיבְתָּאן לְנַחְתָּא בֵּינַיְיהוּ, וּלְכָל מַלְאָכַיָּא

malachaya ulchol benayehu lenachata dimtivtan nishmatin ulchol

בְּאִתְכַּסְיָא, וּבְאָרַח שֵׂכֶל.

sechel uvorach be'itkasya

3. Os "sábios" a que esse verso se refere são Rav Shimon e seus amigos. "Resplandecerão" significa que, quando se reuniram para revelar o *Zohar*, eles receberam permissão dos mundos superiores. Autorização para descer até eles também foi dada ao profeta Elias, a todas as almas na academia celestial, aos anjos que estão ocultos e aos anjos que estão no caminho do entendimento.

4. וְעֻלַּת עַל כֹּלָּא יְהִיב רְשׁוּ לְכָל שְׁמָהָן קַדִּישִׁין,

kadishin shemahan lechol reshu yehiv kola al ve'ilat

וּלְכָל הֲוַיִין וּלְכָל כִּנּוּיִין, לְגַלָּאָה לוֹן רָזִין טְמִירִין,

temirin razin lon legala'a kinuyin ulchol havayan ulchol

כָּל שֵׁם בְּדַרְגָּא דִילֵיהּ. וּרְשׁוּתָא יְהִיב לַעֲשַׂר סְפִירָן

sefiran la'asar yehiv urshuta dile bedarga shem kol

לְגַלָּאָה לוֹן רָזִין טְמִירִין, דְּלָא אִתְיְהִיב רְשׁוּ לְגַלָּאָה

legala'a reshu ityahiv delá temirin razin lon legala'a

לוֹן עַד דְּיֵיתֵי דָּרָא דְּמַלְכָּא מְשִׁיחָא.

meshicha demalka dara deyetei ad lon

4. E a Causa de Todas as Causas deu permissão a todos os nomes sagrados, a todas as combinações do Tetragrama e a todas as outras denominações para revelar a eles segredos ocultos – cada nome no seu nível.

E Ele deu permissão às dez *Sefirot* para revelar a eles segredos ocultos, pois não era permitido que esses segredos fossem revelados enquanto não chegasse o tempo da geração do *Mashiach*.

Meditação

Esta meditação desperta nossa apreciação pela fonte e pelo poder do *Zohar* e nos permite acessar essa força. Ela também nos traz conexão com as grandes almas que ajudaram Rav Shimon Bar Yorrai na revelação do *Zohar*. Ao estudar o *Zohar*, devemos estar sempre conscientes de seu grande poder e da unidade das almas que se reuniram para que fosse revelado. Quanto maior nossa apreciação por essa imensa dádiva, mais Luz do *Zohar* poderemos revelar.

← Direção de leitura

וְהַמַשְׂכִּילִים אֵלֵין רַבִּי שִׁמְעוֹן וְחַבְרַיָיא. יָזְהִירוּ, כַּד אִתְכַּנְשׁוּ
itkanshu kad yazhiru vechavraya Shimon Rabi ilen vehamaskilim

לְמֶעֱבַד הַאי וְחִבּוּרָא, רְשׁוּתָא אִתְיְהִיב לְהוֹן וּלְאֵלִיָהוּ עִמְהוֹן,
imhon uleliyahu lehon ityahiv reshuta chibura hay leme'evad

וּלְכָל נִשְׁמָתִין דִּמְתִיבְתָּאן לְנַחֲתָא בֵּינַיְיהוּ, וּלְכָל מַלְאֲכַיָא
malachaya ulchol benayehu lenachata dimtivtan nishmatin ulchol

בְּאִתְכַּסְיָא, וּבְאוֹרַח שֵׂכֶל.
sechel uvorach be'itkasya

Os "sábios" a que esse verso se refere são Rav Shimon e seus amigos. "Resplandecerão" significa que quando se reuniram para revelar o Zohar, eles receberam permissão dos mundos superiores. Autorização para descer até eles também foi dada ao profeta Elias e a todas as almas na academia celestial, aos anjos que estão ocultos e aos anjos que estão no caminho do entendimento.

AMOR INCONDICIONAL

(*ZOHAR, KI TISA*, VERSÍCULO 54)

Um dos ensinamentos mais importantes da Kabbalah é que qualquer empreendimento, para ser bem sucedido, requer união entre todos os envolvidos. E certamente isso aconteceu para a revelação do *Zohar*.

Nesta seção, o próprio *Zohar* descreve a realidade única que possibilitou sua grande revelação no tempo de Rav Shimon Bar Yorrai.

Surpreendentemente, a essência dessa realidade não era dedicação profunda aos estudos ou retidão das pessoas envolvidas, mas o amor infinito e incondicional que existia entre "os amigos", como eram chamados os discípulos do Rav Shimon.

Para trazer a maior quantidade de Luz possível para nossas vidas por meio do nosso estudo do *Zohar*, nós também precisamos ampliar nossa capacidade de amar incondicionalmente.

Foi o amor incondicional que possibilitou as grandes revelações do Rav Shimon, e é disso de que precisamos para revelar a Luz em nossas vidas.

← Direção de leitura

54. דְּאָמַר רִבִּי אַבָּא, כָּל אִלֵּין וַחֲבְרַיָּיא, דְּלָא רְחִימִין
rechimin delá chavraya ilen kol Aba Ribi de'amar

אִלֵּין לְאַלֵּין, אִסְתַּלְּקוּ מֵעַלְמָא עַד לָא מְטָא זִמְנַיְיהוּ,
zimnayehu mata la ad me'alma istalaku le'ilen ilen

כָּל וַחֲבְרַיָּיא בְּיוֹמוֹי דְּרִבִּי שִׁמְעוֹן, רְחִימוּ דְּנַפְשָׁא וְרוּחָא
verucha denafsha rechimu Shimon deRibi beyomoy chavraya kol

הֲוָה בֵּינַיְיהוּ, וּבְגִין כָּךְ בְּדָרָא דְּרִבִּי שִׁמְעוֹן בְּאִתְגַּלְיָיא
be'itgalya Shimon deRibi bedara kach uvgin benayehu hava

הֲוָה, דַּהֲוָה אָמַר רִבִּי שִׁמְעוֹן, כָּל וַחֲבְרַיָּיא דְּלָא
delá chavraya kol Shimon Ribi amar dahava hava

רְחִימִין אִלֵּין לְאַלֵּין, גָּרְמִין דְּלָא לֵיהַךְ בְּאֹרַח מֵישָׁר.
meshar be'orach lihach delá garmin le'ilen ilen rachamin

וְעוֹד דְּעַבְדִין פְּגִימוּ בָּהּ, דְּהָא אוֹרַיְיתָא רְחִימוּ וְאַחֲוָה
ve'achava rechimu orayeta deha ba pegimu de'avdin ve'od

וּקְשׁוֹט אִית בָּהּ. אַבְרָהָם רָחִים לְיִצְחָק, יִצְחָק לְאַבְרָהָם,
le'Avraham Yitzchak leYitzchak rachim Avraham ba it ukshot

מִתְחַבְּקָן דָּא בְּדָא, יַעֲקֹב תַּרְוַויְיהוּ אֲחִידָן בֵּיהּ, בִּרְחִימוּ,
birchimu be achidan tarvayhu Yaakov beda da mitchabkan

וּבְאַחֲוָה, יָהֲבִין רוּחַיְיהוּ דָּא בְּדָא. וַחֲבְרַיָּיא
chavraya beda da ruchayehu yahavin uvachava

כְּהַהוּא דּוּגְמָא אִצְטְרִיכוּ, וְלָא לְמֶעְבַּד פְּגִימוּ.
pegimu lemebad vela itzterichu dugma kehahu

54. Pois Rav Aba falou:

"Todos os amigos que não amam uns aos outros morrem antes de seu tempo".

No tempo de Rav Shimon, todos os amigos amavam uns aos outros, alma e espírito. Portanto, na geração de Rav Shimon os segredos da Torá foram desvendados. Pois Rav Shimon costumava dizer: "Todos os amigos que não amam uns aos outros se desviam do caminho correto."

Da mesma forma, eles maculam a sabedoria espiritual, que contém amor, amizade e verdade.

Abraão amava Isaac e Isaac amava Abraão, e assim eles se abraçavam. Ambos estavam ligados a Jacó por amor e amizade, e deram seu espírito um ao outro.

Os amigos devem seguir esse exemplo e não causar máculas.

MEDITAÇÃO

Aumentar nossa capacidade de amar os outros é essencial para nosso próprio crescimento. Esta meditação nos traz consciência sobre a importância do amor incondicional e nos ajuda a despertar esse sentimento dentro de nós.

← Direção de leitura

כֹּל וַחֲבַרְיָיא בְּיוֹמוֹי דְּרִבִּי שִׁמְעוֹן, רְחִימוּ דְּנַפְשָׁא וְרוּחָא
verucha denafsha rechimu Shimon deRibi beyomoy chavraya kol

הֲוָה בֵּינַיְיהוּ, וּבְגִין כָּךְ בְּדָרָא דְּרִבִּי שִׁמְעוֹן בְּאִתְגַּלְיָיא
be'itgalya Shimon deRibi bedara kach uvgin benayehu hava

הֲוָה, דַּהֲוָה
dahava hava

No tempo de Rav Shimon, todos os amigos amavam uns aos outros, alma e espírito. Portanto, na geração de Rav Shimon os segredos da Torá foram revelados.

I
MEDITAÇÕES
PARA OS DESAFIOS
DA VIDA

Encontrando força quando nos sentimos impotentes

"O filho de Rav Yosi de Peki'in"

(*Zohar, Balak*, Versículo 357)

Há momentos em que nossos problemas parecem maiores do que nossa capacidade de lidar com eles.

Na verdade, a sensação de impotência é por si só uma das ferramentas mais destrutivas do lado negativo. Mas é também uma ilusão.

Todos nós temos uma parte do Criador, nossa alma, dentro de nós. E ela nos dá o poder de realizar muito mais do que sequer poderíamos imaginar.

Mas para fazer uso desse poder, precisamos, em primeiro lugar, estar conscientes de sua presença dentro de nós, mesmo nos momentos em que nos sentimos fracos, pequenos e totalmente incapazes de mudar.

Esta seção do *Zohar* nos conta como até mesmo uma criança pequena foi capaz de ressuscitar seu pai. A história nos inspira a perceber que, por menores que sejamos, nada é grande demais quando estamos conectados com a Luz.

A seção começa com Rav Elazar viajando com Rav Aba e outros muitos amigos para visitar seu sogro, Rav Yosi, que está doente.

Eles recebem uma mensagem dizendo que Rav Yosi não irá morrer, mas que outro Rav Yosi – Rav Yosi de Peki'in – morrerá no lugar dele.

Rav Elazar e Rav Aba visitam a casa de Rav Yosi de Peki'in, que acAba de falecer. Eles encontram o filho de Rav Yosi, uma criança pequena, sofrendo muito e não deixando ninguém se aproximar do corpo do pai. O menino diz que Deus não deveria ter levado o pai e que o certo seria que, em vez dele, Deus tivesse levado ele próprio e a irmã.

Naquele momento, uma voz celestial diz que Rav Yosi de Peki'in havia recebido mais vinte e dois anos de vida. Outras treze pessoas, cuja hora de morrer havia chegado, tomaram o lugar dele. E, assim, Rav Yosi de Peki'in teria tempo de ajudar seu filho com seus estudos.

Rav Yosi de Peki'in volta à vida e todos na casa o recebem com grande satisfação. Ele descreve o que aconteceu quando estava no Mundo Superior e como seu filho, que ofereceu a própria vida para tê-lo de volta, despertou a misericórdia de Deus.

Estamos neste mundo para realizar o nosso trAbalho espiritual e para ajudar os outros a completar o deles.

Rav Yosi de Peki'in havia completado seu trAbalho e não precisava continuar a viver. Mas para poder ajudar seu filho que ainda precisava de sua orientação, ele recebeu outros vinte e dois anos de vida.

Esse é um ensinamento muito importante. Ajudar os outros a crescer não é apenas algo que podemos fazer quando surge uma oportunidade. É a razão fundamental pela qual permanecemos neste mundo.

E ensinar espiritualidade a uma criança é uma tarefa extremamente importante, conforme está escrito:
"O mundo é sustentado pelo alento do estudo espiritual das crianças".

Direção de leitura →

357. עַד דַּהֲווֹ אָזְלֵי, הָא יוֹנָה וַד מְטָא לְגַבֵּי
ad dahavo azlei ha yona chad mata legabei

רִבִּי אֶלְעָזָר. שְׁרִיאַת, וְקָא מְצַפְצְפָא קַמֵּיהּ. אָמַר רִבִּי
Ribi Elazar sheriat veka metzaftzefa kame amar Ribi

אֶלְעָזָר, יוֹנָה כְּשֵׁרָה מְהֵימְנָת הֲוֵית תָּדִיר בִּשְׁלִיחוּתֵיךְ, זִילִי
Elazar yona keshera mehemnat havet tadir bishlichutech zili

וְאֵימָא לֵיהּ, הָא חַבְרַיָּיא אֲתָאן לְגַבָּךְ, וַאֲנָא עִמְּהוֹן.
ve'ema le ha chavraya atan legabach va'ana imhon

וְנִסָּא יִתְרְחִישׁ לֵיהּ לִתְלָתָא יוֹמִין, וְלָא יִנְפּוֹל עֲלֵיהּ
venisa yitrechish le litlata yomin vela yinpol ale

דְּחִילוּ דְּהָא בְּחֶדְוָה אֲנָן אָזְלִין לְגַבֵּיהּ. אֲתִיב זִמְנָא
dechilu deha bechedva anan azlin legabe ativ zimna

אָחֳרָא וְאָמַר, לָא חֲדֵינָא סַגְיָא, וּבָאִישׁ בְּעֵינַי סַגִּי,
achara ve'amar la chadena sagya uvaish be'enai sagi

עַל וַד רִמּוֹנָא מַלְיָא דְּאִתְיְהִיב תְּחוֹתֵיהּ, וְיוֹסֵי שְׁמֵיהּ.
al chad rimona malya de'ityehiv techote veYosei sheme

אָזְלַת הַהִיא יוֹנָה מִקַּמֵּיהּ, וְאִינּוּן חַבְרַיָּיא אָזְלוּ.
azlat hahi yona mikame ve'inun chavraya azlu

357. Enquanto viajavam, uma pomba se aproximou de Rav Elazar e gorjeando pousou diante dele.

Rav Elazar se dirigiu a ela:

"Querida pomba, você é sempre fiel à sua missão. Vá e informe a Rav Yosi, meu sogro, que os amigos estão chegando, e diga a ele que esteja preparado e que eu estou com eles. Um milagre acontecerá para ele em três dias. Ele não deve ter medo algum, porque estamos indo até ele com alegria".

Rav Elazar continuou:

"Eu não estou muito feliz, pois fiquei muito perturbado ao saber que uma romã inteira (uma alma justa) foi dada no lugar dele; e seu nome é também Yosi". A pomba os deixou e os amigos partiram.

358. אָמַר רִבִּי אַבָּא לְרִבִּי אֶלְעָזָר, מַאי הַאי, תַּוְוהְנָא
tavahna hay may Elazar leRibi Aba Ribi amar

סַגִּי, מִמָּה דַּחֲזֵמֵינָא. אָמַר לֵיהּ, יוֹנָה דָּא אֲתָאת
atat da yona le amar dachamena mima sagi

לְגַבָּאי בִּשְׁלִיחוּתֵיהּ דְּרִבִּי יוֹסֵי וְחָמִי, דְּאִיהוּ בְּבֵי מַרְעֵיהּ,
mare bevei de'ihu chamei Yosei deRibi bishlichute legabay

וִידַעְנָא מֵהַאי יוֹנָה דְּאִשְׁתְּזִיב, וְחִלּוּפָא אִתְיְהִיב עֲלֵיהּ וְאִתְסֵי.
ve'itsei ale ityehiv vechilufa de'ishteziv yona mehay veyadana

358. Rav Aba perguntou:
"Rav Elazar, o que é essa grande maravilha que observei?"
Rav Elazar respondeu:
"Essa pomba veio até mim em uma missão de Rav Yosi, meu
sogro, que está enfermo. Eu soube pela pomba que ele já foi salvo,
que um substituto foi dado no lugar dele, e que ele se restabeleceu".

359. עַד דַּהֲווֹ אָזְלוּ, הָא עוֹרְבָא וְחַד קָאֵים לְקַבְּמַיְיהוּ,
lekamayehu kaem chad urva ha azlu dahavo ad

קָרָא בְּוֵזִילָא, וּבְמִצְפְצְפָא צְפְצוּפָא סַגִּי. אָמַר רִבִּי אֶלְעָזָר,
Elazar Ribi amar sagi tziftzufa umtzaftzefa bechela kara

לְהָכִי אַתְּ קַיְּימָא, וּלְהָכִי אַנְתְּ מִתְּקָן, זִיל לְאָרְזָךְ,
le'archach zil mitaken ant ulhachi kayema at lehachi

דְּהָא יְדַעְנָא. אָמַר רִבִּי אֶלְעָזָר, וְחַבְרַיָּיא נֵזִיל וְנִגְמוֹל
venigmol nezil chavraya Elazar Ribi amar yedana deha

וְחֶסֶד לְרִמּוֹנָא, דְּהֲוָה מַלְיָא מִכֹּלָּא, וְרִבִּי יוֹסֵי דְּפָקִיעִין
difki'in Yosei veRibi mikola malya dahava lerimona chesed

שְׁמֵיהּ אִיהוּ, דְּהָא אִסְתַּלַּק מֵעָלְמָא דֵּין, וְלֵית מַאן
man velet den me'alma istalak deha ihu sheme

דְּיֶחֱזֵי לְאִשְׁתַּדְּלָא בֵּיהּ, וְאִיהוּ קָרֵב לְגַבָּן.
legaban kariv ve'ihu be le'ishtadla dechazei

359. Eles continuaram a caminhar e um corvo apareceu diante
deles gritando e crocitando muito alto.

Rav Elazar disse ao corvo:

"Este é o seu dever, por isso você foi criado. Siga seu caminho, porque eu já estou a par das suas notícias (que o outro Rav Yosi irá morrer)".

Rav Elazar falou:

"Vamos prestar nosso respeito àquela romã que estava plena de tudo; Rav Yosi de Peki'in era seu nome. Ele partiu deste mundo e não há ninguém ali que seja digno de cuidar dele. Ele está aqui perto".

כָּל לוֹן דְּוַזְמוּ כֵּיוָן לְתַמָּן. וְאָזְלוּ מֵאַרְחָא סָטוּ 360.
kol lon dechamu keyvan letaman ve'azlu me'archa satu

רִבִּי בְּבֵי תַּמָּן וְעָאלוּ לְגַבַּיְיהוּ. נָפְקוּ מָאתָא בְּנֵי
Ribi bevei taman ve'alu legAbayehu nafku mata Benei

הֲוָה זְעֵירָא בְּרָא אִילֵין וְחַבְרַיָּיא אִינוּן דִּפְקִיעִין, יוֹסֵי
hava ze'era bera ilen chavraya inun diFki'in Yosei

דְּיִמְטֵי נָשׁ לְבַר שָׁבִיק וְלָא יוֹסֵי, לְרִבִּי לֵיהּ
deyimtei nash levar shavik vela Yosei leRibi le

הֲוָה בִּלְחוֹדוֹי הֲוָה הוּא אֶלָּא דְּמִית. בָּתַר דַּאֲבוֹי, לְעַרְסָא
hava bilchodoy hava hu ela demit batar da'avoy le'arsa

מִתְדַּבְּקָא. בְּפוּמֵיהּ פּוּמֵיהּ עֲלֵיהּ, וּבָכֵי לֵיהּ, סָמִיךְ
mitdabka befume pume ale uvachei le samich

360. Eles fizeram um desvio do caminho e foram à casa do Rav Yosi de Peki'in. Quando as pessoas da cidade os viram, todos foram dar-lhes as boas-vindas, e os amigos entraram na casa.

Rav Yosi tinha um filhinho que não deixava ninguém chegar perto do leito do pai morto. Ao lado da cama, estava apenas o menino, chorando sobre o pai com a boca colada à dele.

361. פָּתַח הַהוּא יַנּוּקָא וְאָמַר, מָארֵיהּ דְּעָלְמָא, כְּתִיב בְּאוֹרַיְיתָא,
be'orayeta ketiv de'alma mare ve'amar yanuka hahu patach

כִּי יִקָּרֵא קַן צִפּוֹר לְפָנֶיךָ וְגוֹ', שַׁלֵּחַ תְּשַׁלַּח
teshalach shale'ach vegomer lefanecha tzipor kan yikare ki

אֶת הָאֵם וְגוֹ'. הֲוָה גָּעֵי הַהוּא יַנּוּקָא וּבָכֵי,
uvachei yanuka hahu gaei hava vegomer haem et

אָמַר, מָארֵיהּ דְּעָלְמָא, קַיָּם מִכָּה דָּא דְּאוֹרַיְיתָא, תְּרֵין
teren de'orayeta da mila kayem de'alma mare amar

בְּנִין הֲוֵינָא מֵאַבָּא וְאִמִּי, אֲנָא וַאֲחוֹתִי זְעֵירְתָּא מִנַּאי.
minay ze'erta va'achoti ana ve'imi me'Aba havena benin

הֲוָה לָךְ לְמֵיסַב לָן, וּלְקַיְּימָא מִכָּה דְּאוֹרַיְיתָא. וְאִי
ve'i de'orayeta mila ulkayema lan lemesav lach hava

תֵּימָא מָארֵיהּ דְּעָלְמָא, אֶם כְּתִיב, וְלָא אָב, הָא
ha av vela ketiv em de'alma mare tema

הָכָא כּוּלָּא הוּא, אַבָּא וְאִמָּא. וְאִמָּא אִימָּא מִיתַת, וּנְסִיבַת
unsivat mitat ima ve'ima Aba hu kola hacha

לָהּ מֵעַל בְּנִין. הַשְׁתָּא אַבָּא דַּהֲוֵי וְחָפֵי עֲלָן,
alan chapei dehavei Aba hashta benin me'al la

אוֹסִיב מֵעַל בְּנִין, אָן דִּינָא דְּאוֹרַיְיתָא. בְּכוּ רִבִּי
Ribi bachu de'orayeta dina na benin me'al insiv

אֶלְעָזָר וְחַבְרַיָּיא, לְקָבֵל בְּכְיָה וְגָעוּ דְּהַהוּא יַנּוּקָא.
yanuka dehahu vegau bichya lakavel vechavraya Elazar

361. A criança começou a falar dizendo:

"Senhor do mundo, a Torá diz:

'Quando encontrares algum ninho de pássaros diante de ti... Deixarás ir livremente a mãe; e os filhos poderás tomar para ti...'

A criança chorava. Ela disse:

"Senhor do Universo, siga o que está escrito na sua Torá. Éramos dois filhos de meu pai e de minha mãe, eu mesmo e minha irmã mais nova. O Senhor deveria ter levado a nós e agido de acordo com as palavras da Torá, como está escrito: '...*deixarás ir livremente a mãe; e os filhos poderás tomar para ti...*'

Senhor do Universo, se o Senhor discordar, porque a Torá diz *'mãe'* e não *'pai'*, saiba que tudo aconteceu aqui.

Pois minha mãe morreu, e o Senhor a tirou de seus filhos, e agora também meu pai que nos protegia, o Senhor o tirou de seus filhos. Onde está a justiça da Torá?"

Rav Elazar e seus amigos choraram ao testemunhar o pesar e as lágrimas da criança.

362. פָּתַח רבִּי אֶלְעָזָר וְאָמַר, שָׁמַיִם לְרוּם וְאָרֶץ לְעוֹמֶק
la'omek va'aretz lerum shamayim ve'amar Elazar Ribi patach

וְגוֹ'. עַד דַּהֲוָה אָמַר רבִּי אֶלְעָזָר קְרָא דָא, הֲוָה
hava da kera Elazar Ribi amar dahava ad vegomer

עַמּוּדָא דְּאֶשָׁא פָּסִיק בֵּינַיְיהוּ, וְהַהוּא יַנּוּקָא הֲוָה דָּבִיק
davik hava yanuka vehahu benayehu pasik de'esha amuda

בְּפוּמֵיהּ דַּאֲבוֹי, וְלָא הֲוָה מִתְפַּרְשָׁאן. אָמַר רבִּי אֶלְעָזָר, אוֹ
o Elazar Ribi amar mitparshan havo vela da'avoy befume

בָּעֵי קוּדְשָׁא בְּרִיךְ הוּא לְמִרְחַשׁ נִיסָא, אוֹ בָּעֵי
baei o nisa lemirchash Hu Berich Kudsha baei

דְּלָא יִשְׁתְּדַּל בַּר נָשׁ אַחֲרָא עֲלֵיהּ, אֲבָל עַל
al aval ale achara nash bar yishtedal delá

מִלִּין דְּהַהוּא יַנּוּקָא וְדִמְעוֹי, לָא יָכִילְנָא לְמִסְבַּל.
lemisba yachilna la vedimoy yanuka dehahu milin

362. Rav Elazar abriu a discussão com o versículo:
"Como o céu na sua altura, e como a terra na sua profundidade".
Enquanto Rav Elazar pronunciava esse versículo, surgiu um pilar de fogo criando uma separação entre as pessoas ali presentes e o falecido e seu filho, que não se separava do pai e continuava com os lábios colados aos dele.
Rav Elazar disse:
"Ou Deus quer realizar um milagre e trazer novamente à vida o pai desta criança, ou Ele deseja que ninguém se aproxime do corpo. No entanto, não consigo suportar ver as lágrimas desta criança e ouvir suas palavras ".

363. עַד דַּהֲוֹו יַתְבִין, שָׁמְעוּ וַזֹד קָלָא, דְּהֲוָה אָמַר,
amar dahava kala chad shamu yatvin dahavo ad

זַכָּאָה אַנְתְּ רבִּי יוֹסֵי, דְּהַאי דְּמִלִּין דְּהֵי גַּדְיָא זְעֵירָא,
ze'era gadya dehay demilin dehay Yosei Ribi ant zaka'a

וְדִּמְעוֹי, סְלִיקוּ לְגַבֵּי כֻּרְסְיָיא דְּמַלְכָּא קַדִּישָׁא, וְדָנוּ דִּינָא,
dina vedanu kadisha demalka kurseya legabei seliku vedimoy

וּתְלֵיסַר בְּנֵי נָשָׁא אַזְמִין קוּדְשָׁא בְּרִיךְ הוּא לְמַלְאַךְ
leMalach Hu Berich Kudsha azmin nasha Benei utlesar

הַמָּוֶת בְּגִינָךְ, וְהָא עֶשְׂרִין וּתְרֵין שְׁנִין אוֹסִיפוּ לָךְ,
lach osifu shenin utren esrin veha beginach Hamavet

עַד דְּתוֹלִיף אוֹרַיְיתָא, לְהַאי גַּדְיָא שְׁלֵימָא, וְחֲבִיבָא קַמֵּי
kamei chaviva shelema gadya lehay orayeta detolif ad

קוּדְשָׁא בְּרִיךְ הוּא.
Hu Berich Kudsha

363. Enquanto ainda estavam sentados, ouviram outra voz que dizia:
"Abençoado seja você, Rav Yosi, que as palavras do garoto e as
lágrimas dele subiram ao trono de Deus e removeram o decreto.
E Deus enviou 13 pessoas no seu lugar, Rav Yosi, para o Anjo da
Morte. E foram acrescentados 22 anos à sua vida, de tal forma que
você terá tempo de ensinar o menino, o perfeito e amado, diante
do Criador".

364. קָמוּ רִבִּי אֶלְעָזָר וְחַבְרַיָּיא, וְלָא עָשְׂבְקוּ לְבַר נָשׁ
nash levar shavku vela vechavraya Elazar Ribi kamu

לְמֵיקָם בְּבֵיתָא, מִיָּד וְזָמוּ הַהוּא עַמּוּדָא דְּאֶשָּׁא דְּסָלִיק, וְרִ'
veRibi desalik de'esha amuda hahu chamu miyad beveta lemekam

יוֹסֵי פָּתַח עֵינוֹי. וְהָהוּא יַנּוּקָא דָּבִיק פּוּמֵיהּ בְּפוּמֵיהּ. אָמַר
amar befume pume davik yanuka vehahu enoy patach Yosei

רִבִּי אֶלְעָזָר, זַכָּאָה וֹוּלְקָנָא דַּחֲמֵינָא תְּחִיַּית הַמֵּתִים, עֵינָא
ena hametim teChiyat dachamena chulakana zaka'a Elazar Ribi

בְּעֵינָא. קְרִיבוּ לְגַבֵּיהּ, וְהֲוָה הַהוּא יַנּוּקָא נָאִים, כַּמָּה
kema naim yanuka hahu vahava legabe kerivu be'ena

דְּנָע מֵהַאי עָלְמָא, אָמְרוּ זַכָּאָה וֹוּלְקָךְ רִבִּי יוֹסֵי,
Yosei Ribi chulakach zaka'a amru alma mehay degava

וּבָרִיךְ רַחֲמָנָא דְּאַרְוְוִיש לָךְ נִיסָא, עַל גַּיָּיא וּבְכָיָּיא
uvichya gaya al nisa lach de'archish rachamana uvarich

דְּבְנָךְ, וּבְמִלּוֹי, דְּהָכִי דְּוֵוֹיִךְ בְּמִלִּין שִׁפִּירִין לִתְרֵעַ שְׁמַיָא,

shemaya litra shepirin bemilin dachik dehachi uvmiloy divnach

בְּמִלּוֹי וּבְדִמְעוֹי אוֹסִיפוּ לָךְ וַוִּיּן.

chayin lach osifu uvdimoy bemiloy

364. Rav Elazar e seus amigos se levantaram e não deixaram ninguém permanecer na casa. Eles viram que o pilar de fogo havia partido. Rav Yosi abriu os olhos e viu que o filho ainda tinha os lábios colados aos dele.

Rav Elazar disse:

"Abençoada é a nossa porção, pois com nossos próprios olhos testemunhamos a ressurreição do morto".

Eles se aproximaram de Rav Yosi e a criança adormeceu, como se tivesse partido deste mundo.

Eles disseram:

"Abençoada seja sua porção, Rav Yosi, e abençoado é o Misericordioso, o qual devido à súplica e ao choro do seu filho realizou um milagre em seu benefício. Ele abriu os portões do céu com as belas palavras que proferiu, e a vida foi acrescentada a você, devido à suplica e às lágrimas dele".

365. נְטָלוּהוּ לְהַהוּא יַנּוּקָא, וּנְשַׁקוּהוּ וּבְכוּ עֲמֵיהּ מֵחֶדְוָה

mechedva ime uvachu unshakuhu yanuka lehahu netaluhu

סַגָּא. וְאַפְּקוּהוּ לְבֵיתָא אָחֳרָא, וְאִתְעָרוּ עֲלֵיהּ, וְלָא אוֹדְעוּ לֵיהּ

le odu vela ale ve'ataru achara leveta ve'afkuhu sagi

מִיָּד, אֶלָּא לְבָתַר הָכִי. וְזָדוּ תַּמָּן תְּלָתָא יוֹמִין, וְחַדִּישׁוּ

vechadishu yomin telata taman chadu hachi levatar ela miyad

בַּהֲדֵי הַהוּא רִבִּי יוֹסֵי, כַּמָּה חִדּוּשִׁין וְחִדּוּשִׁין בְּאוֹרַיְיתָא.

be'orayeta chidushin kama Yosei Ribi hahu bahadei

365. Eles pegaram o menino, o beijaram e choraram com grande alegria. Levaram o garoto para outra casa e o acordaram de seu sono. Não o informaram imediatamente sobre a volta do pai à vida, mas o fizeram mais tarde.

Durante três dias, eles ficaram ali festejando e revelaram com Rav Yosi muitos novos segredos na Torá.

366. אָמַר לוֹן רִבִּי יוֹסֵי, וַחֲבַרְיָּיא, לָא אִתְיְהִיבַת לִי
li ityehivat la chavraya Yosei Ribi lon amar

רְשׁוּ לְגַלָּאָה מֵהַהוּא דְּוַחֲמֵינָא בְּהַהוּא עָלְמָא, אֶלָּא לְבָתַר
levatar ela alma behahu dachamena mehahu legala'a reshu

תְּרֵיסַר שְׁנִין. אֲבָל תְּלַת מְאָה וְשִׁתִּין וְוַחֲמֵשׁ דִּמְעִין,
dimin vachamesh veshitin me'a telat aval shenin teresar

דְּאוֹשִׁיד בְּרִי, עָאלוּ בְּוּוּשְׁבְּנָא קַמֵּי מַלְכָּא קַדִּישָׁא, וְאוֹמֵינָא
ve'omena kadisha malka kamei bechushbana alu beri de'oshid

לְכוּ וַחֲבַרְיָּיא, דְּבְשַׁעֲתָא דְּפָתַח בְּרִי בְּהַהוּא פְּסוּקָא, וְגָעָא בְּאִינוּן
be'inun vega'a pesuka behahu defatach divsha'ata chavraya lechu

מִלִּין, אִזְדַּעֲזָעוּ תְּלַת מְאָה אַלְפֵי סַפְסְלֵי דַּהֲווּ בִּמְתִיבְתָּא
bimtivta dahavo safsalei alfei me'a telat izda'azau milin

דִּרְקִיעָא, וְכֻלְּהוּ קָיְימֵי קַמֵּיהּ דְּמַלְכָּא קַדִּישָׁא, וּבָעוּ רַחֲמֵי
rachamei uvau kadisha demalka kame kayemei vechulhu dirkia

עֲלַי, וְעָרְבוּ לִי. וּקוּדְשָׁא בְּרִיךְ הוּא אִתְמְלֵי רַחֲמִין עֲלַי.
alai rachamin itmelei hu berich uKudsha li ve'arvu alai

366. Rav Yosi disse-lhes:

"Amigos, não fui autorizado a revelar o que eu observei naquele mundo, até que doze anos tenham se passado.

Entretanto, as 365 lágrimas que meu filho derramou foram contadas diante de Deus. E eu lhes digo, amigos, que no momento em que meu filho pronunciou o versículo da Torá e suplicou com aquelas palavras, 300.000 grupos de estudo que estavam na academia celestial sentiram um tremor.

Todas as almas se colocaram diante de Deus e pediram compaixão por mim, e deram garantia em meu nome de que eu não pecarei durante o tempo que me foi concedido. O Criador se preencheu de compaixão por mim.

367. וְשַׁפִּיר קַמֵּיהּ, אִינּוּן מִלִּין, וְהֵיךְ מָסַר נַפְשֵׁיהּ עָלַי.

alai nafshe masar vehech milin inun kame veshapir

וְחַד אַפְּטְרוּפָסָא הֲוָה קַמֵּיהּ, וְקָאָמַר, מָארֵי דְעָלְמָא,

de'alma marei veka'amar kame hava apotroposa vechad

הָא כְתִיב מִפִּי עוֹלְלִים וְיוֹנְקִים יִסַּדְתָּ עוֹ לְמַע צוֹרְרֶיךָ

tzorerecha lema'an oz yisadta veyonkim olelim mipi ketiv ha

לְהַשְׁבִּית אוֹיֵב וּמִתְנַקֵּם. יְהֵא רַעֲוָא קַמָּךְ, וְזָכוּ דְאוֹרַיְיתָא,

de'orayeta zechu kamach ra'ava yehe umitnakem oyev lehashbit

וְזָכוּ דְּהַהוּא רַבְיָא, דְּקָא מָסַר נַפְשֵׁיהּ עַל אֲבוּהּ

avuha al nafshe masar deka ravya dehahu uzchu

דְּתֵחוּס עֲלֵיהּ, וְיִשְׁתֵּזִיב.

veyishteziv ale detechus

367. "As palavras de meu filho e a maneira como ele abriu mão de sua alma por mim, agradaram a Deus."

Um anjo que lá estava presente disse:

"Senhor do mundo, não é dito que:

Da boca dos pequeninos e dos que mamam, Tu suscitaste força por causa dos Teus adversários, para fazeres calar o inimigo e o vingador?'

Que Te agrade que por meio do mérito da Torá e do mérito daquela criança que estava disposta a dar a alma pelo bem do pai, Tu tenhas clemência e que ele seja salvo".

368. וּתְלֵיסַר בְּנֵי נָשָׁא אַזְמִין לֵיהּ תְּחוֹתַי, וְעֵרְבוֹנָא יָהַב

yahav ve'irvona techotai le azmin nasha Benei utlesar

לֵיהּ, מְדִינָא תַּקִּיפָא דָא. כְּדֵין קָרָא קוּדְשָׁא בְּרִיךְ

berich kudsha kara keden da takifa midina le

הוּא לְמַלְאַךְ הַמָּוֶת, וּפָקִיד לֵיהּ עֲלַי, דְּלֵיתֵיב לְבָתַר

levatar deletuv alai le ufakid hamavet lemalach hu

עֶשְׂרִין וּתְרֵין שְׁנִין, דְּהָא לָאו עֵרְבוֹנָא קַמֵּיהּ, אֶלָּא

ela kame irvona lav deha shenin utren esrin

לִיתוּב לִידוֹי, מַשְׁכּוֹנִין דַּהֲווּ בִּידוֹי, הַשְׁתָּא וְחַבְרַיָּא, בְּגִין

begin chavraya hashta bidoy dahavo mashkonin lidoy lituv

דְּוֹזְמָא קוּדְשָׁא בְּרִיךְ הוּא דְּאַתּוּן זַכָּאֵי קְשׁוֹט, אִתְרְחִישׁ
itrechish keshot zakaei de'atun Hu Berich Kudsha dechama

נִיסָא לְעֵינַיְיכוּ.
le'enayechu nisa

368. "Treze pessoas foram preparadas e enviadas para o Anjo da Morte em meu lugar. Então, Deus chamou o Anjo da Morte e lhe deu instruções para voltar depois de 22 anos, porque aqueles treze que me resgataram não me isentaram da morte para sempre.

Eles foram meramente colocados nas mãos do Anjo da Morte em custódia temporária. Assim, amigos, porque Deus viu que vocês eram verdadeiramente justos, o milagre aconteceu diante de seus olhos."

MEDITAÇÃO

Com esta meditação, suscitamos apreciação pelo poder que reside dentro de cada um de nós, e despertamos essa força para realizar feitos ainda maiores do que poderíamos sequer imaginar.

Direção de leitura ⟵

זַכָּאָה אַנְתְּ רִבִּי יוֹסֵי, דְּמִלִּין דְּהַאי גַּדְיָא וְעֵירָא,
ze'era gadya dehay demilin Yosei Ribi ant zaka'a

וְדִמְעוֹי, סְלִיקוּ לְגַבֵּי כָּרְסְיָיא דְּמַלְכָּא קַדִּישָׁא, וְדָנוּ דִּינָא
dina vedanu kadisha demalka kurseya legabei seliku vedimoy

Abençoado seja você, Rav Yosi, que as palavras do garoto e suas lágrimas subiram ao trono de Deus e removeram o decreto.

Superando o medo

"Uma montanha tenebrosa"

(*Zohar*, *Vayechi*, Versículo 423)

Se fôssemos honestos com nós mesmos, provavelmente admitiríamos que sentimos medo de muitas coisas.

Desde o nosso nascimento até o dia em que deixamos este mundo, o medo é um desafio constante em nossas vidas.

Conforme o *Zohar* explica, experimentamos a sensação de medo devido à nossa falta de conexão espiritual.

Estas passagens do *Zohar* falam sobre viagens, mas, na verdade, referem-se à jornada de nossa vida inteira. Ao percorrê-la, precisamos nos conectar com a Luz a cada passo do caminho.

Rav Yosi, Rav Yehuda e Rav Chizkiyah estão viajando e encontram uma montanha tenebrosa. Rav Yosi inicialmente fica com medo do perigo que podem encontrar. Mas Rav Yehuda explica que quando estamos conectados com a *Shechiná*, não há razão para termos medo.

O termo *Shechiná*, que é frequentemente utilizado no *Zohar*, refere-se ao aspecto feminino da Luz do Criador.

A *Shechiná* é nossa mãe espiritual, nossa Luz Circundante e manifestável, nossa proteção, o que nos sustenta. É a fonte de toda a Luz e bênçãos que manifestamos em nossas vidas.

Assim, Rav Yehuda enfatiza a importância de nos conectarmos conscientemente à *Shechiná* a fim de trazermos proteção para nossas vidas.

Anteriormente nesta seção, Rav Yosi se referiu ao medo do profeta Samuel quando Deus lhe disse para encontrar um substituto para o Rei Saul.

Ou seja, quando Deus perguntou a Samuel porque hesitava em começar a busca do substituto, ele respondeu que o Rei Saul o mataria se soubesse dessa missão.

Rav Yehuda explica que a situação dos três amigos é diferente, pois eles não estão sozinhos, não há perigo iminente ou óbvio, e eles estão conectados com a Luz através de seu trAbalho espiritual. Em outras palavras, a *Shechiná* está com eles.

minan yatir Shemuel itchazei veha vaharagani Shaul veshama

← Direção de leitura

רְבִּי	אָמַר	טוּרָא,	בְּוַד	אַעֲלוּ	אָזְלֵי,	דַּהֲווּ	עַד	423.
Rabi	amar	tura	bechad	a'alu	azlei	dahavo	ad	

הָכָא,	נִתְעַכֵּב	וְלָא	נֵהַךְ	דַּחֲזָלָא,	טוּרָא	הַאי	יוֹסֵי,
hacha	nitakev	vela	nehach	dachala	tura	hay	Yosei

אִי	יְהוּדָה,	רְבִּי	אָמַר	הוּא.	דְּחֲזִילָא	דְּטוּרָא	בְּגִין
i	Yehuda	Ribi	amar	hu	dechila	detura	begin

דְּמַאן	תָּנֵינָן	דְּהָא	הָכֵי,	אֲמִינָא	הֲוָה	וַד,	הֲוָה
deman	taninan	deha	hachei	amina	hava	chad	hava

תְּלָתָא	אֲבָל	בְּנַפְשֵׁיהּ,	אִתְחַיָּיב	בְּאוֹרְחָא	יְחִידָאי	דְּאָזֵיל
telata	aval	benafshe	itchayav	be'orcha	yechiday	de'azel

תַעֲדֵי	דְּלָא	אִתְחֲזֵי	מִינָן,	וְוַד	וַד	וְכָל	לָא,
ta'adei	delá	itchazei	minan	vechad	chad	vechol	la

						שְׁכִינְתָּא.	מִינָן
						shechinta	minan

423. Enquanto caminhavam, eles encontraram uma montanha. Rav Yosi falou:

"Esta montanha é tenebrosa, não vamos ficar aqui, vamos continuar a caminhar".

Rav Yehuda argumentou:

"Se você estivesse sozinho, eu aconselharia isso, pois sabemos que aquele que caminha sozinho na estrada arrisca sua vida, mas isso não se aplica a três pessoas. Além disso, cada um de nós merece que a *Shechiná* não o Abandone".

בַּר	יִסְמוֹךְ	דְּלָא	תָּנֵינָן	הָא	יוֹסֵי,	רְבִּי	אָמַר	424.
bar	yismoch	delá	taninan	ha	Yosei	Rabi	amar	

אֵלֵךְ	אֵיךְ	דִּכְתִיב	מִשְׁמוּאֵל,	מְנָלָן.	נִסָּא.	עַל	נָשׁ
elech	ech	dichtiv	miShmuel	menalan	nisa	al	nash

מִינָן.	יַתִּיר	שְׁמוּאֵל	אִתְחֲזֵי	וְהָא	וַהֲרָגָנִי,	שָׁאוּל	וְשָׁמַע
minan	yatir	Shemuel	itchazei	veha	vaharagani	Shaul	veshama

אָמַר לֵיהּ, אֲפִילוּ הָכֵי, אִיהוּ הֲוָה וַד, וְהֶזֵקָא

le amar hachei afilu ihu hava chad vehezeka

אִשְׁתַּכַּח לְעֵינָא. אֲבָל אֲנַן תְּלָתָא, וְהֶזֵקָא לָא אִשְׁתַּכַּח

ishtakach le'ena aval anan telata vehezeka la ishtakach

לְעֵינָא. דְּאִי מִשׁוּם מַזִּיקִין. הָא תָּנֵינָן, דְּלִתְלָתָא לָא

le'ena de'i mishum mazikin ha taninan delitlata la

מִתְחֲזֵי, וְלָא מַזְּקֵי, וְאִי מִשׁוּם לִסְטִים, לָא מִשְׁתַּכְּחֵי

mitchazei vela mazkei ve'i mishum listim la mishtakchei

הָכָא, דְּהָא רָחֵיק מֵיִשׁוּבָא הַאי טוּרָא, וּבְנֵי נָשָׁא

hacha deha rachek meyishuva hay tura uvnei nasha

לָא מִשְׁתַּכְּחֵי הָכָא, בְּרַם דְּחֵילוּ הוּא, דְּחֵיוָון בָּרָא

la mishtakchei hacha beram dechilu hu decheyvan bara

דְּמִשְׁתַּכְּחִין הָכָא.

hacha demishtakchin

424. Rav Yosi falou:

"Sabemos que um homem não deve depender de um milagre. Aprendemos isso com Samuel, pois está escrito que ele disse: *'Como posso fazer isso? Se Saul souber disso, ele me matará'*, e Samuel era mais merecedor do que nós".

Rav Yehuda comentou:

"Embora ele fosse mais merecedor de um milagre do que nós, estava sozinho e o perigo era óbvio. Mas nós somos três, e não há perigo à vista. Se houver espíritos maldosos, sabemos que eles não aparecem nem causam mal a um grupo de três; tampouco há ladrões aqui, uma vez que a montanha está longe de lugares habitados, e não há gente neste local. Mas é verdade que aqui existem animais selvagens".

425. פָּתַח וְאָמַר הַמַּלְאָךְ הַגּוֹאֵל אוֹתִי מִכָּל רָע, הַאי

petach va'amar hamalach hago'el oti mikol ra hay

קְרָא אִית לְאִסְתַּכְּלָא בֵּיהּ, הַגּוֹאֵל, אֲשֶׁר גָּאַל מִבָּעֵי

kera it le'istakala be hago'el asher ga'al mibaei

לֵיהּ, מַאי הַגּוֹאֵל. בְּגִין דְּהוּא מִשְׁתַּכַּח תָּדִיר לְגַבֵּי

le mav hago'el begin dehu mishtakach tadir legabei

בְּנֵי נָשָׁא, וְלָא אַעֲדֵי מִבְּנֵי נָשָׁא זַכָּאָה לְעָלְמִין.
le'almin zaka'a nasha mibnei a'adei vela nasha Benei

תָּא וְזֵי, הַמַּלְאָךְ הַגּוֹאֵל אוֹתִי דָּא שְׁכִינְתָּא, דְּאָזֵיל
de'azel shechinta da oti hago'el hamalach chazei ta

עִמֵּיהּ דְּבַר נָשׁ תָּדִיר, וְלָא אַעֲדֵי מִנֵּיהּ, כַּד
kad mine a'adei vela tadir nash devar ime

בַּר נָשׁ נָטֵיר פִּקּוּדֵי אוֹרַיְיתָא. וְעַל דָּא יִזְדַּהַר בַּר
bar yizdaher da ve'al orayeta pikudei nater nash bar

נָשׁ, דְּלָא יִפּוֹק יְחִידָאי בְּאוֹרְחָא, מַאי יְחִידָאי.
yechiday may be'orcha yechiday yipok delá nash

דְּיִזְדַּהַר בַּר נָשׁ לְמִטַּר פִּקּוּדֵי דְּאוֹרַיְיתָא, בְּגִין
begin de'orayeta pikudei lemitar nash bar deyizdaher

דְּלָא תַּעֲדֵי מִנֵּיהּ שְׁכִינְתָּא, וְיִצְטָרֵךְ לְמֵיזַל יְחִידָאי,
yechiday lemezal veyitztarech shechinta mine ta'adei delá

בְּלָא זִווּגָא דִּשְׁכִינְתָּא.
dishchinta zivuga bela

425. Rav Yehuda continuou:

"O anjo que redime... Foi dito 'redime' quando deveria ter sido dito 'redimiu'. Por que o verbo está conjugado no presente? Porque o anjo sempre permanece junto das pessoas e nunca abandona um homem justo.

Venha e veja: O anjo que me redime é a *Shechiná*, que continuamente acompanha o homem, nunca se afastando dele enquanto persistir no trabalho espiritual. Um homem, portanto, deve ter o cuidado de não sair sozinho.

O que é 'sozinho'? Um homem deve ser cuidadoso e persistir no trabalho espiritual, de tal forma que a *Shechiná* não o abandone e ele tenha que andar sozinho, sem estar acompanhado por ela.

426. תָּא וְזֵי, כַּד נָפֵיק בַּר נָשׁ לְאוֹרְחָא, יְסַדֵּר
Yesadar le'orcha nash bar nafek kad chazei ta

צְלוֹתָא קַמֵּי מָארֵיהּ, בְּגִין לְאַמְשָׁכָא עָלֵיהּ שְׁכִינְתָּא,
shechinta aleh le'amshacha begin mareh kamei tzelota

44

וּלְבָתַר יִפּוֹק לְאוֹרְחָא, וְיִשְׁכַּח זִוּוּגָא דִשְׁכִינְתָּא,
ulvatar yipok le'orcha veyishkach zivuga dishchinta

לְמִפְרַק לֵיהּ בְּאוֹרְחָא, וּלְשֵׁזָבָא לֵיהּ, בְּכָל מַה דְּאִצְטְרִיךְ.
le lemifrak be'orcha le ulshezava le bechol ma de'itzterich

426. Venha e veja: "Quando um homem começa uma jornada, deve rezar a Deus para que lhe traga a *Shechiná*, e assim ele começará a caminhada acompanhado pela *Shechiná*. Ela o redimirá em seu caminho e o salvará em tempos de necessidade.

427. מַה כְּתִיב בְּיַעֲקֹב, אִם יִהְיֶה אֱלֹקִים עִמָּדִי, דָּא
ma ketiv beYaakov im yihye Elokim imadi da

זִוּוּגָא דִשְׁכִינְתָּא. וּשְׁמָרַנִי בַּדֶּרֶךְ הַזֶּה, לְמִפְרַק לִי
zivuga dishchinta ushmarani baderech haze lemifrak li

מִכֹּלָּא, וְיַעֲקֹב יְחִידָאִי הֲוָה בְּהַהוּא זִמְנָא, וּשְׁכִינְתָּא
mikola veYaakov yechiday hava behahu zimna ushchinta

אָזְלַת קַמֵּיהּ, כָּל שֶׁכֵּן וְחַבְרַיָּא דְּאִית בֵּינַיְיהוּ
azlat kame kol sheken chavraya de'it benayehu

מִלִּין דְּאוֹרַיְיתָא, עַל אַחַת כַּמָּה וְכַמָּה.
milin de'orayeta al achat kama vechama

427. "Está escrito que Jacó disse:
'*Se Deus for comigo e me guardar neste caminho*', referindo-se à união com a *Shechiná* para liberá-lo de qualquer mal.
Embora Jacó estivesse sozinho naquela ocasião, a *Shechiná* passou diante dele. E isso também acontecerá com os amigos, ou seja, os justos, que estão com as palavras da Torá entre eles."

428. אָמַר רְבִּי יוֹסֵי, מַאי נַעֲבֵיד, אִי נִתְעַכֵּב הָכָא,
amar Ribi Yosei may na'aved i nitakev hacha

הָא יוֹמָא מָאִיךְ לְמֵיעַל, אִי נֵהַךְ לְעֵילָא, טוּרָא
ha yoma maich leme'al i nehach le'ela tura

רַב אִיהוּ, וּדְחִילוּ דְּחֵיוָון וְקָלָא דְּחֵיוָן דַּחֲלְנָא. אָמַר
rav ihu udchilu decheyvan vekala dachakla dachelna amar

רִבִּי יְהוּדָה, תְּוַוהְנָא עֲלָךְ ר' יוֹסֵי. אָמַר לֵיהּ הָא
ha le amar Yosei Ribi alach tevahna Yehuda Ribi

תָּנִינָן דְּלָא יִסְמוֹךְ בַּר נָשׁ עַל נִיסָא, דְּקוּדְשָׁא
dekudsha nisa al nash bar yismoch delá taninan

בְּרִיךְ הוּא לָא יַרְחֵישׁ נִיסָא בְּכָל שַׁעְתָּא. אָמַר לֵיהּ
le amar shata bechol nisa yarchesh la hu berich

הָנֵי מִילֵי יְחִידָאי, אֲבָל אֲנָן אֲנַחְנָא תְּלָתָא, וּמִלֵּי
umilei telata anachna aval yechiday milei hanei

אוֹרַיְיתָא בֵּינָנָא, וּשְׁכִינְתָּא עִמָּנָא, לָא דָּחֵילְנָא.
dachelna la imana ushchinta benana orayeta

428. Rav Yosi perguntou:

"O que vamos fazer? Se ficarmos aqui, o dia termina, e se subirmos é uma grande e tenebrosa montanha e eu temo os animais selvagens".

Rav Yehuda respondeu:

"Estou espantado que você tenha tanto medo".

Rav Yosi disse:

"Aprendemos que um homem não deve contar com um milagre, uma vez que Deus não realiza milagres em todas as ocasiões".

Rav Yehuda argumentou:

"Isso é verdade para um homem sozinho, mas nós somos três. Com palavras da Torá entre nós e a *Shechiná* conosco, eu não tenho medo".

MEDITAÇÃO

Enquanto você lê estas palavras do *Zohar*, pense nas coisas de sua vida que lhe fazem sentir medo. A conexão com a *Shechiná* que esta meditação oferece lhe ajudará no processo de superar seus medos. Esta meditação também traz o entendimento de que, para estarmos permanentemente livres do medo, precisamos fortalecer continuamente nossa conexão com a Luz do Criador. Medo, literalmente, não pode existir quando nossa conexão com a *Shechiná* é forte.

→

Direção de leitura

וּמִלֵּי אוֹרַיְיתָא בֵּינָנָא, וּשְׁכִינְתָּא עִמָּנָא, לָא דָחֵילְנָא.

dachelna la imana ushchinta benana orayeta umilei

Com palavras da Torá entre nós e com a Shechiná conosco, eu não tenho medo.

Quando precisamos de proteção

"E vosso temor e vosso medo"

(*Zohar*, *Noach*, Versículo 252)

Falamos sobre medos na seção anterior. Aqui o *Zohar* nos ensina como uma proteção completa pode ser alcançada.

Nem todo medo é irracional. Há coisas das quais realmente precisamos ter medo, mas isso não significa que devemos nos deixar dominar por elas.

O *Zohar* nos ensina que todos nós nascemos com um escudo protetor de Luz, o *Tzelem Elokim*, que circunda nossos corpos como uma aura.

Quando esse escudo é forte, saudável e funciona com máxima potência, até mesmo os poderes genuinamente perigosos e assustadores do mundo (simbolizados nesta seção por animais selvagens) se afastam de nós.

Também é verdade que ações negativas podem enfraquecer e diminuir o nosso escudo protetor de Luz. Isso provoca medo em nós – e o medo não é nada irracional, porque nossas ações negativas realmente nos tornam mais vulneráveis às forças destrutivas externas.

Quando entendemos isso, a importância prática do trabalho espiritual se torna clara.

Superar nossos impulsos negativos e fazer nosso trabalho espiritual realizando ações de compartilhar são mais do que atitudes virtuosas, pois na verdade fortalecem nossas defesas contra os reais perigos que a vida apresenta.

→ Direção de leitura

252. וּמוֹרַאֲכֶם וְחִתְּכֶם יִהְיֶה. מִכָּאן וּלְהָלְאָה, יְהֵא לְכוֹן
lechon yehe ulhala mikan yihye vechitchem umora'achem

דְּיוֹקְנִין דִּבְנֵי נָשָׁא, דְּהָא בְּקַדְמֵיתָא לָא הֲווֹ דְּיוֹקְנִין
deyoknin havo la bekadmeta deha nasha divnei deyoknin

דִּבְנֵי נָשָׁא. תָּא וַחֲזֵי, בְּקַדְמֵיתָא כְּתִיב בְּצֶלֶם אֱלֹקִים
Elokim betzelem ketiv bekadmeta chazei ta nasha divnei

עָשָׂה אֶת הָאָדָם. וּכְתִיב בִּדְמוּת אֱלֹקִים עָשָׂה אוֹתוֹ. כֵּיוָן
keyvan oto asa Elokim bidmut uchtiv ha'adam et asa

דְּחָטוֹ אִשְׁתַּנּוּ דְּיוֹקְנַיְיהוּ, מֵהַהוּא דְּיוֹקְנָא עִלָּאָה,
ila'a deyokna mehahu deyoknayhu ishtanu dechato

וְאִתְהַפְּכוּ אִינוּן לְמִדְחַל מִקַּמֵּי וְזַיְיוּן בְּרָא.
bera cheyvan mikamei lemidchal inun ve'ithapachu

252. *"E vosso temor e vosso medo será"* significa que a partir de agora você assumirá a forma de ser humano.

Agora, venha e veja:

No inicio da Torá está escrito *'À imagem de Deus Ele fez o homem'* e também *'À semelhança de Deus Ele o fez'*

Inicialmente, os animais selvagens tinham medo dos seres humanos, porque eles haviam sido criados à semelhança de Deus. Mas quando os seres humanos começaram a praticar ações negativas, deixaram de ter uma imagem celestial e os animais selvagens perderam o medo que tinham.

253. בְּקַדְמֵיתָא, כָּל בִּרְיָין דְּעָלְמָא, זָקְפָן עַיְינִין, וְזַמְאָן
vechaman ayenin zakfan de'alma beriyan kol bekadmeta

דְּיוֹקְנָא, קַדִּישָׁא עִלָּאָה, וְזָעָאן וְדָחֲלִין מִקַּמֵּיהּ. כֵּיוָן
keyvan mikame vedachalin veza'an ila'a kadisha deyokna

דְּחָטוֹ אִתְהַפַּךְ דְּיוֹקְנַיְיהוּ, מֵעֵינַיְיהוּ, לְדְיוֹקְנָא אָחֳרָא.
achara lidyokna me'enayehu deyoknayhu ithapach dechato

וְאִתְהַפַּךְ דִּבְנֵי נָשָׁא זַעִין וְדָחֲלִין קָמֵי שְׁאָר בְּרָיָין.

beriyan she'ar kamei vedachalin zain nasha divnei ve'ithapach

253. Anteriormente, as criaturas do mundo olhavam para o Homem, viam a imagem celestial sagrada e tremiam de medo. Mas, como as pessoas pecaram, a imagem delas se transformou aos olhos dos animais selvagens. É por esse motivo que agora são os seres humanos que tremem de medo de outras criaturas.

254. תָּא וַחֲזֵי, כָּל אִינוּן בְּנֵי נָשָׁא, דְּלָא וְזַטְאָן קָמֵי

kamei chatan delá nasha Benei inun kol chazei ta

מָארֵיהוֹן, וְלָא עָבְרִין עַל פִּקּוּדֵי אוֹרַיְתָא. זִיו דְּיוֹקְנָא

deyokna ziv orayeta pikudei al avrin vela marehon

דִּלְהוֹן, לָא אִשְׁתַּנֵּי מֵחֵיזוּ דִּדְיוֹקְנָא עִלָּאָה. וְכָל

vechol ila'a didyokna mechezu ishtanei la dilhon

בְּרָיָין דְּעָלְמָא, זַעִין וְדָחֲלִין קָמֵיהּ. וּבְשַׁעֲתָא דִּבְנֵי

divnei uvsha'ata kame vedachalin zain de'alma beriyan

נָשָׁא עָבְרִין עַל פִּתְגָּמֵי אוֹרַיְתָא, אִתְחֲלַף דְּיוֹקְנָא

deyokna itchalaf orayeta pitgamei al avrin nasha

דִּלְהוֹן, וְכֻלְּהוּ זַעִין וְדָחֲלִין מִקַּמֵּי בְּרָיָין אָחֳרָנִין,

acharanin beriyan mikamei vedachalin zain vechalho dilhon

בְּגִין דְּאִתְחֲלַף דְּיוֹקְנָא עִלָּאָה, וְאִתְעֲבַר מִנַּיְיהוּ,

minayehu ve'itavar ila'a deyokna de'itchalaf begin

וּכְדֵין שַׁלְטֵי בְּהוּ חֵיוַת בְּרָא, דְּהָא לָא חֲמוֹ

chamo la deha bera cheyvat beho shaltei uchden

בְּהוּ, הַהוּא דְּיוֹקְנָא עִלָּאָה כִּדְקָחֲזֵי.

kidkachazei ila'a deyokna hahu beho

254. Venha e veja:

Todas as pessoas que não se comportam negativamente diante de seu Mestre e não transgridem as leis espirituais conservam o esplendor Divino da imagem do Criador. E assim, todas as criaturas do mundo tremem de medo diante delas.

Mas quando as pessoas transgridem as leis espirituais, sua forma se modifica e elas tremem de medo de outras criaturas, porque o formato celestial as deixou. Os animais selvagens passam a exercer autoridade sobre elas, porque deixam de ver nelas a forma celestial.

255. וְעַל כָּךְ, הַשְׁתָּא כֵּיוָן דְּעָלְמָא אִתְחַדַּשׁ כְּמִלְקַדְמִין,
kemilkadmin itchadash de'alma keyvan hashta kach ve'al

בְּרִיךְ לוֹן, בְּרָכָה דָא, וְשַׁלֵּיט לוֹן עַל כֹּלָּא, כְּמָה
kema kola al lon veshalet da beracha lon barich

דְּאַתְּ אָמֵר וְכֹל דְּגֵי הַיָּם בְּיֶדְכֶם נִתָּנוּ. וַאֲפִילוּ
va'afilu nitanu beyedchem hayam degei vechol amer de'at

נוּנֵי יַמָּא. רִבִּי וַיָּיא אָמַר, בְּיֶדְכֶם נִתָּנוּ. מִקַּדְמַת
mikadmat nitanu beyedchem amar Chiya Ribi yama nunei

דְּנָא. דְּכַד בְּרָא קֻדְשָׁא בְּרִיךְ הוּא עָלְמָא מְסַר כֹּלָּא
kola mesar alma Hu Berich Kudsha bera dechad dena

בִּידֵיהוֹן, דִּכְתִיב, וּרְדוּ בִּדְגַת הַיָּם וּבְעוֹף הַשָּׁמַיִם וְגוֹ׳.
vegomer hashamayim uvof hayam vidgat urdu dichtiv bidehon

255. Quando as pessoas saíram da arca e o mundo foi renovado, Deus as abençoou dando-lhes o domínio sobre todas as criaturas, até mesmo sobre os peixes do mar.
Conforme está escrito:
"E sobre todos os peixes do mar; em vossas mãos foram entregues".
Rav Chiya disse:
" *'Em vossas mãos foram entregues'* indica que quando Deus criou o mundo, Ele entregou tudo nas mãos do homem. Conforme está escrito: *'E dominai sobre o peixe do mar e sobre a ave dos céus...'* "

MEDITAÇÃO

No final, podemos alcançar um estado em que nada pode nos fazer mal. Essa meditação fortalece nosso escudo protetor e nos inspira a evitar ações que o enfraqueçam.

← Direção de leitura

תָּא חֲזֵי, כָּל אִנּוּן בְּנֵי נָשָׁא, דְּלָא חָטָאן קַמֵּי
ta chazei kol inun Benei nasha delá chatan kamei

מָארֵיהוֹן, וְלָא עָבְרִין עַל פְּקוּדֵי אוֹרַיְיתָא. זִיו דְּיוֹקְנָא
marehon vela avrin al pikudei orayeta ziv deyokna

דִּלְהוֹן, לָא אִשְׁתַּנֵּי מֵחֵיזוּ דְּדִיוֹקְנָא עִלָּאָה. וְכָל
dilhon la ishtanei mechezu didyokna ila'a vechol

בְּרִיָּן דְּעָלְמָא, זָעִין וְדָחֲלִין קַמֵּיהּ.
beriyan de'alma zain vedachalin kame

Venha e veja: Todas as pessoas que não se comportam negativamente diante de seu Mestre e não transgridem as leis espirituais conservam o esplendor Divino da imagem do Criador. E, assim, todas as criaturas do mundo tremem de medo diante delas.

O PODER DO PERDÃO PARA REMOVER JULGAMENTO

"Rav Aba e o viajante"

(ZOHAR, MIKETZ, VERSÍCULO 186)

Quantas vezes na sua vida você sentiu o desejo de fazer mal a alguém só porque foi ferido por essa pessoa?

Sempre que desejamos vingança, mesmo que seja realmente justificável, criamos uma abertura para que um julgamento seja exercido sobre nós.

Mas ao resistir ao impulso reativo de buscar vingança, nós trazemos perdão e boa vontade para nossa vida.

Em algumas ocasiões, o *Zohar* é desafiador em seus ensinamentos, em outras é bem direto.

Esta seção conta uma história simples e clara para revelar o poder do verdadeiro perdão.

O viajante nesta seção sequer estava consciente dos dois milagres que o salvaram do perigo. Mas foi o poder do perdão que ele praticou ao longo de sua vida que o protegeu.

Rav Aba aprende com o viajante a respeito desse poder e, com isso, nós aprendemos com Rav Aba.

← Direção de leitura

186. רִבִּי אַבָּא הֲוָה יָתִיב אַתַּרְעָא דְּאַבָּבָא דְּלוֹד, וְחָמָא
chama deLod de'Abava atara yatev hava Aba Ribi

וַוד בַּר נָשׁ דַּהֲוָה אָתֵי, וְיָתִיב בְּחַד קוּלְטָא
kulta bechad veyatev atei dahava nash bar chad

דְּתִלָא דְּאַרְעָא, וַהֲוָה לָאֵי מֵאָרְחָא, וְיָתִיב וְנָאִים תַּמָּן,
taman venaem veyatev me'archa laei vahava de'ara detala

אַדְּהָכֵי וְחָמֵי וַוד חִוְיָא, דַּהֲוָה אָתֵי לְגַבֵּיה, נָפַק
nafak legabe atei dahava chivya chad chamei adhachei

קוֹסְטְפָא דְּגוֹרְדְנָא, וְקָטִיל לֵיה לְחִוְיָא. כַּד אִתְּעַר הַהוּא בַּר
bar hahu itar kad lechivya le vekatel degordena kostefa

נָשׁ, וְחָמָא הַהוּא חִוְיָא לְקָבְלֵיה, דַּהֲוָה מִית, אִזְדְּקַף
izdakaf mit dahava lekivle chivya hahu chama nash

הַהוּא בַּר נָשׁ, וְנָפַל הַהוּא קוּלְטָא לְעוֹמְקָא דִּתְחוֹתוֹי וְאִשְׁתֵּזֵיב.
ve'ishtezev ditchotoy le'omka kulta hahu venafal nash bar hahu

186. Sentado ao lado do portão da cidade de Lod, Rav Aba avistou um viajante próximo da beira de um penhasco.

Esse homem certamente estava cansado da viagem, pois, como Rav Aba observou, ele se deitou e dormiu. Enquanto dormia, uma cobra veio em sua direção. Subitamente, um lagarto apareceu e matou a cobra.

Quando o viajante acordou, viu a cobra morta e deu um passo para trás, afastando-se do penhasco. E, naquele instante, o penhasco se desprendeu da encosta da montanha e caiu vale Abaixo. O viajante se salvou, mas se tivesse acordado um instante depois, teria caído e encontrado a morte.

187. אָתָא רִבִּי אַבָּא לְגַבֵּיה, אָמַר לוֹ אֵימָא לִי מָאן עוֹבָדָךְ,
ovadach man li ema lo amar legabe Aba Ribi ata

דְּהָא דְּקוּדְשָׁא בְּרִיךְ הוּא רָחֵישׁ לָךְ אִלֵּין תְּרֵין
teren ilen lach rachesh Hu Berich deKudsha deha

נִסִּין, לָאו אִינּוּן לְמַגָּנָא.
lemagana inun lav nisin

187. Rav Aba se aproximou do viajante e disse:
"O que você fez para que o Criador tenha realizado dois milagres para você: salvando-o da cobra e salvando-o de cair do penhasco? Pois esses eventos não acontecem sem um motivo".

188. אֲמַר לוֹ הַהוּא בַּר נָשׁ, בְּכָל יוֹמַאי לָא אַשְׁלֵים
ashlem la yomay kechol nash bar hahu lo amar

לִי בַּר נָשׁ בִּישָׁא בְּעַלְמָא, דְּלָא אִתְפַּיַיסְנָא בַּהֲדֵיה,
bahade itpayasna delá be'alma bisha nash bar li

וּמְוֹזֵילְנָא לֵיה. וְתוּ, אִי לָא יָכִילְנָא לְאִתְפַּיְיסָא בַּהֲדֵיה,
bahade le'itpayesa yachilna la i vetu le umachilna

לָא סָלֵיקְנָא לְעַרְסִי, עַד דִּמְוֹזֵילְנָא לֵיה, וּלְכָל אִינוּן
inun ulchol le demachilna ad le'arsi salekna la

דְּמִצַעֲרוּ לִי, וְלָא וַיֵישְׁנָא כָּל יוֹמָא לְהַהוּא
lehahu yoma kol chayeshana vela li dimtza'aru

בִּישָׁא דְּאַשְׁלֵים לִי. וְלָאו דִּי לִי דָא, אֶלָּא דְּמֵהַהוּא
dimhahu ela da li di velav li de'ashlem bisha

יוֹמָא וּלְהָלְאָה, אִשְׁתַּדַלְנָא לְמֶעְבַּד עִמְּהוֹן טָבָא.
tava imhon lemebad ishtadalna ulhala yoma

188. O viajante respondeu:
"Em todos os meus dias, perdoei e fiz as pazes com qualquer homem que me tenha feito mal. Se eu não conseguia fazer as pazes com ele, eu não adormecia na minha cama antes de perdoá-lo e a todos que me tivessem magoado, e não guardei rancor de nenhum mal que me tivesse sido feito. Além disso, a partir de então, passava a tentar fazer gentilezas para essas pessoas".

189. בָּכָה רִבִּי אַבָּא וַאֲמַר, יַתִּיר עוֹבָדוֹי דְּדֵין מִיּוֹסֵף,
miYosef deden ovadoy yatir va'amar Aba Ribi bacha

דְּיוֹסֵף הֲווֹ אֲחוֹי וַדַּאי, וַהֲוָה לֵיה לְרַחֲמָא עֲלוֹי,
aloy lerachama le vahava vaday achoy havo deYosef

אֲבָל מַה דַּעֲבַד דָּא, יַתִּיר הוּא מִיּוֹסֵף, יָאוֹת הוּא
hu ya'ot miYosef hu yatir da da'aved ma aval

דְּקוּדְשָׁא	בְּרִיךְ	הוּא	יַרְחֵישׁ	לֵיהּ	נִיסָא	עַל	נִיסָא.
dekudsha	berich	hu	yarchesh	le	nisa	al	nisa

189. Rav Aba chorou e disse:

"Os feitos desse homem superam os de José, pois aqueles que fizeram mal a José eram seus irmãos. Ele certamente precisava ter piedade e tinha que perdoá-los, pois eram irmãos. Mas esse homem perdoava todo mundo, e, assim, ele é maior do que José e é digno de que o Criador realize um milagre após outro em seu benefício".

MEDITAÇÃO

Tudo o que acontece a você é o efeito de algo que você fez nesta vida ou em uma vida anterior. Ou pode ser que a experiência pela qual esteja passando seja necessária para ajudá-lo a realizar determinada transformação. Em qualquer dos casos, o que acontece é *exatamente* o que você precisa no momento.

Quando você entende isso, perdoar aqueles que lhe fizeram algo de "mau" fica fácil. Na verdade, vingança será até mesmo substituída por gratidão. Medite com esta seção para despertar sua capacidade de perdoar os outros de forma verdadeira.

← Direção de leitura

כְּכָל יוֹמָאי לָא אַשְׁלֵים לִי בַּר נָשׁ בִּישָׁא
bisha nash bar li lashlem la yomay kechol

בְּעַלְמָא, דְּלָא אִתְפַּייַסְנָא בַּהֲדֵיה, וּמְוֹזִילְנָא לֵיה. וְתוּ,
vetu le umachiln bahade itpayasna delá be'alma

אִי לָא יְכִילְנָא לְאִתְפַּייְסָא בַּהֲדֵיה, לָא סָלֵיקְנָא
salekna la bahade le'itpayesa yachilna la i

לְעַרְסִי, עַד דִּמְוֹזִילְנָא לֵיה, וּלְכָל אִינוּן דִּמְצַעֲרוּ
dimtza'aru inun ulchol le demachilna ad le'arsi

לִי, וְלָא וְזִישְׁנָא כָּל יוֹמָא לְהַהוּא בִּישָׁא
bisha lehahu yoma kol chayeshana vela li

דְּאַשְׁלֵים לִי. וְלָאו דִּי לִי דָּא, אֶלָּא דִּמְהַהוּא
dimhahu ela da li di velav li de'ashlem

יוֹמָא וּלְהָלְאָה, אִשְׁתַּדַּלְנָא לְמֶעְבַּד עִמְהוֹן טָבָא.
tava imhon lemebad ishtadalna ulhala yoma

Em todos os meus dias perdoei e fiz as pazes com todo homem que me tenha feito mal. Se eu não conseguia fazer as pazes com ele, eu não adormecia na minha cama antes de perdoá-lo e a todos que me tivessem magoado, e eu não guardei rancor de nenhum mal que me tivesse sido feito. Além disso, a partir de então eu tentava fazer gentilezas para essas pessoas.

Encontrando Luz na escuridão

"A partida de Rav Shimon da caverna"

(Zohar Prólogo, Versículo 185)

Quando passamos por situações difíceis, podemos nos perguntar por que a vida dá essas voltas. Entretanto, mesmo na escuridão, a Luz pode ser revelada.

Um exemplo simples dessa afirmação: uma das maiores dores que uma pessoa pode passar é dar à luz um filho. Mas é por meio dessa dor que a vida chega a este mundo.

Esse princípio – de que a escuridão é apenas uma cobertura para a Luz interior – é um dos ensinamentos mais inspiradores do *Zohar*.

O *Zohar* conta a história de como Rav Shimon foi forçado pelos romanos a se esconder, pois eles o haviam proibido de ensinar a sabedoria da Kabbalah.

Na verdade, o mestre de Rav Shimon, Rav Akiva, havia sido morto justamente por ensinar essa sabedoria. Assim, Rav Shimon e seu filho, Rav Elazar, fugiram para as montanhas, onde se esconderam em uma caverna e ficaram estudando durante treze anos.

Nesta passagem do *Zohar*, Rav Pinrras, sogro de Rav Shimon, visita seu amigo, Rav Rechumai. Falando simbolicamente de uma joia, Rav Rechumai elogia o brilho espiritual de Rav Shimon e Rav Elazar.

Quando Rav Pinrras parte, ele encontra dois pássaros que lhe entregam uma mensagem dizendo que Rav Shimon havia saído da caverna.

Rav Pinrras corre para encontrar Rav Shimon e o filho, que haviam permanecido escondidos durante treze anos.

O *Zohar* nos conta que durante todos esses anos de confinamento, Rav Shimon esteve enterrado até o pescoço. Foi durante esse período que o *Zohar* foi revelado a ele. Embora seu corpo estivesse muito machucado, ele estava alegre e satisfeito. As dificuldades pelas quais Rav Shimon passou trouxeram grande Luz para ele e para o mundo.

Direção de leitura

185. רַבִּי פִּינְחָס הֲוָה שְׁכִיחַ קַמֵּי דְּרַבִּי רְחוּמָאֵי

Rechumai deRabi kamei shechiach hava pinrras Rabi

בְּכֵיף יַמָּא דְּגִנּוֹסָר. וּבַר נָשׁ רַב וּקְשִׁישָׁא דְּיוֹמִין

deyomin ukshisha rav nash ubar deguinosar yama bechef

הֲוָה, וְעֵינוֹי אִסְתַּלָּקוּ מִלְּמֶחֱמֵי. אָמַר לְרַבִּי פִּינְחָס,

Pinrras leRabi amar milmechemei istalaku ve'enoy hava

וַדַּאי שְׁמַעְנָא דְּיַוֹּראִי חַבְרָנָא אִית לֵיהּ מַרְגָּלִית

margalit le it chavrana deYorrai shemana vaday

אֶבֶן טָבָא, וְאִסְתַּכְּלִית בִּנְהוֹרָא דְּהַהִיא מַרְגָּלִית,

margalit dehahi binhora ve'istaklit tava even

נָפְקָא כִּנְהִירוּ דְּשִׁמְשָׁא מִנַּרְתְּקָהּ, וְנָהֲרָא כָּל עָלְמָא.

alma kol venahara minarteka deshimsha kinhiru nafka

185. Rav Pinrras visitava com frequência Rav Rechumai, que vivia às margens do Lago Kinéret (Mar da Galileia). Rav Rechumai era um grande homem, mas de idade avançada, e havia perdido a visão. Ele diz a Rav Pinrras:
"Soube que nosso amigo Yorrai tem uma joia, uma pedra preciosa. Ou seja, ele tem um filho. Eu observei a luz irradiada por essa joia. Ela brilha como o esplendor do Sol quando surge e ilumina o mundo inteiro.

186. וְהַהוּא נְהוֹרָא קָאִים מִשְּׁמַיָא לְאַרְעָא, וְנָהִיר כָּל

kol venaher le'ara mishmaya kaem nehora vehahu

עָלְמָא, עַד דְּיָתֵיב עַתִּיק יוֹמִין, וְיָתֵיב עַל כֻּרְסַיָּיא כִּדְקָא

kidka karsaya al veyatev yomin atik deyatev ad alma

יָאוֹת. וְהַהוּא נְהוֹרָא כָּלִיל כֹּלָּא בְּבֵיתָךְ, וּמִנְּהוֹרָא

umin'hora bevetach kola kalel nehora vehahu ya'ot

דְּאִתְכְּלִיל בְּבֵיתָךְ, נָפֵיק נְהִירוּ דַּקִּיק וְזָעֵיר, וְנָפֵיק לְבַר

levar venafek uzer dakik nehiru nafek bevetach de'itkelel

וְנָהִיר כָּל עָלְמָא, זַכָּאָה חוּלָקָךְ. פּוֹק בְּרִי פּוֹק, זִיל אֲבַתְרֵיהּ

Abatre zil pok beri pok chulakach zaka'a alma kol venaher

61

דְּהַהִיא מַרְגָּלִית דִּנְהֵיר עָלְמָא, דְּהָא שַׁעֲתָא קַיְּימָא לָךְ.

lach kayema sha'ata deha alma denaher margalit dehahi

186. Essa luz descerá dos céus e iluminará o mundo todo até que o Antigo dos Dias apareça e esteja devidamente sentado no Trono. Em sua casa, Rav Pinrras, esse brilho está presente em sua totalidade. E a partir dessa luz em sua casa, um pequeno raio surgiu e ilumina o mundo inteiro. Como é feliz a sua porção! Vá, meu filho! Vá para aquela joia que ilumina o mundo todo, porque esta é a hora certa".

187. נָפַק מִקַּמֵּיה וְקָאֵים לְמֵיעַל בְּהַהִיא אַרְבָּא, וּתְרֵין

utren arva behahi leme'al vekaem mikamei nafak

גּוּבְרִין בַּהֲדֵיה וְזָמָא תְּרֵין צִפֳּרִין דַּהֲווֹ אַתְיָין

atyan dahavo tziporin teren chama bahade guvrin

וְטָסִין עַל יַמָּא, רָמָא לוֹן קָלָא וַאֲמַר, צִפֳּרִין

tziporin va'amar kala lon rama yama al vetasin

צִפֳּרִין דְּאַתּוּן טָאסִין עַל יַמָּא וַחֲמֵיתוּן דּוּךְ דְּבַר

devar duch chametun yama al tasin de'atun tziporin

יוֹחַאי תַּמָּן, אִשְׁתָּהֵי פּוּרְתָּא אָמַר צִפֳּרִין צִפֳּרִין זִילוּ

zilu tziporin tziporin amar purta ishtahei taman yochay

וַאֲתִיבוּ לִי. פָּרְחוּ וַאֲזִילוּ, עָאלוּ בְּיַמָּא וְאָזְלֵי לְהוֹן.

lehon ve'azlei beyama alu va'azilu parchu li va'ativu

187. Então, Rav Pinrras deixou a casa de Rav Rechumai. Acompanhado por duas pessoas, Rav Pinrras preparava-se para embarcar em um navio quando viu dois pássaros voando em sua direção, vindos do outro lado do lago.

Rav Pinrras levantou a voz e disse:

"Pássaros, ó pássaros, vocês que voam sobre as águas, viram o lugar onde o filho de Rav Yorrai está?".

Ele esperou um pouco e continuou:

"Pássaros, ó pássaros, vão e tragam de volta uma resposta para mim!"

Os pássaros voaram na direção do meio do mar e desapareceram.

188. עַד דְּנָפַק, הָא אִינוּן צִפֳּרִין אַתְיָין, וּבְפוּמָא דְּוֹזְדָא

dechada uvfuma atyan tziporin inun ha denafak ad

מִנַּיְיהוּ פִּתְקָא וְזָדָא, וּכְתִיב בְּגַוֵּוּה, דְּהָא בַּר יוֹחַאי

yochay bar deha begava uchtiv chada pitka minayehu

נָפַק מִן מְעַרְתָּא, וְרַבִּי אֶלְעָזָר בְּרֵיה אֲזַל לְגַבֵּיה,

legabe azal bere Elazar veRabi me'arta min nafak

וְאַשְׁכַּח לֵיה מְשַׁנְּיָא, וְגוּפֵיה מַלְיָא חֲלוּדִין. בָּכָה

bacha chaludin malya vegufe meshanya le ve'ashkach

בַּהֲדֵיה, וַאֲמַר, וַוי דַּחֲמֵיתִיךְ בְּכָךְ. אֲמַר, זַכָּאָה

zaka'a amar bechach dachamitich vay va'amar bahade

חוּלָקִי דַּחֲמֵית לִי בְּכָךְ, דְּאִלְמָלֵא לָא וַחֲמֵיתָא לִי

li chameta la de'ilmale bechach li dachamet chulaki

בְּכָךְ לָא הֲוֵינָא בְּכָךְ. פָּתַח רַבִּי שִׁמְעוֹן בְּפִקּוּדֵי

befikudei Shimon Rabi patach bechach havena la bechach

אוֹרַיְיתָא וַאֲמַר, פִּקּוּדֵי אוֹרַיְיתָא דִּיְהַב קָדוֹשׁ בָּרוּךְ הוּא

Hu Baruch Kadosh dihav orayta pikudei va'amar orayta

לְיִשְׂרָאֵל כֻּלְּהוּ בְּאוֹרַיְיתָא בְּאוֹרַח כְּלָל כְּתִיבֵי.

ketivei kelal be'orach be'orayeta kalho leIsrael

188. Então, antes de Rav Pinrras embarcar no navio, os dois pássaros reapareceram.

Na boca de um deles, havia uma carta informando que Rav Shimon Bar Yorrai havia deixado a caverna junto com o filho dele, Rav Elazar.

Quando Rav Pinrras foi encontrar Rav Shimon, viu que ele havia mudado completamente. Seu corpo estava cheio de cicatrizes e feridas por ter permanecido tanto tempo na caverna.

Rav Pinrras chorou com Rav Shimon e disse:

"Que coisa horrível ver você assim".

Rav Shimon respondeu:

"Ah, que boa sorte a minha que você me tenha visto assim. Porque, se não tivesse me visto tão cheio de cicatrizes, eu não seria o que sou!".

MEDITAÇÃO

Use esta meditação sempre que se encontrar em uma situação obscura ou difícil. Ela o ajudará a saber que há Luz oculta na escuridão. E o mais importante é que essa dificuldade lhe permitirá revelar a Luz nela contida.

← Direção de leitura

אֲמַר, זַכָּאָה חוֹלְקִי דַּחֲמֵית לִי בְּכָךְ, דְּאִלְמָלֵא
de'ilmale   bechach   li   dachamet   chulaki   zaka'a   amar

לָא וְזַמֵיתָא לִי בְּכָךְ לָא הֲוֵינָא בְּכָךְ.
bechach   havena   la   bechach   li   chameta   la

"Oh, que boa sorte a minha que você tenha me visto assim. Porque se não tivesse me visto tão cheio de cicatrizes, eu não seria o que sou!"

QUANDO PRECISAMOS REMOVER INVEJA E CIÚME:

"NÃO COMA O PÃO DE QUEM COLOCA MAU-OLHADO"

(ZOHAR, SHEMOT, VERSÍCULO 21)

O que nos faz desejar o que os outros têm?

Com frequência, é um sentimento de vazio ou de carência dentro de nós.

O termo mau-olhado talvez seja novo para alguns, mas todos nós certamente já sentimos ciúme e inveja.

A Kabbalah nos ensina que esses sentimentos criam uma energia e uma força – o chamado mau-olhado ou olho gordo – que influenciam negativamente tanto a nós como aqueles de quem sentimos inveja ou ciúme.

Através do olhar, as pessoas transferem essa energia negativa a objetos físicos, alimentos, bebidas, e também a outras pessoas.

Nessa seção, o *Zohar* discute o perigo de se alimentar com a comida de alguém com mau-olhado. Os israelitas comeram o pão impregnado de mau-olhado dos egípcios e, então, tornaram-se um povo escravizado.

Esse conceito não se limita a alimentos e bebidas. Participar de qualquer atividade prazerosa junto com uma pessoa negativa é definitivamente algo a se evitar.

Precisamos estar conscientes dos efeitos do mau-olhado em todas as áreas de nossa vida, incluindo a negatividade que nós mesmos podemos dirigir aos outros.

Direçáo de leitura ←

21. וְאֵלֶּה שְׁמוֹת בְּנֵי יִשְׂרָאֵל. רִבִּי חִיָּיא פָּתַח, אַל
21. ve'ele shemot Benei Israel Ribi Chiya patach al

תִּלְחַם אֶת לֶחֶם רַע עַיִן וְאַל תִּתְאָו לְמַטְעַמּוֹתָיו.
tilcham et lechem ra ayin ve'al titav lematamotav

אַל תִּלְחַם אֶת לֶחֶם רַע עַיִן, בְּגִין דְּנַהֲמָא
al tilcham et lechem ra ayin begin denahama

אוֹ הַנָּאָה דְּהַהוּא בַּר נָשׁ דְּהֲוֵי רַע עַיִן,
o hana'a dehahu bar nash dehavy ra ayin

לָאו אִיהוּ כְּדַאי לְמֵיכַל וּלְאִתְהֲנֵי מִנֵּיהּ. דְּאִי כַּד נָזִחתי
lav ihu keday lemechal uletihanei mine de'i kad nachtu

יִשְׂרָאֵל לְמִצְרַיִם, לָא יִטְעֲמוּן נַהֲמָא דְּמִצְרָאֵי,
Israel leMitzraim la yitamun nahama deMitzraei

לָא אִשְׁתְּבָקוּ בְּגָלוּתָא, וְלָא יְעִיקוּן לוֹן מִצְרָאֵי.
la ishtevaku begaluta vela ye'ikun lon Mitzraei

21. Rav Chiya começou a conversa:
"Náo coma o páo daquele que coloca mau-olhado, porque o páo
ou outras coisas obtidas dessa pessoa podem lhe fazer mal".
Quando o povo de Israel foi para o Egito, se náo tivessem comido
o páo do Egito, náo teriam sido Abandonados no exílio, e os
egípcios náo conseguiriam lhes fazer mal.

22. אָמַר לֵיהּ רִבִּי יִצְחָק, וְהָא גְּזֵרָא אִתְגְּזַר. אָמַר
22. amar le Ribi Yitzchak veha gezera itgezar amar

לֵיהּ, כֹּלָּא אִיהוּ כְּדַקָא יָאוּת, דְּהָא לָא אִתְגְּזַר בְּמִצְרַיִם
le kola ihu kadka yaut deha la itgezar bemitzraim

דַּוְוקָא, דְּהָא לָא כְּתִיב כִּי גֵר יִהְיֶה זַרְעֲךָ בְּאֶרֶץ
davevka deha la ketiv ki ger yihye zaracha be'eretz

מִצְרַיִם, אֶלָּא בְּאֶרֶץ לֹא לָהֶם, וַאֲפִילוּ בְּאַרְעָא אוֹחֲרָא.
Mitzraim ela be'eretz lo lahem va'afilu be'ara achara

67

22. Rav Yitzchak argumentou:

"Mas foi decretado que o povo de Israel permaneceria no exílio, e isso deveria acontecer mesmo que não tivessem comido o pão dos egípcios".

Rav Chiya falou:

"Tudo isso está correto. Mas não havia sido decretado que o exílio seria no Egito, uma vez que não está escrito: *'peregrina será tua semente na terra do Egito'*. Em vez disso está escrito: *'peregrina será tua semente em terra que não lhe pertence'*. Então o exílio até poderia ter sido em outro lugar".

.23 אָמַר רִבִּי יִצְחָק, מַאן דְּאִיהוּ בַּעַל נֶפֶשׁ,
nefesh ba'al de'ihu man Yitzchak Ribi amar

דְּמֵיכָלֵיהּ יַתִּיר מֵאשָׁר בְּנֵי נָשָׁא, אוֹ מַאן דְּהוּא
dehu man o nasha benei mishar yatir demechle

אָזִיל בָּתַר מֵעוֹי, אִי אֵעֲרַע בְּהַהוּא רַע עַיִן, יְכוּס
yechus ayin ra behahu ira i me'oy batar azil

גַּרְמֵיהּ וְלָא יֵיכוּל מִנַּהֲמָא דִּילֵיהּ, דְּלֵית נַהֲמָא
nahama delet dile minahama yechul vela garme

בִּישָׁא בְּעָלְמָא, בַּר מֵהַהוּא לֶחֶם רַע עַיִן, מַה כְּתִיב
ketiv ma ayin ra lechem mehahu bar be'alma bisha

כִּי לֹא יוּכְלוּן הַמִצְרִים לֶאֱכֹל אֶת הָעִבְרִים לֶחֶם
lechem haivrim et le'echol hamitzrim yuchlun lo ki

כִּי תוֹעֵבָה הִיא לְמִצְרָיִם, הָא לָךְ לֶחֶם רַע עָיִן.
ayin ra lechem lach ha leMitzrayim hi to'eva ki

23. Rav Yitzchak disse:

"Uma pessoa que tem consideração por sua alma, para quem o ato de comer está impregnado de importância e consciência, ou até mesmo alguém que come apenas para sobreviver, precisa estar extremamente vigilante.

Se encontrar alguém que coloca mau-olhado, você deve tomar muito cuidado para não comer o pão dessa pessoa. Pois não há pior pão no mundo do que o de uma pessoa que coloca mau-olhado".

MEDITAÇÃO

Com esta meditação, despertamos a conscientização dos perigos do ciúme, tanto de outras pessoas como o nosso próprio. Também nos protegemos do mau-olhado dos outros.

Direção de leitura ←

אָמַר רִבִּי יִצְחָק, מַאן דְּאִיהוּ בַּעַל נֶפֶשׁ,
amar Ribi Yitzchak man de'ihu ba'al nefesh

דְּמֵיכְלֵיהּ יַתִּיר מִשְׁאָר בְּנֵי נָשָׁא, אוֹ מַאן דְּהוּא
demechle yatir mishar Benei nasha o man dehu

אָזִיל בָּתַר מֵעוֹי, אִי אִעָרַע בְּהַהוּא רַע עַיִן, יְכוּס
azil batar me'oy i ira behahu ra ayin yechus

גַּרְמֵיהּ וְלָא יֵיכוּל מִנַּהֲמָא דִּילֵיהּ, דְּלֵית נַהֲמָא
garme vela yechul minahama dile delet nahama

בִּישָׁא בְּעָלְמָא, בַּר מֵהַהוּא לֶחֶם רַע עַיִן, מַה כְּתִיב
bisha be'alma bar mehahu lechem ra ayin ma ketiv

כִּי לֹא יוּכְלוּן הַמִּצְרִים לֶאֱכֹל אֶת הָעִבְרִים לֶחֶם
ki lo yuchlun hamitzrim le'echol et haivrim lechem

כִּי תוֹעֵבָה הִיא לְמִצְרַיִם, הָא לָךְ לֶחֶם רַע עַיִן.
ki to'eva hi leMitzrayim ha lach lechem ra ayin

Rav Yitzchak disse: "Uma pessoa que tem consideração por sua alma, para quem o ato de comer está impregnado de importância e consciência, ou até mesmo alguém que come apenas para sobreviver, precisa estar extremamente vigilante. Se encontrar alguém que coloca mau-olhado, você deve tomar muito cuidado para não comer o pão dessa pessoa. Pois não há pior pão no mundo do que o de uma pessoa que coloca mau-olhado".

Entendendo o Oponente, a fonte de todo o caos e negatividade

"com todo seu coração, e com toda sua alma, e com toda sua força"

(Zohar, Trumá, Versículo 673)

Neste exato momento, existe alguma área em sua vida que parece fora de controle?

Pode ser um problema financeiro, um relacionamento difícil ou alguma preocupação com sua saúde. Todos nós temos problemas em nossas vidas e a Kabbalah ensina que nenhum deles é meramente acidental.

Por trás dos nossos problemas, existe uma energia trazida pelo Criador para nos dar a oportunidade de superar desafios. Sem esse Oponente para superar, não seríamos capazes de crescer e alcançar o propósito de vir a este mundo.

Por meio da história do filho de um rei e de uma prostituta, o Zohar explica que o Oponente é uma força negativa com um propósito positivo.

Ao resistir à prostituta, o príncipe se tornou digno do posto de rei e nós, da mesma forma, quando superamos o Oponente, nos tornamos capazes de alcançar nossa verdadeira grandeza.

Como esta seção descreve, todos aqueles que nos induzem a uma reação negativa, na verdade, merecem nossa gratidão. Essas pessoas nos oferecem uma chance de, por meio de nossos esforços, afastar-nos da negatividade e, assim, revelar Luz.

Esse é o verdadeiro papel do mal no mundo. Trazer a oportunidade de nos tornarmos a causa e sermos criadores de nossa própria Luz, e, dessa forma, cumprir nosso propósito no mundo.

→ Direção de leitura

673. אֶלָּא, וַדַּאי רְעוּתֵיהּ דְּמָארֵיהּ עָבֵיד. לְמַלְכָּא דַּהֲוָה לֵיהּ
le dahava lemalka aved demare re'ute vaday ela

בַּר יְחִידָאי, וַהֲוָה רְחִים לֵיהּ יַתִּיר, וּפָקִיד עֲלֵיהּ
ale ufakid yatir le rachim vahava yechidai bar

בְּרְוַוזְמוּ, דְּלָא יִקְרַב גַּרְמֵיהּ לְאִתְּתָא בִּישָׁא, בְּגִין
begin bisha le'iteta garme yikrav delá birchimu

דְּכָל מַאן דְּיִקְרַב לְגַבָּהּ, לָאו כְּדַאי אִיהוּ לְאַעֲלָא גּוֹ
go le'a'ala ihu keday lav legaba deyikrav man dechol

פְּלַטְרִין דְּמַלְכָּא. אוֹדֵי לֵיהּ הַהוּא בְּרָא, לְמֶעְבַּד רְעוּתֵיהּ
re'ute lemebad bera hahu le odei demalka pelatrin

דְּאֲבוֹי בִּרְחִימוּ.
birchimu da'avoy

673. É como um rei que tinha um único filho a quem amava demais. E com amor, ele ordenou ao príncipe que não se aproximasse de uma mulher má, porque aquele que se aproximasse dela não seria digno de entrar no palácio real. O jovem prometeu que obedeceria com amor a vontade do rei, seu pai.

674. בְּבֵיתָא דְּמַלְכָּא, לְבַר, הֲוַת וְזָדָא זוֹנָה, יָאֶה בְּחֵיזוּ,
bechezu yae zona chada havat levar demalka beveta

וְשַׁפִּירָא בְּרֵיוָא. לְיוֹמִין אָמַר מַלְכָּא, בְּעֵינָא
be'ena malka amar leyomin bereyva ushfira

לְמֶחֱמֵי רְעוּתֵיהּ דִּבְרִי לְגַבַּאי. קָרָא לָהּ לְהַהִיא זוֹנָה,
zona lehahi la kara legabay divri re'ute lemechemei

וְאָמַר לָהּ זִילִי וּתְפַתִּי לִבְרִי, לְמֶחֱמֵי רְעוּתֵיהּ דִּבְרִי
divri re'ute lemechemei livri utfati zili la ve'amar

לְגַבַּאי. הַהִיא זוֹנָה מַאי עָבְדַת, אָזְלַת אֲבַתְרֵיהּ דִּבְרֵיהּ
divre avatre azlat avdat mai zona hahi legabay

דְּמַלְכָּא. שָׁרַאת לְחַבְּקָא לֵיהּ וּלְנַשְּׁקָא לֵיהּ, וּלְפַתֵּי לֵיהּ
le ulfatei le ulnashka le lechabka sharat demalka

בְּכַמָּה פִּתוּיִין. אִי הַהוּא בְּרָא יֵאוֹת, וְאָצִית לִפְקוּדָא

lefikuda ve'atzit ye'ot bera hahu i pituyin bechama

דַּאֲבוֹי, גָּעַר בָּהּ, וְלָא אָצִית לָהּ, וְדַחֵי לָהּ מִנֵּיהּ. כְּדֵין

keden miné la vedachei la atzit vela ba ga'ar da'avoy

אֲבוֹי חַדֵּי בִּבְרֵיהּ, וְאָעִיל לֵיהּ לְגוֹ פַּרְגּוֹדָא דְהֵיכָלֵיהּ,

dehechale pargoda lego le ve'ail bivre chadei avoy

וְיָהִיב לֵיהּ מַתְּנָן וּנְבִזְבְּוָזָא וִיקָר סַגְיָא. מַאן גָּרִים

garim man sagya vikar unvizbeza matnan le veyahiv

כָּל הַאי יְקָר לְהַאי בְּרָא, הֲוֵי אִימָא הַהִיא זוֹנָה.

zona hahi ema havei bera lehay yekar hay kol

674. Mas fora do palácio havia uma prostituta muito bonita.
Depois de alguns dias, o rei disse:
"Quero conhecer os sentimentos de meu filho em relação a mim".
O rei chama a prostituta e lhe diz:
"Vá e seduza meu filho para testar o que ele sente por mim".
O que a prostituta faz? Ela vai procurar o príncipe para abraçá-lo, beijá-lo e seduzi-lo, usando todos os truques. O rapaz não sucumbe à tentação, obedecendo às ordens do pai. Repreende a prostituta, não ouve o que ela diz e a empurra para longe. Então, o pai contenta-se com a atitude do filho, leva-o para o interior do palácio e lhe dá presentes, dádivas e grandes honrarias. Quem proporcionou tantas honrarias para o filho? Podemos dizer que foi a prostituta.

675. וְהַהִיא זוֹנָה אִית לָהּ שְׁבָחָא בְּהַאי אוֹ לָאו.

lav o behay shevacha la it zona vehahi

וַדַּאי שְׁבָחָא אִית לָהּ מִכָּל סִטְרִין. חַד, דְּעַבְדַּת

de'avdat chad sitrin mikol la it shevacha vaday

פְּקוּדָא דְמַלְכָּא. וְחַד, דְּגָרְמַת לֵיהּ לְהַהוּא בְּרָא,

bera lehahu le degarmat vechad demalka pikuda

לְכָל הַהוּא טִיבוּ, לְכָל הַאי רְחִימוּ דְמַלְכָּא לְגַבֵּיהּ.

legabe demalka rechimu hay lechol tivu hahu lechol

וְעַל דָּא כְּתִיב, וְהִנֵּה טוֹב מְאֹד. וְהִנֵּה טוֹב, דָּא

da tov vehine me'od tov vehine ketiv da ve'al

מַלְאָךְ וְחַיִּים. מְאֹד, דָּא מַלְאָךְ דָּא, דְּאִיהוּ הַבָּמֶוֶת,
malach chayim me'od da Malach da Hamavet de'ihu

וַדַּאי טוֹב מְאֹד, לְמַאן דְּאָצִית פִּקּוּדִין דְּמָארֵיהּ. וְתָא
veta demare pikudin de'atzit leman me'od tov vaday

וַחֲזֵי, אִי לָא יְהֵא הַאי מְקַטְרְגָא, לָא יַרְתוּן צַדִּיקַיָּא
tzadikaya yartun la mekatrega hay yehe la i chazi

הַנֵּי גִּנְזַיָּא עִלָּאִין, דְּזַמִּינִין לְיַרְתָּא לְעָלְמָא דְּאָתֵי.
de'atei le'alma leyarta dizminin ilain ginzeya hanei

675. Será que a prostituta merece elogios pelo que fez, ou não?
Certamente ela merece ser elogiada em todos os aspectos, pois
seguiu as ordens do rei e despertou o amor do pai pelo filho.
Assim, está escrito:

"E eis que era muito bom"

"E eis que era bom", refere-se ao Anjo da Vida, enquanto que "muito
bom" refere-se ao Anjo da Morte, o provocador, que certamente
também é muito bom, pois cumpre as ordens de seu Mestre.
Venha e veja:
Se não fosse por esse provocador, os justos não herdariam aqueles
tesouros celestiais que são sua quota no Mundo Vindouro.

676. זַכָּאִין אִנּוּן דְּאַעְרָעוּ בְּהַאי מְקַטְרְגָא, וְזַכָּאִין אִנּוּן
inun vezakain mekatrega behay de'irau inun zakain

דְּלָא אַעְרָעוּ בֵּיהּ. זַכָּאִין אִנּוּן דְּאַעְרָעוּ בֵּיהּ, וְאִשְׁתְּזִיבוּ
ve'ishtezivu be de'irau inun zakain be iarau dela

מִנֵּיהּ, דְּבַגִּינֵיהּ יַרְתִין כָּל אִנּוּן טָבִין, וְכָל אִנּוּן עִדּוּנִין,
idunin inun vechol tavin inun kol yartin divgine miné

וְכָל אִנּוּן כִּסּוּפִין דְּעָלְמָא דְּאָתֵי, דַּעֲלֵיהּ כְּתִיב עַיִן
ayin ketiv de'ale de'atei de'alma kisufin inun vechol

לֹא רָאָתָה אֱלֹהִים זוּלָתְךָ.
zulatcha Elohim ra'ata la

676. Abençoados são aqueles que encontraram esse provocador e também abençoados aqueles que não o encontraram.

Abençoados aqueles que o encontraram e que dele foram salvos, pois por causa dele herdam tudo que é bom, todos os deleites e todos os prazeres do Mundo Vindouro.

MEDITAÇÃO

Perceber que você tem o poder de resistir à negatividade traz a responsabilidade de usar esse poder. Pode parecer mais fácil simplesmente aceitar o papel de vítima e ver-se impotente diante de seu destino. Afinal, a ideia de que vivemos em um universo caótico, aleatório, é o ponto de vista mais negativo e destrutivo que existe. Embora possa parecer difícil enxergar os desafios impostos pelo Oponente como dádivas, a meditação a seguir desperta essa percepção e também a energia para tomar as atitudes necessárias.

Direção de leitura ←

אִנּוּן וְכָאִין, מִקְטְרְגָא בְּהַאי דְּאֵעָרְעוּ אִנּוּן זְכָאִין
inun vezakain mekatrega behay de'irau inun zakain

דְּלָא אֵעָרְעוּ בֵּיה. זְכָאִין אִנּוּן דְּאֵעָרְעוּ בֵּיה, וְאִשְׁתֵּזִיבוּ
ve'ishtezivu be de'irau inun zakain be iarau delá

מִנֵּיה, דְּבְגִינֵיה יָרְתִין כָּל אִנּוּן טָבִין, וְכָל אִנּוּן עִדוּנִין,
idunin inun vechol tavin inun kol yartin divgine miné

וְכָל אִנּוּן כִּסּוּפִין דְּעָלְמָא דְּאָתֵי,
de'atei de'alma kisufin inun vechol

Abençoados são aqueles que encontraram esse provocador e abençoados aqueles que não o encontraram. Abençoados aqueles que o encontraram e que dele foram salvos, pois por causa dele herdam tudo que é bom e todos os deleites e todos os prazeres do Mundo Vindouro.

Conectando-se com sua alma gêmea

(Zohar, Lech Lechá, Versículo 346)

Para muitas pessoas, encontrar a alma gêmea é a tarefa mais difícil de suas vidas.

Parte dessa dificuldade se deve ao fato de tentarem encontrar a pessoa certa, em vez de *serem* a pessoa certa.

Buscar a alma gêmea não significa ter muitos namorados ou ter diversos amigos que lhe apresentem pessoas novas.

Para atrair a alma que deseja, é preciso que você próprio se torne alguém com esse mesmo nível de alma.

Isso quer dizer que é necessário desenvolver-se espiritualmente. Significa fazer o trabalho espiritual que o *Zohar* descreve e utilizar as ferramentas espirituais oferecidas pela Kabbalah.

Aqui, o *Zohar* revela os mistérios sobre os aspectos masculino e feminino da alma, além do conceito de relacionamento entre almas gêmeas.

Quando uma alma completa entra neste mundo físico, ela o faz através dos esforços do anjo *Lailá* (que em português significa "noite").

Durante o processo de descida do Mundo Superior, a alma unificada se divide em duas metades, uma masculina e outra feminina. Se as duas metades daquela alma embarcarem em uma jornada espiritual durante a existência física, elas merecerão ser reunificadas.

Embora o anjo *Lailá* seja o responsável por trazer almas para este mundo físico, é o Criador que reúne as duas metades em uma única alma quando chega a hora certa, pois apenas Ele sabe com absoluta certeza quais almas são verdadeiramente gêmeas.

Direção de leitura ←

346. וְתָא וְחֲזֵי, בְּכָל אִינּוּן דְּיוֹקְנִין דְּנִשְׁמָתִין
veta chazei bechol inun deyoknin denishmatin

דְּעָלְמָא. כָּלְהוּ זִוּוּגִין זִוּוּגִין קָמֵיהּ, לְבָתַר, כַּד אַתְיָין
de'alma kalho zivugin zivugin kamé levatar, kad atyan

לְהַאי עָלְמָא, קֻדְשָׁא בְּרִיךְ הוּא מְזַוֵּוג זִוּוּגִין. אָמַר
lehay alma kudsha berich hu mezaveg zivugin. amar

רִבִּי יִצְחָק, קוּדְשָׁא בְּרִיךְ הוּא אָמַר בַּת פְּלוֹנִי לִפְלוֹנִי.
Ribi Yitzchak, Kudsha Berich Hu amar bat peloni lifloni.

346. Venha e veja:

Todas as almas que estão destinadas a vir a este mundo aparecem diante Dele como casais, com cada alma dividida em duas metades, uma masculina e outra feminina.

Depois, quando as almas chegam a este mundo o Criador une as partes correspondentes.

Rav Yitzchak falou:

"O Criador diz: 'A filha deste homem irá com o filho daquele homem'".

347. אָמַר רִבִּי, מַאי קָא מַיְירֵי, וְהָא כְּתִיב
chetiv veha mayerei ka may Ribi amar

אֵין כָּל וְזָדָשׁ תַּחַת הַשֶּׁמֶשׁ. אָמַר רִבִּי יְהוּדָה,
Yehuda Ribi amar hashemesh tachat chadash kol en

תַּחַת הַשֶּׁמֶשׁ כְּתִיב, שָׁאנֵי לְעֵילָּא. אָמַר רַבִּי יוֹסֵי,
Yosei Rabi amar le'ela shanei ketiv hashemesh tachat

מַאי כָּרוֹזָא הָכָא, וְהָא אָמַר רִבִּי וְזִקְיָה אָמַר
amar chizkiya Ribi amar veha hacha karoza may

רַבִּי וְזִיָּא, בְּהַהִיא שַׁעֲתָא מַמָּשׁ, דְּנָפִיק בַּר נָשׁ
nash bar denafik mamash sha'ata behahi Chiya Rabi

לְעָלְמָא, בַּת זוּגוֹ אוֹזְדַּמְּנַת לוֹ.
lo izdamnat zugo bat le'alma

347. Rav Yosi perguntou:

"Qual é o significado disso? Como pode o Criador anunciar quem vai com quem quando as almas entram neste mundo, uma vez que está escrito:

'e nada há que seja novo debaixo do sol' querendo dizer que tudo estava estabelecido no momento da Criação do mundo?"

Rav Yehuda falou:

"Está escrito *'debaixo do sol'*. Mas *'acima do sol'* novas coisas podem acontecer".

Rav Yosi perguntou:

"Por que o Criador precisa fazer um anúncio se Rav Chizkiyah disse que Rav Chiya afirmou que na hora exata em que um homem nasce e emerge no mundo sua cônjuge é designada para ele?"

348. אָמַר רַבִּי אַבָּא, זַכָּאִין אִינּוּן צַדִּיקַיָּא, דְּנִשְׁמָתְהוֹן
denishmatehon tzadikaya inun zakain Aba Rabi amar

מִתְעַטְּרִין קַמֵּי מַלְכָּא קַדִּישָׁא, עַד לָא יֵיתוּן לְעָלְמָא,
le'alma yeton la ad kadisha malka kamei mitatrin

דְּהָכֵי תָּנִינָן, בְּהַהִיא שַׁעֲתָא דְּאַפִּיק דְּקוּדְשָׁא בְּרִיךְ
berich deKudsha de'apik sha'ata behahi taninan dehachei

הוּא נִשְׁמָתִין לְעָלְמָא, כָּל אִינּוּן רוּחִין וְנִשְׁמָתִין,
venishmatin ruchin inun kol le'alma nishmatin hu

כֻּלְּהוּ כְּלִילָן דְּכַר וְנוּקְבָא, דְּמִתְחַבְּרָן כַּחֲדָא.
kachada demitchabran venukva dechar kelilan kalho

348. Rav Aba respondeu:

"Felizes são os justos, cujas almas são adornadas quando aparecem diante do Sagrado, antes de vir a este mundo. Porque aprendemos que quando o Criador envia as almas para o mundo, todos esses espíritos e essas almas incluem um masculino e um feminino juntos.

349. וְאִתְמַסְרָן בִּידָא דְּהַהוּא מְמַנָּא, שְׁלִיחָא דְּאִתְפָּקַד
de'itpakad shelicha memana dehahu bida ve'itmasran

עַל עֲדוּאֵיהוֹן דִּבְנֵי נָשָׁא, וְלֵילָה שְׁמֵיהּ. וּבְשַׁעֲתָא
al iduehon divnei nasha velayla sheme uvsha'ata

דְּנַחֲתִין וְאִתְמַסְרָן בִּידוֹי, מִתְפָּרְשִׁין וּלְזִמְנִין
denachatin ve'itmasran bidoy mitparshin ulzimnin

דָּא אַקְדִּים מִן דָּא, וְאָזֵית לְהוֹ בִּבְנֵי נָשָׁא.
da akdim min da ve'achet leho bivnei nasha

349. "São entregues a um ministro, que é um emissário encarregado da concepção humana, cujo nome é Lailah.

Assim, quando as almas descem para o mundo e são entregues a esse ministro, elas são separadas uma da outra. Às vezes, uma precede a outra ao descer e entrar no corpo de um ser humano.

350. וְכַד מָטָא עִידָן דְּזִוּוּגָא דִּלְהוֹן, קֻדְשָׁא בְּרִיךְ הוּא
vechad mata idan dezivuga dilhon Kudsha Berich Hu

דְּיָדַע אִינּוּן רוּחִין וְנִשְׁמָתִין, מְחַבַּר לוֹן
deyada inun ruchin venishmatin mechabar lon

כְּדְבְקַדְמֵיתָא, וּמַכְרְזָא עֲלַיְהוּ. וְכַד אִתְחַבְּרָן,
kidbekadmeta umachreza alayehu vechad itchabran

אִתְעֲבִידוּ וַדַּ גּוּפָא וַדַּ נִשְׁמָתָא, יְמִינָא וּשְׂמָאלָא
itavidu chad gufa chad nishmata yamina usmala

כְּדְקָא וְזֵי. וּבְגִין כָּךְ אֵין כָּל וְדָשׁ תַּחַת הַשָּׁמֶשׁ.
kidka chazei uvgin kach en kol chadash tachat hashamesh

350. "Quando chega a hora de casar, o Criador, que conhece esses espíritos e almas, reúne-os como estavam antes de virem ao mundo. E Ele anuncia: 'A filha deste homem irá com o filho daquele homem'.

Quando são unidos, eles se tornam um corpo e uma alma, à direita e à esquerda, em uma só unidade.

Por isso, 'e nada há que seja novo debaixo do sol'. Não há nada de novo, apenas o retorno ao estado anterior em que se encontravam antes de descerem a este mundo. Uma vez que apenas o Criador sabe quem são, Ele faz um anúncio referente a eles.

351. וְאִי תֵּימָא הָא תְּנִינָן, לֵית זִוּוּגָא, אֶלָּא לְפוּם
    ve'i tema ha taninan let zivuga ela lefum

עוֹבָדוֹי וְאָרְחוֹי דִּבַר נָשׁ. הָכֵי הוּא
    ovadoy ve'archoy devar nash hachei hu

וַדַּאי, דְּאִי זָכֵי, וְעוֹבָדוֹי אִתְכַּשְׁרָן, זְכֵי
    vaday de'i zachei ve'ovadoy itkashran zachei

לְהַהוּא דִּילֵיהּ, לְאִתְחַבְּרָא בֵּיהּ, כְּמָה דְּנָפֵיק.
    lehahu dile le'itchabara be kema denafeik

351. "Você poderá dizer:
'Mas nós aprendemos que um homem obtém sua parceira de acordo com suas ações e formas de se comportar!'
Isso certamente é uma verdade! Se ele for merecedor e seus caminhos forem corretos, então será digno de sua alma gêmea – para se juntar a ela e voltar ao mesmo estado de união antes de partir do Mundo Superior".

MEDITAÇÃO

Mesmo depois de ter encontrado sua alma gêmea, há ocasiões em que você poderá sentir como se estivessem se distanciando um do outro. Um relacionamento entre almas gêmeas não é necessariamente aquele em que você se sente calmo e em paz o tempo todo. Não se trata de "eu estou bem, você está bem". O objetivo final é um constante crescimento espiritual. Quando esse desenvolvimento acontece, a união entre as almas se torna mais profunda.

Esta meditação pode ajudá-lo a trazer a alma gêmea para sua vida. Pode também fortalecer sua conexão com uma alma gêmea que você já tenha encontrado. Sempre que seu desejo de encontrar sua alma gêmea estiver aceso – ou sempre que precisar renovar um vínculo já existente – use a meditação abaixo.

← Direção de leitura

דִּילֵיהּ, לְהַהוּא זָכֵי, אִתְכְּשְׁרָן וְעוֹבְדוֹי זָכֵי, דְּאִי

dile lehahu zachei itkashran ve'ovadoy zachei de'i

לְאִתְחַבְּרָא בֵּיהּ, כְּמָה דְּנָפֵיק.

denafeik kema be le'itchabara

Se ele for merecedor e seus caminhos forem corretos, então será digno de sua alma gêmea – para se juntar a ela e voltar ao mesmo estado de união antes de partir do Mundo Superior.

Começando algo novo

"Atraindo a Luz"

(ZOHAR, BERESHIT B, Versículo 438)

Experimentamos uma sensação de empolgação e energia quando começamos algo novo, mas à medida que o tempo passa, essa vibração frequentemente se desvanece.

O *Zohar* explica que podemos manter essa energia, essa força que existe na fase inicial de algo, se atrairmos a Luz do Criador para esse começo.

Da mesma maneira que uma árvore depende de uma semente para existir, todas as manifestações futuras dependem de seus começos. Além disso, todos os instantes de nossas vidas, mesmo aqueles que parecem estar concluídos, na verdade encontram-se na fase inicial.

A Kabbalah ensina que o verdadeiro destino de todas as nossas jornadas é a plenitude e a alegria incondicional. Para isso, precisamos da conexão com a Luz.

O *Zohar* explica que a Luz que atraímos para nós é denominada *Shechiná*, o aspecto feminino do Criador, que ali se encontra para nos dar assistência e nos proteger em todas as nossas jornadas.

Esta seção revela a importância de atrair a Luz para todos os nossos começos; isso significa que devemos estar sempre acompanhados pela Luz em tudo que fazemos.

← Direção de leitura

438. רִבִּי שִׁמְעוֹן הֲוָה אָזִיל בְּאָרְחָא, וַהֲווֹ עִמֵּיהּ

imé vahavo be'archa azel hava Shimon Rabi

רִבִּי אֶלְעָזָר בְּרֵיהּ, וְרִבִּי יוֹסֵי, וְרִבִּי חִיָּיא. עַד

ad Chiya veRabi Yosei veRabi bere Elazar Rabi

דַּהֲוָה אָזְלֵי, אָמַר רִבִּי אֶלְעָזָר לַאֲבוּהִי, אָרְחָא

archa la'avuhi Elazar Ribi amar azlei dahava

מִתְקָנָא קַמָּן, בָּעֵינָן לְמִשְׁמַע מִלֵּי דְאוֹרַיְיתָא.

de'orayeta milei lemishma bainan kaman metakna

438. Rav Shimon estava viajando acompanhado por seu filho, Rav Elazar, por Rav Yosi e por Rav Chiya.
Rav Elazar disse a seu pai:
"A estrada diante de nós está livre, e gostaríamos de ouvir palavras de sabedoria".

439. פְּתַח רִבִּי שִׁמְעוֹן וְאָמַר, גַּם בַּדֶּרֶךְ כְּשֶׁהֶסָכָל

keshehasachal baderech gam va'amar Shimon Rabi petach

הוֹלֵךְ לִבּוֹ חָסֵר וְגו'. כַּד בַּר נָשׁ בָּעֵי לְאַתְקָנָא

le'atkana baei nash bar kad vegomer chaser libo holech

אָרְחֵיהּ קַמֵּי קֻדְשָׁא בְּרִיךְ הוּא. עַד לָא יִפּוֹק לְאָרְחָא,

le'archa yipok la ad Hu Berich Kudsha kamei arche

בָּעֵי לְאַמְלָכָא בֵּיהּ, וּלְצַלֵּי קַמֵּיהּ עַל אָרְחֵיהּ. כְּמָה

kema archei al kamé ultzalei be le'amlacha baei

דְּתָנִינָן, דִּכְתִיב צֶדֶק לְפָנָיו יְהַלֵּךְ וְיָשֵׂם

veyasem yehalech lefanav tzedek dichtiv detaninan

לְדֶרֶךְ פְּעָמָיו. דְּהָא שְׁכִינְתָּא לָא אִתְפַּרְשָׁא מִנֵּיהּ.

mine itparsha la shechinta deha pe'amav lederech

439. Rav Shimon começou a falar:
"Mesmo quando um tolo toma uma decisão e escolhe um caminho, ainda fica faltando algo – a certeza – em seu coração".

Rav Shimon continuou:

"Quando um homem está em uma jornada e quer fazer com que seus caminhos agradem ao Criador, ele deve consultar o Criador e rezar para Ele antes de prosseguir, para que essa jornada seja feita em segurança.

Foi isso que aprendemos com o versículo: *'A condição de ser um justo irá, só então ele deve começar seu caminho'* que significa que ele deve rezar para que a *Shechiná* não o deixe.

440. וּמַאן דְּאִיהוּ לָא מְהֵימְנָא בְּמָרֵיהּ, מַה כְּתִיב בֵּיהּ,
be ketiv ma bemare mehemna la de'ihu uman

וְגַם בַּדֶּרֶךְ כְּשֶׁהַסָּכָל הוֹלֵךְ לִבּוֹ חָסֵר, מַאן לִבּוֹ,
libo man chaser libo holech keshehasachal baderech vegam

דָּא קֻדְשָׁא בְּרִיךְ הוּא, דְּלָא יְהַךְ עִמֵּיהּ בְּאָרְחָא, וְגָרַע
vegara be'archa imé yehach delá hu berich kudsha da

מִן סִיַּיעְתֵּיהּ בְּאָרְחֵיהּ. בְּגִין דְּהַהוּא בַּר נָשׁ, דְּלָא מְהֵימָן
meheman delá nash bar dehahu begin be'arche siyate min

בֵּיהּ בְּמָארֵיהּ, עַד לָא יִפּוֹק בְּאָרְחָא, לָא בָּעֵי סִיַּיעְתָּא דְּמָארֵיהּ.
demare siyata baei la be'archa yipok la ad bemare be

440. Sobre aquele que não tem fé em seu mestre, está escrito: *"Mesmo quando um tolo toma uma decisão e escolhe um caminho, ainda fica faltando algo – a certeza – em seu coração".*

Rav Shimon perguntou:

"O que significa *'seu coração'*?"

É o Criador cuja *Shechiná* não acompanha os tolos.

Assim, *'fica faltando algo em seu coração'* significa que o tolo não tem a ajuda Dele ao longo do caminho. Tudo isso é porque o homem que não confia em seu Mestre não procura sua ajuda antes de iniciar uma jornada.

441. וַאֲפִילוּ בְּאָרְחָא, כַּד אִיהוּ אָזִיל, לָא אִשְׁתַּדַּל בְּמִלֵי
bemilei ishtadal la azil ihu kad be'archa va'afilu

דְּאוֹרַיְיתָא. וּבְגִינֵי כָּךְ, לִבּוֹ וְחָסֵר, דְּלָא אָזִיל בָּהֲדֵיהּ
bahade azil delá chaser libo chach uvginei de'orayeta

דְּמָרֵיהּ, וְלָא אִשְׁתְּכַח בְּאָרְחֵיהּ. וְאָמַר לְכֹל סָכָל
sachal lakol ve'omer be'arche ishtechach vela demare

הוּא. אֲפִילוּ כַּד שָׁמַע מִלָּה דִּמְהֵימְנוּתָא דְּמָארֵיהּ,
demare dimhemnuta mila shema kad afilu hu

הוּא אָמַר, דְּטִפְּשׁוּתָא הוּא, לְאִשְׁתַּדְלָא בֵּיהּ.
be le'ishtadala hu detipshuta amar hu

441. E mesmo quando esse homem está percorrendo seu caminho, não se ocupa com o estudo da sabedoria, e assim 'fica faltando algo em seu coração'.

Por não seguir seu Mestre, seu Mestre não é encontrado em seu caminho.

O versículo continua:

'E ele diz a todos que é tolo' significa que, mesmo quando ouve palavras de verdadeira fé em Deus, ele diz que é tolice prestar atenção".

MEDITAÇÃO

Sempre que você começar um empreendimento ou um novo relacionamento, use esta meditação para trazer a *Shechiná* para sua jornada e para obter e manter as bênçãos que a Luz traz.

Direção de leitura →

קַד	בַּר	נָשׁ	בָּעֵי	לְאַתְקְנָא	אָרְחֵיהּ	קַמֵּי	קֻדְשָׁא
kad	bar	nash	ba'ei	le'atkana	archeih	kamei	Kudsha

בְּרִיךְ	הוּא.	עַד	לָא	יִפּוֹק	לְאָרְחָא,	בָּעֵי	לְאַמְלְכָא
Berich	Hu	ad	la	yipok	le'archa	ba'ei	le'amlacha

בֵּיהּ,	וּלְצַלֵּי	קַמֵּיהּ	עַל	אָרְחֵיהּ.
bei	uletzalei	kameih	al	archei

Rav Shimon disse: "Quando um homem está em uma jornada e quer fazer com que seus caminhos agradem ao Criador, ele deve consultar o Criador e rezar para Ele antes de prosseguir, para que essa jornada seja feita em segurança".

Substituindo dúvida
por certeza:

"O marido dela é conhecido
nos portões"

(Zohar, Vayerá, Versículo 151)

Embora a vida inclua momentos decisivos e dramáticos, nossos empreendimentos mais importantes geralmente levam anos e não apenas minutos ou horas.

Seja na construção de nossa carreira, ou ao criar uma família, ou lidando com uma difícil questão de saúde, necessitamos de algo fundamental revelado nesta seção, uma das mais importantes do *Zohar*. O único e mais básico elemento de que precisamos para nos conectarmos com a Luz: Certeza.

Certeza é o poder que traz a Luz em nossas vidas. Certeza é o Receptor pelo qual a Luz flui. Assim como a física quântica nos diz que o processo de observar cria o que está sendo observado, a Luz do Criador se torna presente em nossas vidas na mesma medida em que temos certeza de sua presença.

E o inverso também é verdadeiro. Na mesma medida em que duvidamos de sua presença, a Luz literalmente não existe em nossas vidas.

Esse é um ensinamento incrível. Consciência é a chave. É a nossa consciência que literalmente traz o Criador para nossas vidas.

Nesta passagem, o fato de que a consciência cria a presença do Criador se expressa através do duplo sentido da palavra hebraica que significa portões. Em hebraico, portões (shea'rim) também têm a conotação de "revelar" ou "interpretar".

O *Zohar* explica que o versículo "O marido dela é conhecido nos portões" tem um significado mais profundo. Deus é conhecido e revelado na medida em que nossa própria consciência vê a Luz.

→ Direção de leitura

151. רִבִּי יְהוּדָה פָּתַח, נוֹדַע בַּשְׁעָרִים בַּעְלָהּ בְּשִׁבְתּוֹ
beshivto ba'ala basharim noda patach Yehuda Ribi

עִם זִקְנֵי אָרֶץ. תָּא חֲזֵי קוּדְשָׁא בְּרִיךְ הוּא אִסְתַּלַּק
istalak Hu Berich Kudsha chazei ta aretz ziknei im

בִּיקָרֵיהּ, דְּאִיהוּ גָּנִיז וְסָתִים, בְּעִלּוּיָא סַגְיָא. לַאו אִיתֵי
itei lav sagya be'iluya vesatim ganiz de'ihu bikare

בְּעָלְמָא, וְלָא הֲוָה מִן יוֹמָא דְּאִתְבְּרֵי עָלְמָא, דְּיָכִיל
deyachil alma de'itberei yoma min hava vela be'alma

לְקַיְּימָא עַל וְחָכְמָתָא דִּילֵיהּ, וְלָא יָכִיל לְקַיְּימָא בֵּיהּ.
be lekayema yachil vela dile chachmata al lekayema

151. Rav Yehuda falou a respeito do versículo *"O marido dela é conhecido nos portões quando ele se senta em meio aos anciões da terra."* Venha e veja:

O Criador é enaltecido em Sua glória porque Ele está oculto e imensamente elevado. Desde a criação do mundo, ninguém jamais conseguiu alcançar e conceber toda a Sua sabedoria. Ninguém é capaz de compreendê-la.

152. בְּגִין דְּאִיהוּ גָּנִיז וְסָתִים, וְאִסְתַּלַּק לְעֵילָא לְעֵילָא, וְכֻלְּהוּ
vechalho le'ela le'ela ve'istalak vesatim ganiz de'ihu begin

עִלָּאֵי וְתַתָּאֵי לָא יָכְלִין לְאִתְדַּבְּקָא, עַד דְּכֻלְּהוּ אָמְרִין
amrin dechalho ad le'itdabka yachlin la vetataei ilaei

בָּרוּךְ כְּבוֹד ה' מִמְּקוֹמוֹ. תַּתָּאֵי אָמְרֵי דְּאִיהוּ לְעֵילָא,
le'ela de'ihu amrei tataei mimkomo Hashem kevod baruch

דִּכְתִיב עַל הַשָּׁמַיִם כְּבוֹדוֹ. עִלָּאֵי אָמְרֵי דְּאִיהוּ לְתַתָּא,
letata de'ihu amrei ilaei kevodo hashamayim al dichtiv

דִּכְתִיב עַל כָּל הָאָרֶץ כְּבוֹדֶךָ. עַד דְּכֻלְּהוּ עִלָּאֵי
ilaei dechalho ad kevodecha ha'aretz kol al dichtiv

וְתַתָּאֵי אָמְרֵי בָּרוּךְ כְּבוֹד ה' מִמְּקוֹמוֹ. בְּגִין דְּלָא
delá begin mimkomo Hashem kevod baruch amrei vetataei

אִתְיְידַע, וְלָא הֲוָה מַאן דְּיָכִיל לְקַיְּימָא בֵּיהּ, וְאַתְּ
ve'at be lekayema deyachil man hava vela ityeda

אֲמַרְתְּ נוֹדַע בַּשְׁעָרִים בַּעְלָהּ.
ba'ala basharim noda amart

152. "Ele está oculto e enaltecido bem acima do alcance tanto dos seres inferiores como dos seres celestiais. Ele está tão acima e distante que todos eles proclamam:
'Abençoada seja a glória de Deus do lugar onde Ele está.'
O povo na terra proclama que Deus está muito acima, conforme está escrito:
'Sua glória está acima dos céus.'
Mas os anjos dizem que Deus está embaixo, conforme está escrito:
'Sua glória está sobre toda a terra'.
Assim, tanto os seres celestiais como os humanos declararam:
'Abençoada seja a glória de Deus do lugar onde Ele está'.
Porque Ele é incognoscível e ninguém é capaz de alcançá-Lo.
Assim, como explicar o versículo: *'O marido dela é conhecido nos portões'?*

153. אֶלָּא וַדַּאי, נוֹדַע בַּשְׁעָרִים בַּעְלָהּ. דָּא קָדְשָׁא בְּרִיךְ
Berich Kudsha da bala basharim noda vaday ela

הוּא. דְּאִיהוּ אִתְיְדַע וְאִתְדַבַּק, לְפוּם מַה דִּמְשַׁעֵר בְּלִבֵּיהּ,
belibe dimshaer ma lefum ve'itdabak ityeda de'ihu Hu

כָּל חַד, דְּיָכִיל לְאַדְבְּקָא בְּרוּוְחָא דְּחָכְמְתָא.
dechachmeta berucha le'idabka deyachil kama chad kol

וּלְפוּם מַה דִּמְשַׁעֵר בְּלִבֵּיהּ, הָכֵי אִתְיְדַע בְּלִבֵּיהּ. וּבְגִינֵי
uvginei belibe ityeda hachei belibe dimshaer ma ulfum

כָּךְ, נוֹדַע בַּשְׁעָרִים, בְּאִינּוּן שְׁעָרִים. אֲבָל דְּאִתְיְדַע
de'ityeda aval she'arim be'inun basharim noda chach

כְּדְקָא יָאוֹת, לָא הֲוָה מַאן דְּיָכִיל לְאַדְבְּקָא וּלְמִנְדַע לֵיהּ.
le ulminda le'idabka deyachil man hava la ya'ot kidka

92

153. "Certamente, *'O marido dela é conhecido nos portões'* se refere ao Criador, que é conhecido e concebido de acordo com o que cada um de nós interpreta em sua mente e é capaz de alcançar com o Espírito da Sabedoria.

Dessa forma, a pessoa é capaz de entender de acordo com o que é capaz de presumir.

Portanto, está escrito: *'O marido dela é conhecido nos portões'*, embora a compreensão plena Dele esteja muito distante do alcance de quem quer que seja".

Meditação

Quando você sentir a necessidade de que a certeza manifeste a maior quantidade possível de Luz em seu trabalho, relacionamentos ou em qualquer área de sua vida na qual sinta uma lacuna, use esta meditação. Com ela, você aumenta a quantidade de bênçãos da Luz do Criador. Utilize-a também antes de empreender uma ação espiritual importante, para fortalecer a certeza de sua própria capacidade e das bênçãos que você trará.

← Direção de leitura

בְּרִיךְ קָדְשָׁא דָא בְּעָלָהּ. בַּעֲרִים נוֹדַע וַדַּאי, אֶלָּא
Berich Kudsha da bala basharim noda vaday ela

הוּא. דְּאִיהוּ אִתְיְדַע וְאִתְדַּבַּק, לְפוּם מַה דִּמְשַׁעֵר בְּלִבֵּיהּ,
belibe dimshaer ma lefum ve'itdabak ityeda de'ihu Hu

כָּל חַד, כַּמָּה דְּיָכִיל לְאַדְבְּקָא בְּרוּחָא דְּחָכְמְתָא.
dechachmeta berucha le'idabka deyachil kama chad kol

"Certamente, 'O marido dela é conhecido nos portões' se refere ao Criador, que é conhecido e concebido de acordo com o que cada um de nós interpreta em sua mente e é capaz de alcançar com o Espírito da Sabedoria".

DESEJANDO MAIS SEM SE CONTENTAR COM MENOS

"O LIVRO OCULTO"
(ZOHAR, SAFRA DETZNIUTA, VERSÍCULO 1)

Muitas pessoas atingem um ponto em suas vidas em que não se sentem completamente satisfeitas ou realizadas, e assim chegam à conclusão de que a vida *nunca foi* feita para ser de plenitude total. Acabam se resignando e se acomodando com menos. Mas a Kabbalah ensina que deveriam fazer exatamente o contrário.

Nunca devemos nos acomodar com menos do que plenitude total, tanto física como espiritualmente.

Um dos maiores perigos do nosso trabalho espiritual é pensar que ao atingirmos um determinado nível de desenvolvimento não haja necessidade de ir mais fundo.

O *Zohar* nos diz que devemos desejar bem mais do que imaginamos ser possível, e que a Luz nos trará o que pedirmos.

Nosso propósito neste mundo é obter total alegria e plenitude. Para que isso aconteça, nosso anseio mais profundo deveria ser o de estabelecer uma conexão com a Luz do Criador.

Mas, como a parábola desta seção explica, conexão com a Luz significa lutar e ansiar continuamente por sabedoria cada vez mais profunda.

Rav Shimon explica que sem um constante aumento em nosso nível de compreensão, não haverá uma revelação constantemente crescente da Luz do Criador.

Ansiar verdadeiramente por uma compreensão mais profunda é muito mais do que uma experiência intelectual.

Em uma carta a Rav Berg, meu pai e professor, escrita por seu mestre Rav Yehuda Brandwein, há uma referência ao fato de que há infinitos níveis de sabedoria em cada ensinamento.

Descobrir esses níveis é uma experiência sensorial, semelhante a de encontrar um novo sabor em um gole de vinho.

Não temos meios para descobrir a revelação seguinte a não ser que nossa ânsia de que isso aconteça esteja sempre presente.

Se nosso desejo de entender cada vez mais crescer de forma contínua, nossa capacidade de sentir a sabedoria e seu sabor será sempre maior. Temos a capacidade de sentir a Luz do Criador dentro de nós.

Esta leitura é uma introdução à seção do *Zohar* chamada "O Livro Oculto" (*"Sefer Detzniuta"*), que contém os fundamentos de todos os segredos.

Rav Shimon explica a necessidade de um aprendizado mais profundo, até mesmo além dos fundamentos.

Direção de leitura

1. מַאן צְנִיעוּתָא דְּסִפְרָא. אָמַר רַבִּי שִׁמְעוֹן, וְמֵשׁה פִּרְקִין

pirkin chamisha Shimon Ribi amar desifra tzeniuta man

אִינוּן דְּכְלִילָן בְּהֵיכָל רַב, וּמַלְיָין כָּל אַרְעָא. אָמַר

amar ara kol umalyan rav behechol dechelilan inun

רַבִּי יְהוּדָה, אִי כְּלִילָן הֲוֵי, מִכֻּלְּהוּ עֲדִיפֵי. אָמַר

amar adifei mikul'hu hanei kelilan i Yehuda Ribi

רַבִּי שִׁמְעוֹן, הָכִי הוּא, לְמַאן דְּעָאל וְנָפַק, וּלְמַאן

ulman venafak de'al leman hu hachi Shimon Ribi

דְּלָא עָאל וְנָפַק לָאו הָכִי.

hachi lav venafak al delá

1. "O que é o Livro Oculto?"

Rav Shimon falou:

"Há cinco capítulos contidos em uma grande câmara, que preenche a terra inteira".

Rav Yehuda argumentou:

"Se eles incluem a sabedoria inteira, são os melhores e não há necessidade de estudar adiante".

Rav Shimon falou:

"Isso é verdadeiro para aquele que entrou na Sabedoria e saiu dela em paz. Mas não é assim para aquele que tenha entrado na Sabedoria e não tenha emergido dela em paz.

2. מַתְלָא, לְבַר נָשׁ דַּהֲוָה דִּיּוּרֵיהּ בֵּינֵי טוּרִין, וְלָא יָדַע

yada vela turin Benei diyure dahava nash levar matla

בְּדִיּוּרֵי מָתָא. זְרַע חִטִּין. וְאָכִיל חִטֵּי בְּגוּפַיְיהוּ.

begufayehu chitei ve'achil chitin zara mata bediyurei

יוֹמָא חַד עָאל לְמָתָא, אַקְרִיבוּ לֵיהּ נַהֲמָא טָבָא. אָמַר

amar tava nahama le akrivu lemata al chad yoma

הַהוּא בַּר נָשׁ, דְּנָא לָמָּה. אָמְרוּ נַהֲמָא הוּא לְמֵיכַל.

lemechal hu nahama amaru lama dena nash bar hahu

אָכַל וְטָעַם לְוַזְדָּא לְוַזְכֵיהּ. אָמַר וּמִמַּה אִתְעֲבֵיד
itaved umima amar lechike lechada veta'am achal

דָּא. אָמְרוּ מֵוַזְטִין. לְבָתַר אַקְרִיבוּ לֵיהּ גְּרִיצִין דְּלִישִׁין
delishin geritzin le akrivu levatar mechitin amaru da

בְּמִשְׁוָזָא. טָעַם מִנַּיְיהוּ, אָמַר וְאִלֵּין מִמַּה אִתְעֲבֵידוּ.
itávidu mima ve'ilen amar minayhu ta'am bemishcha

אָמְרוּ מֵוַזְטִין. לְבָתַר אַקְרִיבוּ לֵיהּ טְרִיקֵי מַלְכִין, דְּלִישִׁין
delishin malchin terikei le akrivu levatar mechitin amaru

בְּדוּבְשָׁא וּמִשְׁוָזָא. אָמַר וְאִלֵּין מִמַּה אִתְעֲבֵידוּ. אָמְרוּ
amaru itavedu mima ve'ilen amar umishcha beduvsha

מֵוַזְטִין. אָמַר וַדַּאי אֲנָא מָארֵי דְּכָל אִלֵּין, דַּאֲנָא אָכִיל
achil da'ana ilen dechol marei ana vaday amar mechitin

עִקָּרָא דְּכָל אִלֵּין דְּאִיהוּ וְזִטָּה. בְּגִין הַהוּא דַּעְתָּא מֵעִדּוּנֵי
me'idunei data hahu begin chita de'ihu ilen dechol ikara

עָלְמָא לָא יָדַע, וְאִתְאֲבִידוּ מִנֵּיהּ. כָּךְ, מַאן דְּנָקִיט
denakit man kach miné ve'itavidu yada la alma

כְּלָלָא, וְלָא יָדַע בְּכֻלְהוּ עִדּוּנִין דְּמִהֲנַיָּין, דְּנַפְקִין
denafkin dimhanyan idunin bechulhu yada vela kelala

מֵהַהוּא כְּלָלָא.
kelala mahahu

2. Isso pode ser comparado a um homem que vivia nas montanhas e não estava familiarizado com os habitantes da cidade. Ele plantou trigo e depois o comeu cru, exatamente como havia sido colhido.

Certo dia, ele foi à cidade aonde lhe serviram um excelente pão. Então, perguntou:

'O que é isto?'

Responderam:

'É pão para ser comido'.

Ele comeu e seu paladar achou delicioso. Ele disse:

'Do que isto é feito?'

Responderam:

'É feito de trigo'.

Depois, serviram-lhe biscoitos misturados com azeite. Ele

experimentou os biscoitos e perguntou:

'E estes do que são feitos?'

Responderam:

'De trigo'.

Depois, ofereceram-lhe comida digna de reis, preparada com azeite e mel.

Ele disse:

'E estas coisas do que são feitas?'

Contaram-lhe:

'De trigo'.

Ele respondeu:

'Eu certamente tenho todos eles porque me alimento com a essência de todos eles, que é o trigo.'

Por pensar dessa maneira, esse homem não aprendeu a fazer todas essas iguarias com o trigo e não conheceu as maravilhas do mundo. Ele as perdeu.

Isso também acontece com aquele que alcança a generalidade da sabedoria, mas não conhece o prazer e as iguarias que derivam daquela generalidade".

MEDITAÇÃO

Esta meditação desperta o desejo de ter mais em todas as áreas da vida – assim como a compreensão de que sempre há mais. Traz a consciência da necessidade de aprofundar continuamente a plenitude de nossa vida e nosso alcance da sabedoria espiritual – de nunca nos satisfazermos com nossa atual situação.

← Direção de leitura

עָדוּנִין   בְּכֻלְּהוּ   יָדַע   וְלָא   כְּלָלָא,   דְּנָקִיט   מַאן   כָּךְ,
idunin   bechulhu   yada   vela   kelala   denakit   man   kach

דְּמֵהֲנַיִּין,   דְּנַפְקִין   מֵהַהוּא   כְּלָלָא.
kelala   mahah   denafkin   dimhanyan

Isso também acontece com aquele que alcança a generalidade da sabedoria, mas não conhece o prazer e as iguarias que derivam daquela generalidade.

ATRAINDO MILAGRES

"A MULHER DE OBADIA"

(*ZOHAR, LECH LECHÁ*, VERSÍCULO 261)

Às vezes, sentimos como se não houvesse esperança. Parece não haver saída, a não ser um milagre.

Entretanto, como O *Zohar* explica, a consciência de desespero é exatamente o que impede milagres de acontecerem.

Para que algo aconteça, rompendo e ultrapassando os limites do que é natural, normal – pois afinal um milagre é isso – é necessário haver um ponto de partida para o milagre se manifestar.

Quando um médico diz a um paciente que há uma chance de apenas cinco por cento de ele sobreviver, a pessoa deve se agarrar àqueles cinco por cento.

Da mesma maneira, alguém que tem apenas uma pequena quantia de dinheiro deve utilizá-la para pedir ao Criador que lhe traga um milagre. E aquele dinheiro será um ponto de partida para o milagre vir e se manifestar.

Por menor que seja – um objeto físico ou um ponto na consciência – pode ser o espaço em que os milagres poderão se manifestar.

Para explicar isso, O *Zohar* se baseia na história bíblica da mulher de Obadia, que se viu afundada em dívidas depois da morte do marido (2 Reis 4:2).

Quando os credores ameaçaram levar seu filho como escravo, a mulher foi pedir ajuda ao profeta Eliseu. Surpreendentemente, o profeta simplesmente perguntou:

"O que você tem em sua casa?"

Quando a mulher respondeu que só tinha um pequeno recipiente com um pouquinho de óleo, Eliseu lhe disse para tomar emprestado de seus vizinhos recipientes adicionais.

Ela seguiu as instruções do profeta e despejou o óleo do recipiente que possuía nos novos recipientes. Milagrosamente, a viúva conseguiu encher todos os outros recipientes com o pouco óleo que havia inicialmente no pequeno recipiente em sua casa.

Sobre essa história, os kabalistas fazem uma pergunta simples. Se o profeta era dotado do poder de fazer um milagre em nome dessa mulher, por que para ele era importante saber o que ela tinha em casa? Por que ela precisava ter um pouquinho de óleo para que o milagre acontecesse? A resposta é esclarecedora.

Primeiro, era necessário um ponto de partida para o milagre, ou seja, a pequena quantidade de óleo com o qual a viúva começou o processo. Com esse ponto de partida presente, milagrosamente a escassez poderia ser transformada em abundância.

Como a viúva dessa história bíblica, podemos sentir desesperança. E podemos ter a esperança de que o Criador de alguma maneira nos ajude a superá-la através de um milagre.

Mas nós mesmos precisamos criar um espaço para o milagre acontecer em nossa vida. Se ainda não tivermos esse lugar, devemos criá-lo. Uma vez criado esse local, por menor que seja, o milagre pode acontecer.

Direção de leitura ←

261. אֲחַר הַדְּבָרִים הָאֵלֶּה הָיָה דְּבַר ה' אֶל אַבְרָם

achar hadvarim haele haya devar Hashem el Avram

רִבִּי יְהוּדָה פָּתַח אֲנִי לְדוֹדִי וְעָלַי תְּשׁוּקָתוֹ. וְגוֹ'.

vegomer Ribi Yehuda patach ani ledodi ve'alai teshukato

הָא אוּקְמוּהָ, אֲבָל בְּאִתְעָרוּתָא דִלְתַתָּא, אִשְׁתְּכַח אִתְעָרוּתָא

itaruta ishtechach diltata be'itaruta aval okmuha ha

לְעֵילָא, דְּהָא לָא אִתְעַר לְעֵילָא, עַד דְּאִתְעַר לְתַתָּא. וּבִרְכָאן

uvirchan letata de'itar ad le'ela itar la deha le'ela

דִּלְעֵילָא לָא מִשְׁתַּכְּחֵי, אֶלָּא בַּמֶּה דְּאִית בֵּיהּ מַמָּשָׁא,

mamasha be de'it bame ela mishtakchei la dilela

וְלָאו אִיהוּ רֵיקָנְיָא.

rekanya ihu velav

261. Rav Yehuda começou citando o versículo:
"Eu sou do meu amado e seu desejo é dirigido a mim."
Isso significa que um despertar inferior resulta em um despertar
superior. Não pode haver nenhum despertar do alto enquanto não
houver um despertar de baixo. As bênçãos de cima se manifestarão
em um lugar de substância e não em um lugar vazio.

262. מְנָלָן. מֵאֵשֶׁת עוֹבַדְיָהוּ, דַּאֲמַר לָהּ אֱלִישָׁע

Elisha la da'amar Ovadyahu me'eshet menalan

הַגִּידִי לִי מַה יֶּשׁ לָךְ בַּבָּיִת, דְּהָא בִּרְכָאן דִּלְעֵילָא לָא

la dilela birchan deha babayit lach yesh ma li hagidi

שַׁרְיָין עַל פָּתוֹרָא רֵיקָנְיָא, וְלָא בַּאֲתַר רֵיקָנְיָא. מַה

ma rekanya ba'atar vela rekanya patora al sharyan

כְּתִיב, וַתֹּאמֶר אֵין לְשִׁפְחָתְךָ כֹל בַּבַּיִת כִּי אִם

im ki babayit kol leshifchatcha en vatomer ketiv

אָסוּךְ שָׁמֶן. מַאי אָסוּךְ. אֶלָּא אָמַר לֵיהּ, שִׁיעוּרָא דְּהַאי

dehay shiura le amar ela asuch may asuch

מְשִׁחָא, לָאו אִיהִי, אֶלָּא כְּדֵי מְשִׁיחַת אֶצְבְּעָא זְעֵירָא.

ze'ira etzbe'a meshichat kedei ela ihi lav mishcha

103

262. Sabemos disso baseados na mulher de Obadia, a quem Eliseu disse:

"Diga-me o que você tem em sua casa."

Ele fez essa pergunta porque bênçãos do alto não se manifestam sobre uma mesa vazia, nem sobre um lugar vazio.

Ela respondeu:

"Sua serva não tem nada em casa a não ser um recipiente com óleo."

Rav Yehuda falou:

"Quanto óleo havia no recipiente?

Havia apenas óleo suficiente para untar o dedo mindinho ".

263. אָמַר לָהּ, נֹוחַמְתַּנִי. דְּהָא לָא יְדַעְנָא, הֵיאַךְ יִשְׁרוֹן
amar la nichamtani, deha la yedana, he'ach yishron

בִּרְכָאן דִּלְעֵילָא, בְּדוּכְתָּא רֵיקָנְיָא, אֲבָל הַשְׁתָּא דְּאִית לָךְ
birchan dilela beduchta rekanya, aval hashta de'it lach

שֶׁמֶן, דָּא הוּא אֲתַר, לְאִשְׁתַּכְּחָא בֵּיהּ בִּרְכָאן. מִנָּלָן
shemen, da hu atar, le'ishtakacha be birchan. minalan

דִּכְתִיב כַּשֶּׁמֶן הַטּוֹב וְגוֹ'. וְסֵיפֵיהּ מַה כְּתִיב, כִּי
dichtiv kashemen hatov vegomer. vesefe ma ketiv, ki

שָׁם צִוָּה ה' אֶת הַבְּרָכָה וְחַיִּים עַד הָעוֹלָם.
sham tziva Hashem et habracha chayim ad ha'olam.

וּבְאַתְרָא דָּא שָׁרָאן בִּרְכָאן.
uvatra da sharan birchan.

263. Eliseu disse:

"Você me tranquilizou. Eu não sabia de que maneira as bênçãos do alto poderiam se manifestar em um lugar vazio. Mas agora que você tem um pouco de óleo, este é o lugar em que as bênçãos irão se manifestar".

MEDITAÇÃO

Em tempos de desafios, esta meditação nos dá o poder
de descobrir um lugar – ou criar um espaço – em que
milagres possam acontecer.

Direção de leitura

בֵּיהּ דְּאִית בַּמֶה אֶלָּא מִשְׁתַּכְּוֵי, לָא דִּלְעֵילָא דִּלְעֵילָא וּבִרְכָאן

be   de'it   bame   ela   mishtakchei   la   dilela   uvirchan

מַמְעָא וְלָאו אִיהוּ רֵיקָנְיָא.

rekanya   ihu   velav   mamasha

*Bênçãos vindas do alto se manifestam em um lugar onde haja
substância e não em um lugar vazio.*

Transformando o pesar

"O falecimento dos três amigos"

(Zohar, Idra Raba, Versículo 353)

Há momentos na vida em que ficamos verdadeiramente entristecidos. Pode ser devido a uma morte, perda, ou apenas porque alguém disse ou fez algo que nos feriu.

Nesta seção, O *Zohar* nos mostra que até mesmo grandes almas, como o Rav Aba, experimentaram momentos de tristeza.

Mas, embora a tristeza seja parte da nossa condição de seres humanos, ela deixa de existir quando enxergamos o todo e não apenas suas partes isoladas.

As almas de Rav Yosi, Rav Chizkiyah e Rav Yesa, três dos amigos, deixaram este mundo imediatamente após a Idra Raba (a Grande Assembléia) e a imensa revelação de Luz que ali ocorreu.

Por que a passagem deles aconteceu naquela ocasião?

Uma voz celestial explica para Rav Shimon que a morte deles não era de forma alguma uma punição, mas, na verdade, uma grande bênção. Eles haviam completado seu trabalho e estavam prontos para ascender.

Rav Aba, entretanto, permaneceu entristecido, até ter uma visão dos três amigos no Mundo Vindouro. No início, conseguiu ver apenas o que o homem revelou na dimensão física. Quando ele viu o cenário completo e constatou a alegria de seus amigos, sua tristeza transformou-se em alegria.

Durante a Idra Raba, Rav Shimon revelou segredos que nunca haviam sido revelados. Na verdade, essa revelação trouxe para o mundo um volume de Luz maior do que qualquer outro momento desde a revelação no Monte Sinai.

→

Direção de leitura

353. תָּנָא, עַד לָא נָפְקוּ וַחַבְרַיָּיא מֵהַהוּא אִדְרָא, מִיתוּ

mitu   idara   mehahu chavraya   nafku   la   ad   tana

רִבִּי יוֹסֵי בַּר רִבִּי יַעֲקֹב, וְרִבִּי וְחִזְקִיָּה, וְרִבִּי יֵיסָא.

Yesa veRibi Chizkiya veRibi Yaakov Rabi bar Yosei Ribi

וַחֲזְמוּ וְחַבְרַיָּיא, דַּהֲווֹ נַטְלִין לוֹן מַלְאָכִין קַדִּישִׁין

kadishin malachin lon natlin dahavo chavraya vechamu

בְּהַהוּא פַּרְסָא. וְאָמַר רִבִּי שִׁמְעוֹן מִלָּה, וְאִשְׁתְּכָכוּ.

ve'ishtechachu mila Shimon Rabi ve'amar parsa behahu

צָוַוח וְאָמַר, שֶׁמָּא וַס וְשָׁלוֹם חַס שְׁמַע גְּזֵרָה אִתְגְּזַר

itgezar gezera veshalom chas shema ve'amar tzavach

עֲלָנָא לְאִתְעַנְּשָׁא, דְּאִתְגְּלֵי עַל יְדָנָא, מַה דְּלָא אִתְגְּלֵי

itgelei delá ma yedana al de'itgelei le'itansha alana

מִיּוֹמָא דְּקַאֵם מֹשֶׁה עַל טוּרָא דְסִינַי, דִּכְתִיב וַיְהִי

vayhi dichtiv deSinai tura al Moshé dekaem miyoma

שָׁם עִם יְיָ אַרְבָּעִים יוֹם וְאַרְבָּעִים לַיְלָה וְגוֹ'. מַה

ma vegomer layla ve'arbaim yom arbaim Hashem im sham

אֲנָא הָכָא, אִי בְּגִין דָּא אִתְעֲנָשׁוּ.

itanashu da begin i hacha ana

353. Aprendemos que antes da partida dos amigos da Idra Raba (a Grande Assembléia), Rav Yosi (filho de Rav Yaakov), Rav Chizkiyah e Rav Yesa morreram.

Os amigos viram que anjos sagrados os carregaram no ar em um véu. Os amigos ficaram calmos e em silêncio enquanto Rav Shimon falava.

Ele exclamou:

"Talvez – que o Céu nos livre – um mandado tenha sido decretado para que sejamos punidos, uma vez que foi revelado através de nós o que não havia sido revelado, desde o dia em que Moisés esteve no Monte Sinai. Está escrito: *'E ele esteve lá com Deus quarenta dias e quarenta noites...'* O que foi que fiz para que esse seja o motivo de minha punição?"

354. שְׁמַע קָלָא, זַכָּאָה אַנְתְּ רַבִּי שִׁמְעוֹן, זַכָּאָה וֹזּלְקָךְ
shama kala zaka'a ant Rabi Shimon zaka'a chulakach

וְחַבְרַיָּא, אִלֵּין דְקַיְּמִין בַּהֲדָךְ, דְּהָא אִתְגְּלֵי לְכוֹן
vechavraya ilen dekayemin bahadach deha itgelei lechon

מַה דְּלָא אִתְגְּלֵי לְכָל חֵילָא דִלְעֵילָא, אֲבָל תָּא וָזֵי,
ma delá itgelei lechol chela vilá dilela aval ta chazei

דְּהָא כְּתִיב, בִּבְכֹרוֹ יְיַסְּדֶנָּה וּבִצְעִירוֹ יַצִּיב דְּלָתֶיהָ. וְכָל
vechol delateha yatziv uvitziro yeyasdena bivchoro ketiv deha

שֶׁכֵּן דְּבִרְעוּ סַגִּי וְתַקִּיף, אִתְדְּבָקוּ נַפְשָׁתְהוֹן בְּשַׁעְתָּא דָּא
da besha'ata nafshathon itdavaku vetakif sagi deviru sheken

דְּאִתְנְסִיבוּ. זַכָּאָה וֹזּלְקֵהוֹן, דְּהָא בִּשְׁלֵימוּתָא אִסְתַּלָקוּ.
istalaku bishlemuta deha chulakehon zaka'a de'itnesivu

354. Ele ouviu uma voz dizer:

"Rav Shimon, você merece ser louvado. Louvado seja o seu
quinhão e o quinhão de seus amigos que vivem com você, uma
vez que foi revelado a vocês o que não havia sido revelado a todas
as legiões acima.

Entretanto, venha e veja o que está escrito:

*'com a perda do seu primogênito a fundará, e com a perda do seu
filho mais novo lhe colocará as portas'.*

Certamente, as almas dos amigos se uniram em uma grande
e forte paixão no momento em que foram levadas pelos anjos.
Louvado seja o quinhão deles, pois através de perfeição eles
fizeram a passagem".

355. תָּאנָא, בְּעוֹד דְּאִתְגַּלְיָין מִלִּין, אִתְרְגִישׁוּ עִלָּאִין וְתַתָּאִין, וְקָלָא
vekala vetatain ilain itregishu milin de'itgalyan be'od tana

אִתְּעַר בְּמָאתָן וַחֲמִשִׁין עָלְמִין דְּהָא מִלִּין עַתִּיקִין לְתַתָּא
letata atikin milin deha almin vechamshin bematan itar

אִתְגַּלְיָין, וְעַד דְּאִלֵּין מִתְבַּסְּמָן נִשְׁמָתַיְיהוּ בְּאִנּוּן מִלִּין,
milin be'inun nishmatayehu mitbasman de'ilen ve'ad itgalyan

נָפְקָא נִשְׁמָתַיְיהוּ בִּנְשִׁיקָה, וְאִתְקַשַׁר בְּהַהוּא פַרְסָא, וְנַטְלִין
venatlin parsa behahu ve'itkashar binshika nishmatayhu nafka

כְּהוּ מַלְאֲכֵי עִלָּאֵי, וְסַלְקִין לוֹן לְעֵילָּא. וְאַבָאֵי אִלֵּין. מִשּׁוּם
mishum ilen va'amay le'ela lon vesalkin ilaei malachei lehu

דְעָאכָן וְלָא נַפְקוּ אָחֲרָא זִמְנָא מִן קַדְמַת דְּנָא, וְכֻלְּהוּ
vechulhu dena kadmat min achara zimna nafku vela de'alun

אָחֲרָנֵי עָאלוּ וְנַפְקוּ.
venafku alu acharinei

355. Aprendemos que enquanto esses segredos eram revelados,
todos nos Mundos Superiores e Inferiores tremeram de empolgação.
Uma voz foi despertada e declarou em 250 mundos celestiais que
antigos segredos estavam sendo revelados em baixo.
Durante a Idra Raba, enquanto esses três amigos estavam
perfumando e aperfeiçoando suas almas, elas partiram deste
mundo, com um beijo e foram ligadas ao véu celestial. Os anjos
mais acima os levaram e os elevaram.

356. אָמַר רַבִּי שִׁמְעוֹן, כַּמָּה זַכָּאָה וְחוּלְקְהוֹן דְּהָנֵי תְּלָתָא,
telata dehanei chulakhon zaka'a kama Shimon Rabi amar

וְזַכָּאָה וְחוּלְקָנָא לְעָלְמָא דְּאָתֵי, בְּגִין דָּא. נָפַק קָלָא
kala nafak da begin de'atei le'alma chulakana vezaka'a

תִּנְיָנוּת וְאָמַר, וְאַתֶּם הַדְּבֵקִים בַּיְיָ אֱלֹהֵיכֶם
Elohechem BaHashem hadvekim ve'atem ve'amar tinyanut

וְחַיִּים כֻּלְּכֶם הַיּוֹם. קָמוּ וְאָזְלוּ. בְּכָל אֲתָר דַּהֲווֹ
dahavo atar bechol ve'azlu kamu hayom kulchem chayim

מִסְתַּכְּלֵי סָלִיק רֵיחִין. אָמַר רַבִּי שִׁמְעוֹן שְׁמַע מִינָּהּ, דְּעָלְמָא
de'alma mina shema Shimon Rabi amar rechin salik mistaklei

מִתְבָּרֵךְ בְּגִינָן. וַהֲווֹ נַהֲרִין אַנְפּוֹי דִּכֻלְּהוּ, וְלָא
vela dechulhu anpoy naharin vahavo beginan mitberach

הֲווֹ יָכְלִין בְּנֵי עָלְמָא לְאִסְתַּכְּלָא בְּהוּ.
behu le'istakla alma benei yachlin havo

356. Rav Shimon disse:
"Quão é feliz o quinhão desses três, e por isso louvado seja
também o nosso quinhão no Mundo Vindouro".

Uma segunda voz se fez ouvir e disse:

"Mas vocês que aderem a Deus estão vivos, cada um de vocês, neste dia".

Eles se levantaram e partiram. Em todos os lugares que os sete olhassem, perfumes estavam se elevando.

Rav Shimon disse:

"Baseando-nos nisso, parece que o mundo recebe bênçãos por nossa causa".

As faces de todos brilhavam intensamente e as pessoas do mundo não podiam olhar para eles.

357. תָּאנָא, עֲשָׂרָה עָאלוּ, וְשׁוֹבַע נַפְקוּ, וַהֲוָה וַחֲדֵי רְבִּי

357. tana asara alu vesheva nafku vahava vahadei Rabi

שִׁמְעוֹן. וְרִבִּי אַבָּא עָצֵיב. יוֹמָא חַד וַד הֲוָה יָתִיב

Shimon. veRibi Aba atziv. yoma chad vad hava yativ

רִבִּי שִׁמְעוֹן וְרִבִּי אַבָּא עִמֵּיהּ, אָמַר רִבִּי שִׁמְעוֹן מִלָּה, וְוֹזָמוּ

Rabi Shimon veRibi Aba imé, amar Rabi Shimon mila, vechamu

לְאִלֵּין תְּלָתָא דַּהֲווֹ מַיְּיתִין לְהוֹן מַלְאָכִין עֵלָּאִין,

le'ilen telata dahavo mayetin lehon malachin ilain,

וּמְחַזְיָן לְהוּ גְּנִיזִין וְאִדְּרִין דִּלְעֵילָּא, בְּגִין דִּלֵלָא יְקָרָא

umchazyan lehu genizin ve'idarin dilela, begin dilela yekara

דִלְהוֹן. וַהֲווֹ עָיְילֵי לוֹן בְּטוּרֵי דְּאַפַרְסְמוֹנָא דַּכְיָא.

dilhon. vahavo ayelei lon beturei de'afarsemona dachya.

נַח דַּעֲתֵיהּ דְּרִבִּי אַבָּא.

nach datei deRibi Aba.

357. Então, aprendemos que dez entraram na Idra Raba e sete a deixaram. Rav Shimon se regozijou com isso, mas Rav Aba estava entristecido. Certo dia, Rav Aba estava sentado com Rav Shimon. Rav Shimon falou. Eles viram os três amigos que haviam partido. Anjos do alto lhes mostravam os tesouros e as câmaras acima que haviam sido preparadas em honra deles. Os anjos os estavam introduzindo às montanhas de caqui puro. Então, a mente de Rav Aba se acalmou e ficou em paz.

358. תָּאנָא, מֵהַהוּא יוֹמָא לָא אַעְדּוּ וְחַבְרַיָּיא מִבֵּי רַבִּי

Rabi mibei chavraya adu la yoma mehahu tana

שִׁמְעוֹן. וְכַד הֲוָה רַבִּי שִׁמְעוֹן מְגַלֶּה רָזִין, לָא

la razin megale Shimon Rabi hava vechad Shimon

מִשְׁתַּכְּחִין תַּמָּן אֶלָּא אִינוּן. וַהֲוָה קָארֵי לְהוּ רִבִּי

Ribi lehu karei vahava inun ela taman mishtakchin

שִׁמְעוֹן, שִׁבְעָה אֲנָן עֵינֵי יְיָ. דִּכְתִיב, שִׁבְעָה אֵלֶּה עֵינֵי

enei ele shiva dichtiv Hashem enei anan shiva Shimon

יְיָ   וְעָלָן אִתְּמַר. אָמַר רִבִּי אַבָּא, אֲנָן שִׁיתָא בּוּצִינֵי, דְּנַהֲרָאן

denaharan botzinei shita anan Aba Ribi amar itmar ve'alan Hashem

מִשְּׁבִיעָאָה. אַנְתְּ הוּא שְׁבִיעָאָה דְּכֹלָּא. דְּהָא לֵית קְיוּמָא לְשִׁיתָא,

leshita kiyuma let deha dechola shevia'a hu ant mishvia'a

בַּר מִשְּׁבִיעָאָה. דְּכֹלָּא תָּלֵי בִּשְּׁבִיעָאָה. רִבִּי יְהוּדָה

Yehuda Ribi bishvia'a talei dechola mishvia'a bar

קָארֵי לֵיהּ שַׁבָּת, דְּכֻלְּהוּ שִׁיתָא מִנֵּיהּ מִתְבָּרְכִין,

mitbarchin minei shita dechulhu shabat le karei

דִּכְתִיב שַׁבָּת לַיְיָ, קֹדֶשׁ לַיְיָ, מַה שַׁבָּת

shabat ma laHashem kodesh laHashem shabat dichtiv

לַיְיָ קֹדֶשׁ, אוֹף רַבִּי שִׁמְעוֹן שַׁבָּת לַיְיָ קֹדֶשׁ.

kodesh laHashem shabat Shimon Rabi of kodesh laHashem

358. Aprendemos que a partir daquele dia, os amigos não saíram da casa de Rav Shimon.

Quando Rav Shimon revelava segredos, mais ninguém se encontrava presente. Rav Shimon se referia a eles como "Somos os sete olhos de Deus", conforme está escrito:

"Aqueles sete... os olhos de Deus".

Rav Aba disse para Rav Shimon:

"Somos seis velas iluminadas pela sétima. Você é a sétima para cada um, porque os seis não podem durar sem a sétima, uma vez que tudo depende da sétima".

Rav Yehuda costumava se referir a Rav Shimon como:

"Shabat, a partir do qual todos os outros dias recebem suas bênçãos", conforme está escrito:

"Shabat para Deus" ou *"Sagrado para Deus"*.
Da mesma maneira que *Shabat* é sagrado para Deus, Rav Shimon também é sagrado, como *Shabat* para Deus.

MEDITAÇÃO

Esta meditação nos permite encarar a tristeza de uma perspectiva mais ampla. Traz-nos a consciência de que existe o cenário completo, muito mais amplo, e de que com frequência essa consciência por si só nos ajuda significativamente. Esta seção vai mais além, abrindo para nós a compreensão do que o todo – e não apenas suas partes isoladas – inclui: Tudo é para o bem, mesmo que isso não seja evidente naquele momento.

← Direção de leitura

יוֹמָא וַד הֲוָה יָתִיב רַבִּי שִׁמְעוֹן וְרִבִּי אַבָּא עִמֵּיה, אָמַר
amar   imé   Aba veRibi Shimon   Rabi yativ hava chad yoma

רַבִּי שִׁמְעוֹן מִכָּה, וְוָזמוּ לְאִכֵּין תְּלָתָא דַּהֲווֹ מַיְיתִין
mayetin dahavo telata le'ilen vechamu mila Shimon Rabi

לְהוֹן מַלְאֲכִין עִלָּאִין, וּמְחַזְיָין לְהוּ גְּנִיזִין וְאַדְרִין
ve'idarin genizin lehu umchazyan ilain malachin lehon

דִּלְעֵילָא, בְּגִין יְקָרָא דִּלְהוֹן. וַהֲווֹ עַיְיֹלֵי לוֹ.
lon   ayelei vahavo dilhon yekara begin dilela

בְּטוּרֵי דְּאֲפַרְסְמוֹנָא דַּכְיָא נָח דַעְתֵּיה דְּרַבִּי אַבָּא.
aba   deRibi date nach dachya de'afarsemona beturei

Certo dia, Rav Aba estava sentado com Rav Shimon. Rav Shimon falou. Eles viram os três amigos que haviam partido. Anjos do alto lhes mostravam os tesouros e as câmaras acima que haviam sido preparadas em honra deles. Os anjos os estavam introduzindo às montanhas de caqui puro. A mente de Rav Aba se acalmou e ficou em paz.

II
MEDITAÇÕES PARA CRESCIMENTO ESPIRITUAL

Esforço com todo o coração e recompensa infinita

"Eles devem me trazer uma oferenda"

(Zohar, Trumá, Versículo 34)

Com frequência, nossas ações espirituais não trazem a plenitude que esperamos.

O *Zohar* nos diz que o segredo para recebermos plenitude e conexão com a Luz está em realizar nossas ações com esforço e comprometimento.

Como o *Zohar* deixa claro, qualquer um pode merecer uma conexão com a Luz do Criador.

Mas quando realizamos ações com a intenção de estabelecer essa conexão, precisamos ir além de nós mesmos. É necessário estender a nós mesmos tanto no nível físico quanto no nível do investimento que fazemos.

Só então, nossas ações trarão completa plenitude e conexão com a Luz.

Não é suficiente simplesmente praticar ações espirituais. Para merecer conexão com a Luz, as ações precisam ser realizadas com esforço, com todo o coração e total comprometimento.

← Direção de leitura

34. פָּתַח רַבִּי שִׁמְעוֹן בְּרֵישָׁא וְאָמַר, וְיִקְחוּ לִי

patach Rabi Shimon beresha ve'amar, veyikchu li

תְּרוּמָה מֵאֵת כָּל אִישׁ אֲשֶׁר יִדְבֶנּוּ לִבּוֹ תִּקְחוּ אֶת

teruma me'et kol ish asher yidvenu libo tikchu et

תְּרוּמָתִי. וְיִקְחוּ לִי, הַאי מַאן דְּבָעֵי לְאִשְׁתַּדְלָא

terumati. veyikchu li, hay man devaei le'ishtadla

בְּמִצְוָה, וּלְאִשְׁתַּדְלָא בֵּיהּ בְּקֻדְשָׁא בְּרִיךְ הוּא אִצְטְרִיךְ

bemitzva, ulishtadla be bekudsha berich hu itzterich

דְּלָא יִשְׁתַּדַל בֵּיהּ בְּרֵיקָנַיָּיא וּבְמַגָּנָא, אֶלָּא אִצְטְרִיךְ

dela yishtadal be berekanaya uvmagana, ela itzterich

לֵיהּ לְבַר נָשׁ לְאִשְׁתַּדְלָא בֵּיהּ כַּדְקָא יֵאוֹת כְּפוּם וְזֵילֵיהּ.

le bar nash le'ishtadla be kadka ye'ot kefum vezileih.

וְהָא אוּקִימְנָא מִלָּה דָּא בְּכַמָּה אַתְרֵי, יֵאוֹת לְמֵיסַב בַּר

veha okimna mila da bechama atrei, ye'ot lemesav bar

נָשׁ הַהוּא אִשְׁתַּדְּלוּתָא קָדְשָׁא בְּרִיךְ הוּא. כְּמָה דְאַת

nash hahu ishtadluta Kudsha Berich Hu. kema de'at

אָמֵר אִישׁ כְּמַתְּנַת יָדוֹ וְגוֹ'.

amer ish kematnat yado vegomer.

34. Rav Shimon começou:

"Que Me tragam uma oferenda de todo homem cujo coração o mover para isso".

Que Me tragam significa que se alguém desejar assumir um preceito – uma ação positiva – e aspirar ao Criador, é necessário que essa pessoa não se esforce só com metade de seu coração, mas, ao invés disso, ela deve fazer um esforço com todas suas forças, de acordo com sua capacidade.

Falamos sobre isso em vários lugares, e esta é a forma correta de uma pessoa se esforçar pelo Criador, conforme está escrito:

"Cada qual oferecerá conforme puder, conforme a bênção que o Senhor teu Deus te houver dado".

35. וְאִי תֵּימָא, הָא כְּתִיב לְכוּ שִׁבְרוּ וְאֶכֹלוּ וּלְכוּ
ulchu ve'echolu shivru lechu ketiv ha tema ve'i

שִׁבְרוּ בְּלֹא כֶּסֶף וּבְלֹא מְחִיר יַיִן וְחָלָב, דְּהָא
deha vechalav yayin mechir uvlo chesef belo shivru

אִיהוּ בְּמַגָּנָא, וְאִיהוּ אִשְׁתַּדְּלוּתָא דְּקַדְשָׁא בְּרִיךְ הוּא אֶלָּא
ela Hu Berich deKudsha ishtadluta ve'ihu bemagana ihu

אִשְׁתַּדְּלוּתָא דְּאוֹרַיְיתָא, כָּל מַאן דְּבָעֵי זָכֵי בָּהּ. אִשְׁתַּדְּלוּתָא
ishtadluta ba zachei devaei man kol de'orayeta ishtadluta

דְּקַדְשָׁא בְּרִיךְ הוּא לְמִנְדַּע לֵיהּ, כָּל מַאן דְּבָעֵי זָכֵי בֵּיהּ,
be zachei devaei man kol le leminda Hu Berich deKudsha

בְּלֹא אַגְרָא כְּלָל. אֲבָל אִשְׁתַּדְּלוּתָא דְּקַדְשָׁא בְּרִיךְ הוּא
Hu Berich deKudsha ishtadluta aval kelal agra bela

דְּקַיְּימָא בְּעוֹבָדָא, אָסִיר לְנַטְלָא לֵיהּ לְמַגָּנָא וּבְרֵיקָנַיָּא,
uvrekanaya lemagana le lenatla asir be'ovada dekayema

בְּגִין דְּלָא זָכֵי בְּהַהוּא עוֹבָדָא כְּלַל, לְאַמְשָׁכָא עֲלֵיהּ רוּחָא
rucha ale le'amshacha kelal ovada behahu zachei delá begin

דְּקוּדְשָׁא, אֶלָּא בַּאֲגַר שְׁלִים.
shelim ba'agar ela dekudsha

35. Mas você poderá perguntar se não está escrito:
"Venham e peguem e comam; peguem vinho e leite sem dinheiro e sem preço."
Este versículo se refere ao esforço pelo Criador. Então, não parece que este versículo nos ensina que a luta é de graça e sem esforço?
Vemos que é de graça e que se trata da luta pelo Criador.
Rav Shimon responde:
"Todo aquele que desejar entender a Torá (sabedoria espiritual) merecerá essa sabedoria. Todo aquele que desejar conhecer o Criador merecerá o conhecimento sem nenhum tipo de pagamento.
Mas se o esforço para chegar ao Criador, apresentar-se sob a forma de uma ação, é proibido realizá-la com metade do coração e em vão, porque a pessoa não merecerá receber um espírito de santidade a não ser que pague integralmente".

36. בְּסִפְרָא דְּחַרְשֵׁי, דְּאוֹלִיף אַשְׁמְדַאי לִשְׁלֹמֹה מַלְכָּא, כָּל
kol malka lishlomo ashmeday de'olif decharshei besifra

מַאן דְּבָעֵי לְאִשְׁתַּדְּלָא לְאַעְבְּרָא מִנֵּיהּ רוּחַ מִסְאֲבָא, וּלְאַכְפְּיָא
ulachpeya misava ruach miné le'abera le'ishtadla devaei man

רוּחָא אַחֲרָא. הַהוּא עוֹבְדָא דְּבָעֵי לְאִשְׁתַּדְּלָא בֵּיהּ, בָּעֵי
baei be le'ishtadla devaei ovda hahu achara rucha

לְמִקְנֵי לֵיהּ בַּאֲגַר שְׁלִים, בְּכָל מַה דְּיִבְעוּן מִנֵּיהּ, בֵּין
ben miné deyivun ma bechol shelim ba'agar le lemiknei

זְעֵיר בֵּין רַב, בְּגִין דְּרוּחַ מִסְאֲבָא, אִיהוּ אִזְדַּמַּן תָּדִיר
tadir izdaman ihu misava deruach begin rav ben ze'er

בְּמַגָּנָא וּבְרֵיקָנְיָא, וְאִזְדְּבַן בְּלָא אַגְרָא, וְאָנִיס לִבְנֵי נָשָׁא
nasha livnei veanis agra bela veizdevan uvrekanaya bemagana

לְמִשְׁרֵי עֲלַיְיהוּ, וּמְפַתֵּי לוֹן לְדַיְירָא עִמְּהוֹן, בְּכַמָּה
bechama imhon ledayera lon umfatei alayehu lemishrei

פִּתּוּיִין, בְּכַמָּה אָרְחִין, סָטֵי לוֹן לְשַׁוָּאָה דִּיּוּרֵיהּ עִמְּהוֹן.
imhon diyure leshava'a lon satei archin bechama pituyin

36. Nos livros de feitiçaria que Asmodeu, o rei dos demônios, ensinou ao rei Salomão, está escrito que aquele que quiser trabalhar no sentido de remover de si mesmo o espírito impuro e subjugar o espírito do outro lado, precisa pagar integralmente pela ação na qual quer se engajar, e deve dar o que lhe for exigido, seja muito ou pouco.

O espírito da impureza está sempre pronto, livre e totalmente gratuito, e disponível sem pagamento, porque ele compele as pessoas em quem reside e as provoca para que com ele residam. Ele as tenta para que façam sua habitação com ele de várias maneiras.

37. וְרוּחַ קוּדְשָׁא לָאו הָכִי, אֶלָּא בַּאֲגַר שְׁלִים, וּבְאִשְׁתַּדְּלוּתָא
uvishtadluta shelim ba'agar ela hachi lav kudsha veruach

רַב סַגִּי, וּבְאִתְדַּכְּאוּתָא דְּגַרְמֵיהּ וּבְאִתְדַּכְּאוּתָא דְּמִשְׁכְּנֵיהּ,
demishkane uvitdakuta degarme uvitdakuta sagi rav

וּבִרְעוּתָא דְּלִבֵּיהּ וְנַפְשֵׁיהּ. וּלְאַי דְּיָכִיל לְמִרְוַוח לֵיהּ, דִּישַׁוֵּי מָדוֹרֵיהּ
madore dishavei le lemirvach deyachil ulvay venafshe delibe uviruta

עֲמֵיהּ. וְעִם כָּל דָּא דְּיָהַךְ בְּאֹרַח מֵישָׁר, דְּלָא יִסְטֵי
ime ve'im kol da deyahach be'orach meshar delá yistei

לִימִינָא וְלִשְׂמָאלָא, וְאִי לָאו, מִיָּד אִסְתַּלָּק מִנֵּיהּ, וְאִתְרְחַק
limina velismala ve'i lav miyad istalak miné ve'itrechak

מִנֵּיהּ. וְלָא יָכִיל לְמִרְוַוח לֵיהּ כְּדִבְקַדְמֵיתָא.
miné vela yachil lemirvach le kedivkadmeta

37. O espírito de santidade não é assim, e só é atingível quando fazemos o pagamento integral e dedicamos grande esforço, e por meio de nossa purificação e da purificação de nossa habitação, com o desejo de nosso coração e alma.

E mesmo assim, afortunado é aquele que merece que o espírito de santidade esteja com ele. Mesmo com tudo isso, ele precisa ter cuidado para andar no caminho reto, sem virar nem à esquerda nem à direita. Senão, ele se separará imediatamente e se distanciará do espírito de santidade, e não terá mais condições de merecê-la (sua conexão) como havia conseguido originalmente.

MEDITAÇÃO

Ler esta seção desperta nosso entendimento e o desejo de dar nosso total comprometimento e máximo esforço ao nosso trabalho espiritual, juntamente com a certeza de que essas ações trarão conexão com a Luz do Criador.

→

Direção de leitura

וַיִּקְחוּ לִי תְּרוּמָה מֵאֵת כָּל אִישׁ אֲשֶׁר יִדְּבֶנּוּ לִבּוֹ תִּקְחוּ
tikchu libo yidvenu asher ish kol me'et teruma li veyikchu

אֶת תְּרוּמָתִי. וַיִּקְחוּ לִי, הַאי מַאן דְּבָעֵי לְאִשְׁתַּדְּלָא
le'ishtadla devaei man hay li veyikchu terumati et

בְּמִצְוָה, וּלְאִשְׁתַּדְּלָא בֵּיהּ בְּקֻדְשָׁא בְּרִיךְ הוּא אִצְטְרִיךְ
itzterich hu berich bekudsha be ulishtadla bemitzva

דְּלָא יִשְׁתַּדַּל בֵּיהּ בְּרֵיקָנְיָיא וּבְמַגָּנָא, אֶלָּא אִצְטְרִיךְ
itzterich ela uvmagana berekanaya be yishtadal dela

לֵיהּ לְבַר נָשׁ לְאִשְׁתַּדְּלָא בֵּיהּ כַּדְקָא יֵאוֹת כְּפוּם וֵילֵיהּ.
chele kefum ye'ot kadka be le'ishtadla nash levar le

"Que Me tragam" significa que se alguém desejar assumir um preceito – uma ação positiva – e aspira ao Criador, é necessário que essa pessoa não se esforce só com metade de seu coração e em vão, mas, ao invés disso, deve fazer um esforço com toda sua força, de acordo com sua capacidade.

Quando queremos fazer o tempo voltar

"Este é o livro das gerações de Adão"

(Zohar, Bereshit B, Versículo 361)

Às vezes tomamos atitudes que claramente fazem mal a outras pessoas, e somente mais tarde é que percebemos o mal que causamos.

A Kabbalah oferece um meio de eliminarmos essa escuridão criada por nós. Trata-se de um processo chamado *Teshuvá*.

Essa palavra em hebraico é geralmente traduzida como "arrependimento", mas sua verdadeira raiz significa "retorno".

Teshuvá é retornar ao ponto anterior àquele em que a escuridão foi criada. Além disso, por meio desse processo de retorno, podemos não apenas remover a escuridão, mas também transformá-la em Luz.

Nesta seção, o *Zohar* nos fala da grande dádiva recebida por Adão na forma do *Livro da Sabedoria*.

O *Zohar* relata que Adão, quando pecou, agiu com o *Desejo de Receber Apenas para Si Mesmo*, e, portanto, perdeu o *Livro da Sabedoria*.

Mas em vez de desistir ou se desesperar, ele passou pelo processo de *Teshuvá* e recuperou o acesso ao que havia perdido. Ao fazê-lo, ele abriu um canal para toda a humanidade acessar o poder de *Teshuvá* e, assim, transformar a própria negatividade em Luz.

← Direção de leitura

361. זֶה סֵפֶר, סֵפֶר וַדַּאי. וְהָא אוֹקִימְנָא, דְּכַד הֲוָה
ze sefer sefer vaday veha okimna dechad hava

אָדָם בְּגִנְתָּא דְעֵדֶן, נָחֵית לֵיהּ קַדְשָׁא בְּרִיךְ הוּא
adam beginta de'eden nachet le kudsha berich hu

סִפְרָא, עַל יְדָא דִּרְזִיאֵ"ל, מַלְאָכָא קַדִּישָׁא, מְמַנָּא עַל
sifra al yeda deRazi'el malacha kadisha memana al

רָזֵי עִלָּאִין קַדִּישִׁין. וּבֵיהּ גְּלִיפִין, גְּלוּפֵי עִלָּאִין, וְחָכְמָה
razi ilain kadishin uvei gelifin gilufei ilain vechochma

קַדִּישָׁא, וְשַׁבְעִין וּתְרֵין זִינֵי דְחָכְמָתָא, הֲוֹו
kadisha veshavin utren zinei dechachmeta havo

מִתְפָּרְשָׁן מִנֵּיהּ, לְשִׁית מֵאָה וְשַׁבְעִין גְּלִיפִין דְּרָזֵי עִלָּאָה.
mitparshan miné leshit me'a veshavin gelifin derazei ila'a

361. Está escrito:

"Este é o Livro das Gerações de Adão", e existe literalmente um livro. Já explicamos que quando Adão estava no Jardim do Éden, Deus lhe enviou um livro por meio de Raziel, o anjo sagrado encarregado dos segredos celestiais sagrados.

Nele, havia inscrições secretas e 72 ramos de Sabedoria Sagrada.

362. בְּאֶמְצָעִיתָא דְּסִפְרָא, גְּלִיפָא דְחָכְמָתָא, לְמִנְדַּע אֶלֶף
be'emtzaita desifra gelifa dechachmeta leminda elef

וַחֲמֵשׁ מֵאָה מַפְתְּחָן, דְּלָא אִתְמְסָרָן לְעִלָּאֵי קַדִּישֵׁי.
vachamesh me'a maftechan delá itmasran le'ilaei kadishei

וְכֻלְּהוּ אִסְתִּימוּ בֵּיהּ בְּסִפְרָא, עַד דְּמָטָא לְגַבֵּי דְאָדָם,
vechalho istimu be besafra ad demata legabei de'adam

הֲוֹו מִתְכַּנְשֵׁי מַלְאָכֵי עִלָּאֵי, לְמִנְדַּע וּלְמִשְׁמַע, וַהֲוֹו
havo mitkanshei malachei ilaei leminda ulmishma vahavo

אָמְרֵי, רוּמָה עַל הַשָּׁמַיִם אֱלֹקִים עַל כָּל הָאָרֶץ כְּבוֹדֶךָ.
amrei ruma al hashamayim Elokim al kol ha'aretz kevodecha

362. Na metade do livro, há uma inscrição de Sabedoria, que está preparada para receber as 1.500 chaves que não foram entregues aos Sagrados Celestiais. Todos esses segredos estavam ocultos nesse livro antes que ele chegasse às mãos de Adão. E quando ele o recebeu, anjos sagrados se reuniram ao seu redor para ouvi-los e aprendê-los. Os anjos disseram:
"Que Deus seja louvado, acima dos céus. Que a sua glória esteja acima da terra".

363. בָּה שַׁעֲתָא, אִתְרְמִיז לְגַבֵּיה הַדְרִנִא"ל מַלְאֲכָא
ba sha'ata itremiz legabe hadarnikel malacha

קַדִּישָׁא, וַאֲמַר לֵיה: אָדָם אָדָם, הֲוֵי גָּנִיז יְקָרָא
kadisha va'amar le adam adam hevei ganiz yekara

דְמָארָךְ, דְלָא אִתְיָיהֵ"ב רְשׁוּתָא לְעֵלָּאֵי, לְמִנְדַּע בִּיקָרָא
demarach delá ityehev reshuta le'ilaei leminda bikara

דְמָרָךְ, בַּר אַנְתְּ. וַהֲוָה עִמֵּיה טָמִיר וְגָנִיז, הַהוּא סִפְרָא,
demarach bar ant vahava imé tamir veganez hahu sifra

עַד דְּנָפַק אָדָם מִגִּנְתָּא דְעֵדֶן.
ad dinfak adam miginta de'eden

363. O sagrado anjo Hadarniel sussurrou para Adão e disse:
"Adão, Adão, oculte a glória de seu Mestre, não a revele para os anjos, pois permissão foi dada somente a você, nem mesmo aos anjos, para conhecer a glória de seu Mestre".
Assim, Hadarniel a deixou escondida com Adão até que ele saiu do Jardim do Éden.

364. דְּהָא בְּקַדְמֵיתָא, הֲוָה מְעַיֵּין בֵּיה, וּמִשְׁתַּמֵּשׁ כָּל יוֹמָא
deha vekadmeta hava me'ayen be umishtamesh kol yoma

בְּגִנְזַיָּא דְמָרֵיה, וְאִתְגַּלְּיָין לֵיה רָזִין עִלָּאִין, מַה דְּלָא
beginzaya demare ve'itgalyan le razin ilain ma delá

יָדְעוּ שַׁמָּשֵׁי עִלָּאִין. כֵּיוָן דְּחָטָא, וַעֲבַר עַל פְּקוּדָא
yadu shamashei ilain keyvan dechata va'avar al pikuda

דְּמָארֵיהּ, פָּרַח הַהוּא סִפְרָא מִנֵּיהּ. וַהֲוָה אָדָם טֹפֵחַ
tofe'ach adam vahava miné sifra hahu parach demare

עַל רֵישׁוֹי, וּבָכֵי, וְעָאל בְּמֵי גִּיחוֹן עַד קָדְלֵיהּ,
kadle ad gichon bemei ve'al uvachei reshoy al

וּמַיָּא עָבְדִין וַחֲלָדִין חֲלָדִין גּוּפֵיהּ וְאִשְׁתַּנֵּי זִיוֵיהּ.
ziyve ve'ishtanei chaladin chaladin gufe avdin umaya

364. No início, Adão estudava e utilizava os segredos de seu
Mestre todos os dias. Segredos espirituais que nenhum dos anjos
conhecia lhe foram revelados.

Mas quando ele transgrediu as ordens de seu Mestre ao comer da
Árvore do Conhecimento, o livro o abandonou.

Por esse motivo, Adão batia na própria cabeça e chorava. Para se
arrepender, ele entrou nas águas do Rio Guichon até o pescoço,
até que seu corpo ficou enrugado e poroso, e seu brilho mudou.

365. בְּשַׁעֲתָא הַהִיא, רָמַז קֻדְשָׁא בְּרִיךְ הוּא לִרְפָאֵל, וְאָתֵיב
ve'atev liRefael hu berich kudsha ramaz hahi besha'ata

לֵיהּ הַהוּא סִפְרָא. וּבֵיהּ הֲוָה מִשְׁתַּדַּל אָדָם, וַאֲנָח לֵיהּ
le va'anach Adam mishtadal hava uve sifra hahu le

לְשֵׁת בְּרֵיהּ. וְכֵן לְכָל אִנּוּן תּוֹלְדוֹת. עַד דִּמְטָא לְאַבְרָהָם,
le'Avraham demata ad toldot inun lechol vechen bere leShet

וּבֵיהּ הֲוָה יָדַע לְאִסְתַּכְּלָא בִּיקָרָא דְּמָארֵיהּ. וְהָא אִתְּמַר. וְכֵן
vechen itmar veha demare bikara le'istakala yada hava uve

לַחֲנוֹךְ, אִתְיְיהַב לֵיהּ סִפְרָא, וְאִסְתַּכַּל מִנֵּיהּ, בִּיקָרָא עִלָּאָה.
ila'a bikara miné ve'istakal sifra le ityehav lachanoch

365. A essa altura, Deus ordenou ao Anjo Rafael que devolvesse
o livro a Adão.

Adão o estudou e o deixou para seu filho Shet e para todas as
gerações que o sucederam até Abraão.

Abraão sabia utilizar o livro para examinar a Glória de seu Mestre.
Isso já foi explicado. Esse livro foi também dado a Enoque e, por
meio dele, Enoque enxergou a Glória Celestial.

MEDITAÇÃO

Através desta meditação, conectamo-nos com o ato original de Teshuvá de Adão. E mais importante do que isso, podemos utilizar o canal que Adão abriu para fazer nossas próprias conexões espirituais e transformar em Luz qualquer escuridão que tenhamos criado.

← ———————

Direção de leitura

וַהֲוָה אָדָם טֹפַח עַל רֵישׁוֹי, וּבְכֵי, וְעָאל בְּמֵי גִּיחוֹן עַד
ad   gichon bemei ve'al uvachei reshoy   al tofeach adam vahava

קָדְלֵיהּ, וּמַיָּא עָבְדִין גּוּפֵיהּ חֲלָדִין חֲלָדִין, וְאִשְׁתַּנֵּי זִיוֵיהּ.
ziyve ve'ishtanei chaladin chaladin gufe avdin umaya   kadle

Por causa disso, Adão batia na própria cabeça e chorava. Para se arrepender, ele entrou nas águas do Rio Guichon até o pescoço, até que seu corpo ficou enrugado e poroso, e seu brilho mudou.

Despertando nosso desejo pela Luz

"Ele não comeu pão nem bebeu água"

(Zohar, Shemot, Versículo 251)

Às vezes, encontramos desafios, caos ou simplesmente sentimos um vazio em nossas vidas.

A Kabbalah explica que nos foram dadas ferramentas para melhorar e trazer Luz para essas situações.

E para termos acesso a essas ferramentas, todos nós precisamos passar por um processo importante.

Temos que começar a vivenciar a Luz do Criador e ampliar essa experiência continuamente.

Todos nós precisamos reforçar nossa conexão pessoal com a Luz. E essa crescente experiência espiritual se tornará uma tremenda fonte de plenitude em nossas vidas.

Aqui, o *Zohar* descreve a profunda conexão com a Luz, que Rav Shimon e Rav Elazar experimentaram ao aprender os segredos dessa obra divina.

A plenitude que sentiram era tão completa que eles não tinham necessidades físicas. Eles não 'comiam pão nem bebiam água ".

→

Direção de leitura

251. יָתִיב רִבִּי שִׁמְעוֹן, וְרִבִּי אֶלְעָזָר בְּרֵיהּ קָאִים וּמְפָרֵשׁ
umfaresh kaem bere Elazar veRibi Shimon Ribi yativ

מִלֵּי דְּרָזֵי דְּחָכְמְתָא, וַהֲווֹ אַנְפּוֹי נְהִירִין
nehirin anpoy vahavo dechachmeta derazei milei

כְּשִׁמְשָׁא. וּמִלִּין מִתְבַּדְּרִין וְטָאסִין בִּרְקִיעָא. יָתְבוּ
yatvu birkia vetasin mitbadrin umilin keshimsha

תְּרֵין יוֹמִין דְּלָא אָכְלוּ וְלָא שָׁתוּ, וְלָא הֲווֹ
havo vela shatu velo achlu delá yomin teren

יָדְעִין אִי הֲוָה יְמָמָא אוֹ לֵילְיָא. כַּד נָפְקוּ, יָדְעוּ
yadu nafku kad lelya o yemama hava i yadin

דַּהֲווֹ תְּרֵין יוֹמִין דְּלָא טָעֲמוּ מִידִי. קָרָא עַל דָּא
da al kara midi ta'amu delá yomin teren dahavo

רִבִּי שִׁמְעוֹן, וַיְהִי שָׁם עִם ה' אַרְבָּעִים יוֹם וְאַרְבָּעִים
ve'arbaim yom arbaim Hashem im sham vayhi Shimon Ribi

לַיְלָה לֶחֶם לֹא אָכַל וְגוֹ'. וּמַה אִי אֲנָן בְּשַׁעֲתָא
besha'ata anan i umá vegomer achal lo lechem layla

וְדָא כָּךְ, מֹשֶׁה, דְּקְרָא אַסְהִיד בֵּיהּ, וַיְהִי שָׁם
sham vayhi be as'hid dikra Moshé kach chada

עִם ה' אַרְבָּעִים יוֹם וְגוֹ', עַל אַחַת כַּמָּה וְכַמָּה.
vechama kama achat al vegomer yom arbaim Hashem im

251. Rav Shimon estava sentado, enquanto seu filho, Rav Elazar, de pé, explicava os segredos das palavras de sabedoria, e a face dele brilhava como o sol. E as palavras se espalharam e voaram ao céu. Eles ficaram sentados durante dois dias e nenhum deles comeu ou bebeu, e não sabiam se era dia ou noite.

Quando saíram, perceberam que dois dias já haviam se passado e que eles não haviam comido nada.

Rav Shimon exclamou:

" 'E esteve ali com o Eterno quarenta dias e quarenta noites, não comeu pão e não bebeu água'.

Nós, se tivemos o mérito de nos conectarmos ou nos ligarmos a Deus durante algum tempo, foi porque passamos dois dias sem saber onde estávamos. No caso de Moisés, sobre quem a Torá testemunha: *'E esteve ali com o Eterno quarenta dias'* – aconteceu muito mais do que conosco."

252. כַּד אָתָא רִבִּי וַיָּיא קָמֵיהּ דְּרִבִּי, וְסָח לֵיהּ
kad ata Ribi Chiya kamé deRibi, vesach le

עוֹבָדָא, תְּוָה רִבִּי, וְאָמַר לֵיהּ רִבִּי שִׁמְעוֹן בֶּן
ovada, tava Ribi, ve'amar le Ribi Shimon ben

גַּמְלִיאֵל אֲבוֹי, בְּרִי, רִבִּי שִׁמְעוֹן בֶּן יוֹחַאי אַרְיָא,
Gamli'el avoy, beri, Ribi Shimon ben yochay arya,

וְרִבִּי אֶלְעָזָר בְּרֵיהּ אַרְיָא, וְלָאו רִבִּי שִׁמְעוֹן כִּשְׁאָר
veRibi Elazar bere arya, velav Ribi Shimon kishar

אַרְיָוָתָא, עֲלֵיהּ כְּתִיב אַרְיֵה שָׁאַג מִי לֹא
aryavata, ale ketiv arye sha'ag mi lo

יִירָא וְגוֹ'. וּמַה עָלְמִין דִּלְעֵילָּא מִזְדַּעְזְעִין מִנֵּיהּ, אֲנָן
yira vegomer. uma almin dilela mizdazin miné anan

עַל אֲוַזַת כַּמָּה וְכַמָּה. גֻּבְרָא דְּלָא גְּזַר תַּעֲנִיתָא
al achat kama vechama. gavra delá gazar ta'anita

לְעָלְמִין עַל מַה דְּיִשְׂאִיל וּבָעֵי, אֶלָּא הוּא גּוֹזֵר,
le'almin al ma deshail uvaei, ela hu gozer,

קֻדְשָׁא בְּרִיךְ הוּא מְקַיֵּים. קֻדְשָׁא בְּרִיךְ הוּא גּוֹזֵר,
Kudsha Berich Hu mekayem. Kudsha Berich Hu gozer,

וְאִיהוּ מְבַטֵּל. וְהַיְינוּ דִּתְנָן, מַאי דִּכְתִיב מוֹשֵׁל
ve'ihu mevatel. vehayenu ditnan, may dichtiv moshel

בָּאָדָם צַדִּיק מוֹשֵׁל יִרְאַת אֱלֹהִים, הַקָּדְשָׁא בְּרִיךְ
ba'adam tzadik moshel yirat Elohim, haKudsha berich

הוּא מוֹשֵׁל בָּאָדָם, וּמִי מוֹשֵׁל בְּהַקָּדְשָׁא בְּרִיךְ הוּא,
hu moshel ba'adam, umi moshel behaKudsha berich hu,

צַדִּיק. דְּאִיהוּ גּוֹזֵר גְּזֵרָה, וְהַצַּדִּיק מְבַטְּלָהּ.
tzadik. de'ihu gozer gezera, vehatzadik mevatla.

252. Quando Rav Chiya procurou seu pai, Rav Shimon ben Gamliel, e lhe falou sobre isso, o progenitor se surpreendeu: "Meu filho, Rav Shimon bar Yorrai é um leão e seu filho, Rav Elazar, é um leão, e Rav Shimon não é um leão como os outros leões. Sobre ele está escrito:

'Rugiu um leão, quem não temerá?'.

Agora que os mundos mais elevados tremem diante dele, nós certamente trememos.

Ele é um homem que nunca decretou que fosse feito um jejum para obter o que ele pedia ou solicitava em suas orações. Ele simplesmente decretava e Deus realizava.

Deus decreta e ele anula. Isso é o que aprendemos com a passagem:

'Aquele que governa os homens tem que ser justo, governando com temor a Deus'.

Deus governa o homem, e quem governa Deus é o homem justo. Pois Deus decreta e o homem justo anula o decreto".

Meditação

Com esta meditação, despertamos tanto o desejo como a necessidade de vivenciar a Luz do Criador. Ao meditar utilizando estas palavras, podemos sentir o gosto da plenitude que vem com essa vivência, e, assim, criar uma ânsia maior pela conexão com a Luz.

Direção de leitura

וּמִפָרֵשׁ קָאֵים בְּרֵיהּ אֶלְעָזָר וְרִבִּי שִׁמְעוֹן, רִבִּי יָתִיב
umfaresh kaem bere Elazar veRibi Shimon Ribi yativ

נְהִירִין אַנְפּוֹי וַהֲווֹ דְּוָזְכְמְתָא, דְּרָזֵי מִלֵּי
nehirin anpoy vahavo dechachmeta derazei milei

יָתְבוּ בִּרְקִיעָא. וְטָאסִין מִתְבַּדְּרִין וּמִלִּין כְּשִׁמְשָׁא.
yatvu birkia vetasin mitbadrin umilin keshimsha

הֲווֹ וְלָא שָׁתוּ, וְלָא אָכְלוּ דְּלָא יוֹמִין תְּרֵין
havo vela shatu velo achlu delá yomin teren

לֵילְיָא. אוֹ יְמָמָא הֲוָה אִי יָדְעִין
lelya o yemama hava i yadin

Rav Shimon estava sentado, enquanto seu filho, Rav Elazar, de pé, explicava os segredos das palavras de sabedoria, e a face dele brilhava como o sol. E as palavras se espalharam e voaram ao céu. Eles ficaram sentados durante dois dias e nenhum deles comeu ou bebeu, e não sabiam se era dia ou noite.

132

Dando poder às nossas preces

(Zohar, Shemot, Versículo 253)

Você já fez uma prece com toda a alma e com todo o coração e sentiu que ela não foi atendida?

Para entender o que isso realmente significa, é importante observar que a oração não é apenas uma maneira de pedir e receber dádivas das alturas. É uma forma de obter proximidade e conexão com o Criador. Esse é o beneficio e o verdadeiro propósito de uma prece.

Isso se torna claro em um famoso ensinamento do Rav de Kotzk. Ao falar a seus alunos, ele salientou que depois do pecado de Adão, a serpente recebeu a maldição de comer poeira durante toda a sua vida. Mas, por que isso seria uma punição se poeira era tudo que a serpente realmente precisava?

O Rav de Kotzk explicou que essa era realmente a questão. Uma vez que todas as necessidades da serpente estavam satisfeitas, ela nunca mais teria motivos para se conectar verdadeiramente com Deus.

As coisas das quais sentimos falta em nossa vida são aquelas que despertam nossa conexão com o Criador.

Direção de leitura ◄──────

253. תְּנַן, אָמַר רִבִּי יְהוּדָה, אֵין לְךָ דָּבָר בַּחֲבִיבוּתָא
bachavivuta davar lach en Yehuda Ribi amar tenan

קָמֵי קוּדְשָׁא בְּרִיךְ הוּא, כְּמוֹ תְּפִלָתָן שֶׁל צַדִיקִים,
tzadikim shel tefilatan kemo Hu Berich Kudsha kamei

וְאַף עַל גַּב דְּנִיחָא לֵיהּ, זִמְנִין דְּעָבֵיד בְּעוּתְהוֹן,
baut'hon de'aved zimnin le denicha gav al ve'af

זִמְנִין דְּלָא עָבֵיד.
aved delá zimnin

253. Rav Yehuda disse:
"Não há nada que agrade mais a Deus do que as preces dos justos. Muito embora elas O agradem, algumas vezes Ele as atende e outras vezes Ele não as atende".

254. תָּנוּ רַבָּנָן, זִמְנָא חֲדָא הֲוָה עָלְמָא צְרִיכָא
tzericha alma hava chada zimna rabanan tanu

לְמִטְרָא, אָתָא רִבִּי אֱלִיעֶזֶר, וּגְזַר אַרְבְּעִין תַּעֲנִיתָא, וְלָא
vela ta'anita arbe'in vegazar Eliezer Ribi ata lemitra

אָתָא מִטְרָא, צַלֵּי צְלוֹתָא, וְלָא אָתָא מִטְרָא. אָתָא רִבִּי עֲקִיבָא,
Akiva Ribi ata mitra ata vela tzelota tzalei mitra ata

וְקָם וְצַלֵּי, אָמַר מַשִּׁיב הָרוּחַ, וְנָשַׁב זִיקָא,
zika venashav haruach mashiv amar vetzalei vekam

אָמַר וּמוֹרִיד הַגֶּשֶׁם, וְאָתָא מִטְרָא. וְזָלַשׁ דַּעְתֵּיהּ
date chalash mitra ve'ata hageshem umorid amar

דְּרִבִּי אֱלִיעֶזֶר, אִסְתַּכַּל רִבִּי עֲקִיבָא בְּאַנְפּוֹי.
be'anpoy Akiva Ribi istakol Eliezer deRibi

254. Certa vez, os sábios acharam que o mundo precisava de chuva. Rav Eliezer veio e decretou quarenta jejuns, mas a chuva não veio. Ele rezou, mas a chuva não veio.

Rav Akiva veio e rezou. E disse:

"Ele faz o vento soprar".

E o vento soprou forte e poderoso.

E ele disse:

"E Ele faz a chuva cair".

E a chuva veio.

Rav Eliezer estava cabisbaixo. Rav Akiva olhou para seu rosto e viu seu desencorajamento.

255. קָם רַבִּי עֲקִיבָא קַמֵּי עַמָּא וְאָמַר, אֲמִשּׁוֹל לְכֶם

lachem emshol ve'amar ama kamei Akiva Ribi kam

מָשָׁל, לְמַה הַדָּבָר דּוֹמֶה, רַבִּי אֶלִיעֶזֶר דָּמֵי לִרְחִימָא

lirchima damei Eliezer Ribi domé hadavar lemá mashal

דְּמַלְכָּא, דִּרְחִיִּים לֵיהּ יַתִּיר, וְכַד עָאל קַמֵּי מַלְכָּא,

malka kamei al vechad yatir le derachim demalka

נִיחָא לֵיהּ, וְלֹא בָּעֵי לְמַיְתָן לֵיהּ בְּעוּתֵיהּ בִּבְהִילוּ,

bivhilu baute le lematan baei vela le nicha

כִּי הֵיכִי דְּלָא לִיתְפְּרַשׁ מִנֵּיהּ, דְּנִיחָא לֵיהּ דְּלִישְׁתָּעֵי

delishte'ei le denicha miné litperash delá hechi ki

בַּהֲדֵיהּ. וַאֲנָא דָּמֵי לְעַבְדָּא דְּמַלְכָּא, דְּבָעָא בְּעוּתֵיהּ קַמֵּיהּ,

kame baute deva'a demalka le'avda damei va'ana bahade

וְלֹא בָּעֵי מַלְכָּא דְּלֵיעוּל לְתַרְעֵי פַּלְטְרִין, וְכָל שֶׁכֵּן

sheken vechol palterin letarei dele'ul malka baei vela

דְּלִישְׁתָּעֵי בַּהֲדֵיהּ, אָמַר מַלְכָּא, הָבוּ לֵיהּ בְּעוּתֵיהּ בִּבְהִילוּ,

bivhilu baute le havu malka amar bahade delishte'ei

וְלֹא לֵיעוּל הָכָא. כָּךְ רַבִּי אֶלִיעֶזֶר אִיהוּ רְחִימָא

rechima ihu Eliezer Ribi kach hacha le'ul vela

דְּמַלְכָּא, וַאֲנָא עַבְדָּא, וּבָעֵי מַלְכָּא לְאִשְׁתָּעֵי בַּהֲדֵיהּ כָּל

kol bahade le'ishte'ei malka uvaei avda va'ana demalka

יוֹמָא, וְלֹא יִתְפְּרִישׁ מִנֵּיהּ. וַאֲנָא, לָא בָּעֵי מַלְכָּא

malka baei la va'ana miné yitperish vela yoma

דְּאִיעוּל תַּרְעֵי דְּפַלְטְרִין. נָּח דַּעְתֵּיהּ דְּרַבִּי אֶלִיעֶזֶר.

Eliezer deRibi date nach defalterin tarei de'iul

255. Rav Akiva se colocou de pé diante das pessoas e falou:
"Eu darei um exemplo para explicar esta situação.

Rav Eliezer é como um amigo querido do rei. Quando ele aparece diante do rei, o soberano o cumprimenta e o recebe com muito prazer. Mas o rei não quer atender ao pedido desse amigo rapidamente, porque gosta muito de falar com ele e quer passar mais tempo na companhia dele.

Mas eu sou como um servo do rei que lhe faz um pedido. Para que ele não entre no palácio e para afastá-lo logo dali o rei diz: 'Concedam-lhe seu pedido imediatamente e não deixem que ele entre aqui'.

Rav Eliezer é o amigo do rei e eu sou o servo. O rei deseja falar com ele constantemente e não quer ficar longe dele. Mas, quanto a mim, o rei não quer que eu entre no palácio, portanto ele imediatamente atende ao meu pedido".

Ao ouvir isso, Rav Eliezer se recompôs.

MEDITAÇÃO

Esta meditação desperta nosso entendimento sobre o verdadeiro significado da oração, que é nos conectar profundamente com o Criador, e dá às nossas preces o poder de realizar essa conexão.

Direção de leitura →

רִבִּי	אֶלִיעֶזֶר	דָּמֵי	לִרְחִימָא	דְּמַלְכָּא,	דְּרָחֵים	לֵיהּ	יַתִּיר,
Ribi	Eliezer	damei	lirchima	demalka	derachim	le	yatir

וְכַד	עָאל	קָמֵי	מַלְכָּא,	נִיחָא	לֵיהּ,	וְלָא	בָּעֵי
vechad	al	kamei	malka	nicha	le	vela	baei

לְמַיתָן	לֵיהּ	בָּעוּתֵיהּ	בִּבְהִילוּ,	כִּי	הֵיכִי	דְּלָא
lematan	le	baute	bivhilu	ki	hechi	dela

לִיתִּפְּרַשׁ	מִנֵּיהּ,	דְּנִיחָא	לֵיהּ	דְּלִישְׁתָּעֵי	בַּהֲדֵיהּ.
litperash	miné	denicha	le	delishte'ei	bahade

Rav Eliezer é como um amigo querido do rei. Quando ele aparece diante do rei, o soberano o cumprimenta e o recebe com muito prazer. Mas o rei não quer atender ao pedido desse amigo rapidamente, porque gosta muito de falar com ele e quer passar mais tempo na companhia dele.

Despertando o desejo de realizar nosso potencial

"Quando Rav Shimon quis partir do mundo"

(*Zohar*, *Há'azinu*, Versículo 23)

Às vezes, podemos pensar que somos realmente boas pessoas ou até mesmo nos consideramos verdadeiramente espirituais.

Embora autoestima seja importante, ser complacente nos faz perder grandes oportunidades e nos dá uma perspectiva errada sobre nós mesmos e sobre nosso trabalho.

Todos nós viemos a este mundo com uma missão, e nosso objetivo não é ser "bom" ou "espiritual", mas realizar o que viemos fazer neste mundo. Se não cumprirmos essa tarefa que é exclusivamente nossa, a Luz que viemos revelar permanecerá oculta.

Como esta seção mostra, quando Rav Shimon escolheu sair deste mundo, ele tinha a determinação de não fazê-lo de forma vergonhosa, ou seja, partir sem revelar toda a Luz e os segredos que lhe cabiam desvendar.

Todos nós devemos sentir esse mesmo compromisso e essa mesma urgência, porque é fácil nos tornarmos complacentes com nosso trabalho espiritual.

É fácil dizer: "Eu já fiz tudo isso, então estou satisfeito."

Mas esse é o padrão errado para julgarmos a nós mesmos. Nosso trabalho não é seguir valores espirituais, mas realizar nosso verdadeiro propósito na vida e nosso real potencial para revelar Luz.

Nosso tempo aqui é limitado, e essa é a urgência que Rav Shimon sentiu tão fortemente.

Através da Luz que Rav Shimon revelou no momento de sua passagem deste mundo, podemos reconhecer novamente nosso propósito na vida, que é nos conectarmos com a Luz e revelá-la, com paz, alegria, plenitude e até mesmo imortalidade.

Precisamos ter a sensação de urgência a que Rav Shimon recorreu para completar seu próprio trabalho.

Rav Shimon alcançou uma conexão de tal vulto com a Luz que ele literalmente conquistou o poder sobre a morte.

Quando deixou este mundo, foi uma escolha dele. Antes de partir, Rav Shimon sabia que tinha que revelar toda a Luz que lhe cabia revelar.

E assim, Rav Shimon decidiu revelar todos os segredos que ele não havia revelado anteriormente – ou seja, toda a Luz que lhe cabia trazer a este mundo.

Esse é um principio importante para todos nós. Nosso trabalho espiritual deve ser completado antes que deixemos este mundo. E, como não sabemos quando nossa partida ocorrerá, devemos sempre ter uma sensação de urgência.

A passagem de Rav Shimon deste mundo é verdadeiramente um momento seminal no *Zohar*. Todas as grandes almas que partiram deste mundo estão ali presentes para assistir a essa grande revelação de Luz.

← Direção de leitura

.23 תָּאנָא בְּהַהוּא יוֹמָא דְּרִבִּי שִׁמְעוֹן בָּעָא לְאִסְתַּלְּקָא מִן
min le'istalka ba'a Shimon deRibi yoma behahu tana

עָלְמָא, וַהֲוָה מְסַדֵּר מִלּוֹי, אִתְכְּנָשׁוּ וְחַבְרַיָּיא לְבֵי
levei chavraya itkenashu miloy mesader vahava alma

רִבִּי שִׁמְעוֹן, וַהֲווֹ קַמֵּיהּ רִבִּי אֶלְעָזָר בְּרֵיהּ, וְרִבִּי אַבָּא,
aba veRibi bere Elazar Ribi kamé vahavo Shimon Rabi

וּשְׁאָר וְחַבְרַיָּיא, וַהֲוָה מַלְיָא בֵּיתָא. זָקִיף עֵינוֹי רִבִּי
Rabi enoy zakif beta malya vahava chavraya ushar

שִׁמְעוֹן, וְחָזָא דְּאִתְמְלֵי בֵּיתָא. בָּכָה רִבִּי שִׁמְעוֹן וְאָמַר,
ve'amar Shimon Rabi bacha beta de'itmelei vechama Shimon

בְּזִמְנָא אָחֳרָא כַּד הֲוֵינָא בְּבֵי מַרְעֵי, הֲוָה רִבִּי
Ribi hava marei bevei havena kad achara bezimna

פִּנְחָס בֶּן יָאִיר קַמַּאי, וְעַד דְּבָרִירְנָא דּוּכְתַּאי
duchtay devarirna ve'ad kamay Yair ben Pinrras

אוֹרִיכוּ לִי עַד הַשְׁתָּא. וְכַד תַּבְנָא, אַסְחַר אֶשָּׁא מִקַּמַּאי,
mikamay esha aschar tavna vechad hashta ad li orichu

וּמֵעָלְמִין לָא אִתְפְּסַק, וְלָא הֲוָה עָאל בַּר נָשׁ, אֶלָּא
ela nash bar al hava vela itpesak la ume'almin

בִּרְשׁוּתָא. וְהַשְׁתָּא וְזִמְנָא דְּאִתְפְּסַק, וְהָא אִתְמְלֵי בֵּיתָא.
beta itmelei veha de'itpesak chamena vehashta birshuta

23. Ficamos sabendo que no dia em que Rav Shimon quis sair
do mundo e estava colocando suas coisas em ordem, os amigos
se reuniram em sua casa.

Rav Elazar, seu filho, estava diante dele. Rav Aba e outros amigos
também. Rav Shimon levantou os olhos e viu que a casa tinha
ficado cheia. Ele chorou e disse:

"Em outra ocasião, quando eu estava doente, Rav Pinrras ben
Yair estava diante de mim e esperou por mim até que eu me
informasse sobre meu lugar no Jardim do Éden.

Quando retornei, um fogo incessante me rodeava. Ninguém
entrava na minha casa a não ser quando obtinha permissão.
Agora, eu vejo que o fogo parou, e veja como a casa está cheia".

24. עַד דַּהֲווּ יָתְבֵי, פָּתַח עֵינוֹי רַבִּי שִׁמְעוֹן, וְחָזְמָא
vechama Shimon Rabi enoy patach yatvei dahavo ad

מַה דְּוְחָמָא, וְאַסְחוֹר אֶשָׁא בְּבֵיתָא, נָפְקוּ כּוּלְהוּ, וְאִשְׁתָּאֲרוּ
ve'ishta'aru kulhu nafku beveta esha ve'aschar dechama ma

רַבִּי אֶלְעָזָר בְּרֵיהּ, וְרַבִּי אַבָּא. וּשְׁאַר חַבְרַיָּיא יָתְבוּ
yatvu chavraya ushar Aba veRibi bere Elazar Ribi

אַבְרַאי. אָמַר רַבִּי שִׁמְעוֹן לְרַבִּי אֶלְעָזָר בְּרֵיהּ, פּוּק
puk bere Elazar leRibi Shimon Rabi amar abray

וְחָזֵי, אִי הָכָא רַבִּי יִצְחָק, דַּאֲנָא מְעַרְבְנָא לֵיהּ,
le me'aravna da'ana Yitzchak Ribi hacha i chazei

אֵימָא לֵיהּ דִּיסַדֵּר מִלּוֹי, וְיֵתִיב לְגַבַּאי, זַכָּאָה חוּלָקֵיהּ.
chulake zaka'a legabay veyetiv miloy disader le ema

24. Enquanto eles estavam sentados, Rav Shimon abriu os olhos
e viu o que viu, e fogo rodeou a casa.

Alguns dos amigos partiram, e apenas Rav Elazar, seu filho, e
Rav Aba permaneceram.

O restante dos amigos permaneceu do lado de fora.

Rav Shimon disse para Rav Elazar:

"Vá lá fora e veja se Rav Yitzchak está aqui porque era eu quem
dava garantias por ele. Diga-lhe para colocar suas coisas em
ordem e sentar-se ao meu lado. Feliz é a porção dele".

25. קָם רַבִּי שִׁמְעוֹן, וְיָתִיב, וְחַיֵּיךְ, וְחַדֵּי. אָמַר,
amar vechadei vechayich veyativ Shimon Rabi kam

אָן אִינּוּן חַבְרַיָּיא. קָם רַבִּי אֶלְעָזָר, וְאָעֵיל לוֹן. יָתְבוּ
yatvu lon ve'ail Elazar Ribi kam chavraya inun an

קַמֵּיהּ. זָקִיף יְדוֹי רַבִּי שִׁמְעוֹן, וּמְצַלֵּי צְלוֹתָא, וַהֲוֵי
vahavei tzelota umtzalei Shimon Rabi yedoy zakif kamé

חַדֵּי, וְאָמַר, אִינּוּן חַבְרַיָּיא דְּאִשְׁתְּכָחוּ בְּבֵי אִדְרָא,
idara bevei de'ishtechachu chavraya inun ve'amar chadei

יִזְדַּמְּנוּן הָכָא. נָפְקוּ כּוּלְהוּ, וְאִשְׁתָּאֲרוּ רַבִּי אֶלְעָזָר בְּרֵיהּ,
bere Elazar Ribi ve'ishta'aru kulhu nafku hacha yizdamnun

וְרַבִּי אַבָּא, וְרַבִּי יְהוּדָה, וְרַבִּי יוֹסֵי, וְרַבִּי חִיָּיא. אַדְהָכִי,
adhachi Chiya veRibi Yosei veRibi Yehuda veRibi Aba veRibi

עָאל רִבִּי יִצְחָק, אָמַר לֵיה רַבִּי שִׁמְעוֹן, כַּמָּה יָאוּת
yaut kama Shimon Rabi le amar Yitzchak Ribi al

וְזוּלָקָךְ, כַּמָּה וְזֵידוּ בָּעֵי לְאִתּוֹסְפָא לָךְ בְּהַאי יוֹמָא,
yoma behay lach le'itosfa baei chedu kama chulakach

יָתִיב רַבִּי אַבָּא בָּתַר כַּתְפּוֹי, וְרִבִּי אֶלְעָזָר קַמֵּיה.
kame Elazar veRibi katfoy batar Aba Ribi yativ

25. Rav Shimon se levantou e se sentou, riu e se regozijou. E
disse:

"Onde estão os amigos?"

Rav Elazar se levantou e os deixou entrar, e eles se sentaram
diante dele. Rav Shimon levantou as mãos, recitou uma prece e
estava contente. E disse:

"Que os amigos que estavam presentes na assembléia, a Idra
Raba, venham aqui".

Rav Elazar, seu filho, Rav Aba, Rav Yehuda, Rav Yosi e Rav
Chiya permaneceram e os outros partiram.

Enquanto isso, Rav Yitzchak entrou. Rav Shimon lhe disse:

"Quão merecida é a sua porção. Quanta alegria deve ser
acrescentada a você neste dia".

Rav Aba sentou-se atrás de Rav Shimon e Rav Elazar à sua frente.

26. אָמַר רַבִּי שִׁמְעוֹן, הָא הַשְׁתָּא שַׁעֲתָא דִּרְעוּתָא הוּא,
hu diruta sha'ata hashta ha Shimon Rabi amar

וַאֲנָא בָּעֵינָא לְמֵיעַל בְּלָא כִּסּוּפָא לְעָלְמָא דְּאָתֵי. וְהָא
veha de'atei le'alma kissufá belo leme'al baena va'ana

מִלִּין קַדִּישִׁין דְּלָא גַּלְיָאן דְּלָה הַשְׁתָּא, בָּעֵינָא לְגַלָּאָה
legala'a baena hashta ad galyan delá kadishin milin

קַמֵּי שְׁכִינְתָּא, דְּלָא יֵימְרוּן דְּהָא בִּגְרִיעוּתָא אִסְתַּלְקָנָא
istalakna bigriuta deha yemrun delá shechinta kamei

מֵעָלְמָא. וְעַד כְּעַן טְמִירִין הֲווֹ בְּלִבָּאי, לְמֵיעַל בְּהוּ
behu leme'al belibai havo temirin ke'an ve'ad me'alma

לְעָלְמָא דְּאָתֵי.
de'atei le'alma

26. Rav Shimon disse:

"Agora é um tempo de benevolência, e eu quero entrar no Mundo Vindouro sem me sentir envergonhado.

Aqui estão assuntos sagrados que eu não havia revelado até agora.

Até agora eles estiveram ocultos em meu coração.

Quero revelá-los diante da *Shechiná*, de tal forma que eu possa entrar por meio deles no Mundo Vindouro, para que não se diga que eu saí deste mundo com algo faltando.

27. וְכַךְ אַסְדַּרְנָא לְכוּ, רִבִּי אַבָּא יִכְתּוֹב, וְרִבִּי אֶלְעָזָר

Elazar veRibi yichtov Aba Ribi lechu asdarna vechach

בְּרִי יַלְעֵי, וּשְׁאַר וַחֲבְרַיָּא יְרַחֲשׁוּן בְּלִבַּיְיהוּ. קָם

kam belibayehu yerachashun chavraya ushar yilei beri

רִבִּי אַבָּא מִבָּתַר כַּתְפוֹי. וְיָתִיב רִבִּי אֶלְעָזָר בְּרֵיהּ קָמֵיהּ,

kame bere Elazar Ribi veyativ katfoy mibatar Aba Ribi

אָמַר לֵיהּ קוּם בְּרִי, דְּהָא אַחֲרָא יַתִיב בְּהַהוּא

behahu yetiv achara deha beri kum le amar

אֲתַר, קָם רִבִּי אֶלְעָזָר.

Elazar Ribi kam atar

27. É assim que eu vou colocar vocês:

Rav Aba vai escrever. Rav Elazar, meu filho, irá recitar oralmente, e os outros amigos irão sussurrar em seus corações".

Rav Aba ficou de pé atrás dele. Rav Elazar ficou sentado na frente dele.

Rav Shimon falou:

"Levante-se, meu filho, pois outra pessoa irá sentar-se em seu lugar".

Rav Elazar se levantou.

Meditação

Esta meditação tem o poder de mantê-lo consistentemente motivado e focado no sentido de atingir seu potencial. Utilize-a para despertar em você uma sensação de urgência em seu propósito espiritual, especialmente em momentos em que você começar a se sentir confortável ou complacente.

← Direção de leitura

אֲמַר	רַבִּי	שִׁמְעוֹן,	הָא	הַשְׁתָּא	שַׁעֲתָא	דִּרְעוּתָא	הוּא,
amar	Rabi	Shimon	ha	hashta	sha'ata	diruta	hu

וַאֲנָא	בָּעֵינָא	לְמֵיעַל	בְּלֹא	כִּסּוּפָא	לְעָלְמָא	דְּאָתֵי.
va'ana	baena	leme'al	belo	kissufá	le'alma	de'atei

Rav Shimon disse: "Agora é um tempo de boa vontade, e eu quero entrar no Mundo Vindouro sem me sentir envergonhado".

Quando temos muito a fazer e nos sentimos sobrecarregados

"A importância das pequenas aberturas"

(Zohar, Emor, Versículo 128)

Às vezes, a vida parece avassaladora, tanto no que diz respeito ao nosso dia a dia, como ao que acontece no mundo como um todo.

Há tarefas demais a fazer e tudo é tão difícil. Não é uma sensação nada agradável, mas quando ela tomar conta de você, esteja consciente de que contém importantes mensagens.

Em primeiro lugar, saiba que *há* realmente coisas demais a fazer e que existem ocasiões em que você *fica mesmo* atolado no que está fazendo.

Mas nós não viemos a este mundo para ficar apenas dentro dos limites de nossa capacidade.

Nosso propósito na vida é ir além de nossa capacidade e realizar aquela tarefa, aquele objetivo, que precisamos cumprir para nos conectarmos com a Luz do Criador.

Essa é a mensagem oculta quando você sente que *há* coisas demais a fazer.

Você pode lidar com elas sozinho, mas não precisa ser assim. Basta que crie uma pequena abertura, realizando uma ação positiva.

Certa vez, um aluno do grande kabalista Rab Yehuda Ashlag disse em tom desesperado a seu mestre:

"Eu fiz tudo que podia no meu trabalho espiritual e ainda não consegui terminá-lo".

Para surpresa do aluno, Rav Ashlag pareceu muito satisfeito e disse:

"Se você realmente se esforçou ao máximo, você aprendeu que não pode fazer esse trabalho sozinho. Agora, você pode pedir ajuda ao Criador com todo seu coração e toda a sua alma".

Para se conectar com a Luz você não precisa ser um grande sábio. Apenas dê o primeiro pequeno passo. Simplesmente comece, e o Criador fará o resto. Crie uma abertura do tamanho do 'buraco de uma agulha' e Luz infinita irá fluir através dela.

→ ─────────

Direção de leitura

128. וּבַחֹדֶשׁ הָרִאשׁוֹן בְּאַרְבָּעָה עָשָׂר יוֹם לַחֹדֶשׁ

uvachodesh harishon be'arba'a asar yom lachodesh

וְגו'. רִבִּי חִיָּיא פָּתַח, אֲנִי יְשֵׁנָה וְלִבִּי עֵר קוֹל דּוֹדִי

vegomer Chiya Ribi patach ani yeshena velibi er kol dodi

דּוֹפֵק וְגו'. אָמְרָה כְּנֶסֶת יִשְׂרָאֵל, אֲנִי יְשֵׁנָה בְּגָלוּתָא

dofek vegomer amra keneset Israel ani yeshena begaluta

דְּמִצְרַיִם, דַּהֲווּ בָּנַי בְּשִׁעְבּוּדָא דְּקַשְׁיוּ. וְלִבִּי

deMitzraim dahavo banai beshibuda dekashyu velibi

עֵר, לְנַטְרָא לְהוּ דְּלָא יִשְׁתֵּיצוּן בְּגָלוּתָא. קוֹל דּוֹדִי דוֹפֵק,

er lenatra lehu delá yishtetzun begaluta kol dodi dofek

דָּא קוּדְשָׁא בְּרִיךְ הוּא, דְּאָמַר וְאֶזְכּוֹר אֶת בְּרִיתִי.

da Kudsha Berich Hu de'amar vaezkor et beriti

128. Rav Chiya começou:
" *'Eu durmo, mas o meu coração está desperto; e eis a voz do meu amado que está batendo à porta...'*
Esta é a Assembléia de Israel dizendo: *'Eu durmo no exílio no Egito. Meus filhos estavam lá, em dura escravidão, mas meu coração desperta para protegê-los para que eles não sejam destruídos no exílio.'*
'A voz do meu amado está batendo...' refere-se ao Criador, que disse: *'E eu me lembrei de Meu pacto'.*

129. פִּתְחִי לִי פִּתְחָא כְּחִידוּדָא דְּמַחֲטָא, וַאֲנָא אַפְתַּח

pitchi li pitcha kechiduda demachata va'ana aftach

לָךְ תַּרְעִין עִלָּאִין.

lecha tarin ilain

129. "*'Abra para mim'* significa ofereça-me uma abertura do tamanho do buraco de uma agulha e Eu abrirei para você os portões celestiais".

MEDITAÇÃO

Esta meditação desperta nossa consciência de que tudo que precisamos fazer é criar pequenas aberturas para a Luz do Criador. Também fortalece o poder das ações que são por si só aberturas para permitir que a Luz flua através delas.

← Direção de leitura

אַפְתַּח וַאֲנָא דִּמְחַטָּא, כְּחִדּוּדָא פִּתְחָא לִי פִּתְחִי
aftach va'ana demachata kechiduda pitcha li pitchi

לְךָ תַּרְעִין עִלָּאִין.
ilain tarin lecha

'Abra para mim' significa ofereça-me uma abertura do tamanho do buraco de uma agulha e Eu abrirei para você os portões celestiais.

Erradicando o ego

"Aquele que é pequeno, é grande"

(Zohar, Chayei Sarah, Versículo 21)

Quando as coisas vão bem em sua vida, certamente você deve atribuir a si mesmo o merecido crédito, mas também pode acontecer de perceber em si mesmo uma crescente sensação de se achar muito importante, e isso é algo a que você deve resistir.

De forma semelhante, você pode sentir-se ferido e zangado quando algo dá errado em sua vida, pode ter vontade de colocar a culpa nos outros ou em si mesmo.

Ao tomar consciência dessas sensações, tenha em mente um importante princípio da Kabbalah: quanto menor for seu ego, maior será sua conexão com a Luz, quanto mais seu ego crescer, mais fraca se tornará sua conexão. Existe um equilíbrio constante e preciso.

O Zohar explica que dar importância exagerada ou depreciar excessivamente a si mesmo são sinais de que nosso ego está assumindo o controle.

De maneira diferente da alma - cujo único desejo é se conectar com a Luz do Criador - o ego sempre tem interesses pessoais ocultos.

Faz parte da natureza do ego zangar-se quando seus interesses não estão sendo atendidos, e também ficar complacente e satisfeito consigo mesmo quando seus interesses pessoais parecem ter sido atendidos.

Esses sentimentos são os dois lados da mesma moeda, e ambos podem bloquear a conexão com a Luz.

Quando o *Zohar* fala sobre '*o pequeno sendo grande*', isso se refere à ausência de ego em uma pessoa verdadeiramente justa.

Nesta seção, isso é explicado por meio da idade de Sarah. Sarah morreu aos 127 anos de idade. Ao citar esse número, a Torá se refere a ele em três partes: cem ano (no singular), vinte ano (novamente no singular) e depois sete anos (no plural). Isso indica que o número menor tem a maior importância.

O segredo é: *menos* ego faz a pessoa ser *mais* – ou seja, mais conectada à Luz do Criador.

Direção de leitura

21. זַכָּאָה אִיהוּ, מַאן דְּאַזְעֵיר גַּרְמֵיהּ, בְּהַאי עָלְמָא, כַּמָּה
kama   alma   behay   garme   de'azer   man   ihu   zaka'a

אִיהוּ רַב וְעִלָּאָה, בְּהַהוּא עָלְמָא. וְהָכֵי פָּתַח רַב
rav   patach   vehachei   alma   behahu   ve'ila'a   rav   ihu

מְתִיבְתָּא, מַאן דְּאִיהוּ זְעֵיר, אִיהוּ רַב. מַאן דְּאִיהוּ
de'ihu   man   rav   ihu   ze'er   de'ihu   man   metivta

רַב, אִיהוּ זְעֵיר. דִּכְתִיב וַיִּהְיוּ חַיֵּי שָׂרָה וְגו'.
vegomer   Sara   chayei   vayihyu   dichtiv   ze'er   ihu   rav

מֵאָה, דְּאִיהוּ חוּשְׁבָּן רַב, כְּתִיב בֵּיהּ שָׁנָה, וּזְעֵירוּ
ze'iru   shana   be   ketiv   rav   chushban   de'ihu   me'a

דִּשְׁנִין, חַד, אַזְעֵיר לֵיהּ. שֶׁבַע דְּאִיהוּ חוּשְׁבָּן זְעֵיר,
zaer   chushban   de'ihu   sheva   le   azer   chad   dishnin

אַסְגֵּי לֵיהּ וְרַבֵּי לֵיהּ, דִּכְתִיב שָׁנִים. תָּא וְזֵי, דְּלָא
dela   chazei   ta   shanim   dichtiv   le   verabei   le   asgei

רַבֵּי קֻדְשָׁא בְּרִיךְ הוּא אֶלָּא לִדְאַזְעֵיר, וְלָא אַזְעֵיר, אֶלָּא
ela   azer   vela   lidazer   ela   Hu   Berich   Kudsha   rabei

לִדְרַבֵּי, זַכָּאָה אִיהוּ, מַאן דְּאַזְעֵיר גַּרְמֵיהּ בְּהַאי עָלְמָא,
alma   behay   garme   de'azer   man   ihu   zaka'a   lidrabei

כַּמָּה אִיהוּ רַב בְּעֵלּוּיָא. לְהַהוּא עָלְמָא.
alma   lehahu   be'iluya   rav   ihv   kama

21. Feliz é aquele que diminui a si mesmo neste mundo, pois
quão grande e elevado ele é no Mundo Eterno.
O chefe da Academia Celestial falou sobre isso, dizendo que
todo aquele que é pequeno é grande.
Aquele que é grande neste mundo é pequeno no Mundo Eterno,
conforme está escrito:
"E a vida de Sarah foi cem ano..."
Cem que é um número grande, está seguido da palavra 'ano', no
singular. Contudo, sete, que é um número pequeno, foi bastante
aumentado, pois foi seguido pela palavra 'anos' no plural.

Venha e veja:

O Criador só torna maior a pessoa que faz a si mesma menor. Ele diminui apenas a pessoa que se faz grande. Feliz é aquele que diminui a si mesmo neste mundo. Quanto ele é grande acima, no Mundo Eterno."

MEDITAÇÃO

Esta meditação diminui nosso ego. Quando você sentir que seu ego está assumindo vantagem sobre você, use esta meditação para reduzir a influência dele. Assim, você fortalecerá a sua conexão com a Luz.

← Direção de leitura

כַּמָה עָלְמָא, בְּהַאי גַּרְמֵיה דְּאָזֵיר מַאן אִיהוּ זַכָּאָה
kama alma behay garme de'azer man ihu zaka'a

אִיהוּ רַב בְּעִלּוּיָא. לְהַהוּא עָלְמָא.
alma lehahu be'iluya rav ihv

Feliz é aquele que diminui a si mesmo neste mundo. Quanto ele é grande acima, no Mundo Eterno.

CERTEZA NO SISTEMA ESPIRITUAL, MESMO QUANDO O RESULTADO É DUVIDOSO

(*ZOHAR, MISHPATIM*, VERSÍCULO 99)

Ao seguir em frente com seu trabalho espiritual, você tem a expectativa de que ele exercerá influência sobre os resultados físicos e materiais em todas as áreas de sua vida.

Mas pode haver momentos em que você sinta que a Luz não está sendo revelada da maneira que você esperava.

Você pode perder um grande negócio, por exemplo, ou um importante relacionamento pessoal pode se deteriorar.

Quando esses fatos acontecem, as pessoas às vezes param nesse ponto, não porque sintam que atingiram seu objetivo, mas porque perdem as esperanças de algum dia atingi-lo.

A revelação da Luz do Criador não acontece quando ou como esperamos que aconteça – mas *acontecerá.*

A Luz se revela por meio de breves visões, de distintas maneiras e em momentos diferentes.

Passamos a merecer essas rápidas visões quando as desejamos e as buscamos constante e consistentemente.

É a isso que esta leitura realmente se refere.

À medida que seguirmos adiante em nosso estudo espiritual, essas rápidas visões de Luz se ampliarão e obteremos uma conexão mais profunda e duradoura.

Nesta seção do *Zohar*, um sábio professor explica que a Torá revela sua sabedoria espiritual pouco a pouco, como a mulher desejada saindo brevemente de seu esconderijo por um curto instante antes de rapidamente desaparecer novamente.

Nós vivemos no mundo das coisas ocultas.

Nesta dimensão da realidade, a Luz do Criador não é revelada em todos os lugares ou o tempo todo. Portanto, a conexão com a Luz é um processo em andamento, de revelação e ocultação.

Esse processo não é governado por nossas expectativas, especialmente se esperarmos que a revelação aconteça logo em seguida.

Mas quando a Luz se revela, nosso anseio contínuo por ela nos permite captá-la.

Por meio desse processo, podemos aumentar continuamente a nossa conexão com a Luz, assim como sua manifestação em nossa vida.

O Zohar deixa muito claro que apenas aqueles que estão constantemente buscando a Luz do Criador terão o mérito de encontrá-la e aumentá-la.

A porção da Torá de que trata essa passagem não se refere apenas a histórias bíblicas ou informações.

Em um sentido mais amplo, a Torá é a essência do Criador. Aqui o *Zohar* fala sobre a relação entre essa essência e os que a buscam.

← Direção de leitura

99. מְשַׁל לְמַה הַדָּבָר דּוֹמֶה, לִרְחִימָתָא, דְּאִיהִי עֲפִירְתָא

shapirta de'ihi lirchimata domé hadavar lemá mashal

בְּחֵיזוּ, וּעֲפִירְתָא בְּרֵיוָא, וְאִיהִי טְמִירְתָּא בְּטָמִירוּ גּוֹ

go bitmiru temirta ve'ihi bereyva ushfirta bechezu

הֵיכְלָא דִּילָהּ, וְאִית לָהּ רְחִימָא יְחִידָאָה, דְּלָא יַדְעִין בֵּיהּ

be yadin delá yechida'a rechima la ve'it dilá hechala

בְּנֵי נָשָׁא, אֶלָּא אִיהוּ בְּטָמִירוּ. הַהוּא רְחִימָא, מִגּוֹ

migo rechima hahu bitmiru ihu ela nasha Benei

רְחִימָא דִּרְחִים לָהּ עָבַר לִתְרַע בֵּיתָהּ תָּדִיר, זָקִיף עֵינוֹי

enoy zakif tadir beta litra avar la derachim rechima

לְכָל סְטָר. אִיהִי, יָדְעַת דְּהָא רְחִימָא אַסְוּוַר תְּרַע בֵּיתָהּ

beta tera aschar rechima deha yadat ihi setar lechol

תָּדִיר, מַה עַבְדַת, פָּתְוַת פַּתְוּוָא זְעֵירָא בְּהַהוּא הֵיכְלָא

hechala behahu ze'era piticha patchat avdat ma tadir

טְמִירָא, דְּאִיהִי תַּמָּן, וּגְלִיאַת אַנְפָּהָא לְגַבֵּי רְחִימָאָה,

rechima legabei anpaha ugliat taman de'ihi temira

וּמִיָּד אִתְהַדְּרַת וְאִתְכַּסִּיאַת. כָּל אִינּוּן דַּהֲווֹ לְגַבֵּי

legabei dahavo inun kol ve'itkasiat ithadrat umiyad

רְחִימָא, לָא וְזָמוּ וְלָא אִסְתַּכְּלוּ, בַּר רְחִימָא בִּלְחוֹדוֹי,

bilchodoy rechima bar istakalu vela chamu la rechima

וּמֵעוֹי וְלִבֵּיהּ וְנַפְשֵׁיהּ אָזְלוּ אֲבַתְרָהּ. וְיָדַע דְּמִגּוֹ

demigo veyada avatra azlu venafshe velibe ume'oy

רְחִימוּ דִּרְחִימַת לֵיהּ, אִתְגְּלִיאַת לְגַבֵּיהּ רִגְעָא חֲדָא, לְאִתְעָרָא

le'itara chada riga legabe itgeliat le dirchimat rechimu

רְחִימוּ לֵיהּ. הָכִי הוּא מִלָּה דְּאוֹרַיְיתָא, לָא אִתְגְּלִיאַת, אֶלָּא

ela itgeliat la de'orayeta mila hu hachi le rechimu

לְגַבֵּי רְחִימָאָה. יָדְעַת אוֹרַיְיתָא, דְּהַהוּא חַכִּימָא וְזַכִּימָא דְּלִבָּא

deliba chakima dehahu orayeta yadat rechima legabei

אַסְוּוַר לִתְרַע בֵּיתָא כָּל יוֹמָא, מַה עַבְדַת, גְּלִיאַת אַנְפָּהָא לְגַבֵּיהּ,

legabe anpaha geliat avdat ma yoma kol beta litra aschar

מִגּוֹ הֵיכְלָא, וְאַרְמִיזַת לֵיהּ רְמִיזָא, וּמִיָּד אָהַדְּרַת לְאַתְרָהּ

le'atra ahadrat umiyad remiza le ve'armizat hechala migo

וְאִתְטַמְּרַת. כָּל אִינּוּן דְּתַמָּן, לָא יַדְעֵי, וְלָא מִסְתַּכְּלֵי,

mistaklei vela yadei la detaman inun kol ve'itetamrat

156

אֶלָּא אִיהוּ בִּלְחוֹדוֹי, וּמֵעוֹי וְלִבֵּיהּ וְנַפְשֵׁיהּ אָזִיל אֲבַתְרָהּ.
avatra   azil venafshe velibe ume'oy bilchodoy ihu   ela

וְעַל דָּא, אוֹרַיְיתָא אִתְגַּלְיַאת וְאִתְכַּסִּיאַת, וְאָזְלַת בִּרְחִימוּ
birchimu   ve'azlat   ve'itkasiat   itgeliat   orayeta   da   ve'al

לְגַבֵּי רְחִימָהָא, לְאִתְעָרָא בַּהֲדֵיהּ רְחִימוּ.
rechimu   bahade   le'itara   rechimha   legabei

99. Isso é comparável a uma bela e amada mulher que se esconde
em seus aposentos.

Ela tem um amante secreto, o qual, devido ao amor que lhe
devota, ronda o portão de sua casa e a procura.

Sabendo que ele sempre ronda aquele portão à sua procura, ela
abre uma pequena janela em seus aposentos secretos, e revela sua
face apenas por breves instantes para esse homem que a ama.

Então, imediatamente ela se esconde novamente.

Nenhum daqueles que estavam com o homem viu isso acontecer.
Apenas o amante cujo corpo, mente e alma a procuram.

E o homem sabe que devido ao amor que a mulher tem por ele,
ela se revela por um instante para elevar esse amor.

O mesmo acontece com a sabedoria espiritual que só é revelada
ao seu amante.

A Torá sabe que o sábio de coração ronda seus portões todos os
dias e, assim, do interior de seus aposentos, ela revela brevemente
o rosto, e imediatamente retorna ao seu lugar para se ocultar
novamente.

Nenhuma das pessoas que estavam com o sábio de coração
conheceu ou encontrou a Torá. Apenas aquele que vai à Torá
com seu corpo e alma. Assim, a Torá é revelada e também
ocultada, e amorosamente vai até seu amante para elevar o
amor dele.

100. תָּא וְחֲזֵי, אֲרָזָא דְאוֹרַיְיתָא כָּךְ הוּא, בְּקַדְמֵיתָא כַּד
kad bekadmeta hu kach de'orayeta archa chazei ta

שַׁרְיָא לְאִתְגַּלָּאָה לְגַבֵּי בַּר נָשׁ, אַרְמִיזַת לֵיהּ
le   armizat   nash   bar legabei le'itgala'a   sharya

157

בִּרמִיזוּ, אִי יָדַע טָב. וְאִי לָא יָדַע, עַדְרַת לְגַבֵּיהּ, וְקָרֵאת
vekarata legabe shadrat yada la ve'i tav yada i birmizu

לֵיהּ פָּתִי. וְאַמְרַת אוֹרַייְתָא, לְהַהוּא דְּעַדְרַת לְגַבֵּיהּ, אַמְרוּ
imru legabe deshadrat lehahu orayeta ve'amrat peti le

לְהַהוּא פָּתִי, דְּיִקְרַב הָכָא, וְאִשְׁתָּעֵי בַּהֲדֵיהּ. הֲדָא הוּא
hu hada bahade ve'ishtaei hacha deyikrav peti lehahu

דִּכְתִיב, מִי פֶתִי יָסֻר הֵנָּה וַחֲסַר לֵב וְגוֹ'.
vegomer lev chaser hena yasur peti mi dichtiv

קָרִיב לְגַבָּהּ, שָׁרִיאַת לְמַלְלָא עִמֵּיהּ, מִבָּתַר פָּרוֹכְתָא
parochta mibatar imé lemalela shariat legaba kariv

דְּפָרְסָא לֵיהּ, מִלִּין לְפוּם אָרְחוֹי, עַד דְּיִסְתַּכַּל זְעֵיר זְעֵיר,
ze'er ze'er deyistakal ad archoy lefum milin le defarsa

וְדָא הוּא דְּרָשָׁא.
derasha hu veda

100. Venha e veja:

Assim é a Torá. Inicialmente, quando ela começa a ser revelada ao homem, ela lhe dá uma pequena pista. Se ele a reconhecer, muito bem – caso contrário, ela manda chamá-lo e diz que ele é um tolo. A Torá quando chama alguém diz:

"Diga àquele tolo para vir aqui para que eu possa falar com ele". Esse é o significado de *"Quem é simples, volte-se para cá. Aos faltos de entendimento..."*

Quando aquela pessoa tola se aproxima, a Torá começa a falar com esse indivíduo por trás do véu que ela estendeu diante dele. Fala de acordo com a compreensão dele, até que pouco a pouco ele prestará atenção. Esse nível de interpretação homilética é conhecido como *Drash*.

101. לְבָתַר, תִּשְׁתָּעֵי בַּהֲדֵיהּ, מִבָּתַר שׁוֹשִׁיפָא דָּקִיק, מִלִּין
milin dakik shushifa mibatar bahade tishtaei levatar

דְּחִידָה, וְדָא אִיהוּ דְּאִיהוּ רָגִיל לְבָתַר הַגָּדָה. לְבָתַר, לְגַבָּהּ,
legaba ragil de'ihu levatar hagada ihu veda dechida

אִתְגַּלְיאַת לְגַבֵּיהּ אַנְפִּין בְּאַנְפִּין, וּמְלִילַת בַּהֲדֵיהּ כָּל רָזִין
razin kol bahade umlilat be'anpin anpin legabe itgeliat

סְתִימִין דִּילָהּ, וְכָל אָרְזִין סְתִימִין, דַּהֲוֹו בְּלִבָּאּ טְמִירִין,
temirin beliba dahavo setimin archin vechol dilá setimin

מִיּוֹמִין קַדְמָאִין. כְּדֵין אִיהוּ בַּר נָשׁ עָלִים, בַּעַל תּוֹרָה
tora ba'al shelim nash bar ihu keden kadmain miyomin

וַדַּאי, מָארֵי דְּבֵיתָא, דְּהָא דְּוֵתָא מָארֵי כָּל רָזִין דִּילָהּ גָּלְיַאת
geliat dilá razin kol deha deveta marei vaday

לֵיהּ, וְלָא רְוִיּקַת, וְלָא כַּסִּיאַת מִינֵּהּ כְּלוּם.
kelum miné kasiat vela rechikat vela le

101. Depois, a Torá fala com ele por meio de charadas por trás de um fino lençol. Esse é o nível conhecido como *Hagadá*.

Se ele retorna com frequência, a Torá lhe é revelada face a face, e conta-lhe todos os segredos e caminhos obscuros que se encontravam ocultos em seu coração desde antigos dias.

Então, aquele homem passa a ser um governante, um homem da Torá, o senhor da casa, porque a Torá lhe revelou todos seus segredos e não guardou nem escondeu nada dele.

102. אָמְרָה לֵיהּ, וְזָמֵית מִלָּה דִּרְמִזָא דְּקָא רָמִיזְנָא לָךְ
lach ramizna deka dirmiza mila chamet le amra

בְּקַדְמֵיתָא, כָּךְ וְכָךְ רָזִין הֲוֹו, כָּךְ וְכָךְ
vechach kach havo razin vechach kach bekadmeta

הוּא. כְּדֵין וְזָמֵי, דְּעַל אִינוּן מִלִּין לָאו לְאוֹסְפָא, וְלָאו
velav le'osafa lav milin inun de'al chamei keden hu

לְמִגְרַע מִנַּיְיהוּ. וּכְדֵין פְּשָׁטֵיהּ דִּקְרָא, כְּמָה דְּאִיהוּ,
de'ihu kema dikra peshate uchden minayehu lemigra

דְּלָאו לְאוֹסְפָא וְלָא לְמִגְרַע אֲפִילוּ אָת וָד. וְעַל דָּא,
da ve'al chad at afilu lemigra vela le'osafa delav

בְּנֵי נָשָׁא אִצְטְרִיכוּ לְאִזְדַּהֲרָא, וּלְמִרְדַּף אֲבַתְרָהּ
avatra ulmirdaf le'izdahara itzterichu nasha Benei

דְּאוֹרַיְיתָא, לְמֶהֱוֵי רְחִימִין דִּילָהּ, כְּמָה דְּאִתְמַר.
de'itmar kema dilá rechimin lemehevei de'orayeta

102. A Torá lhe disse:

"Lembre-se da alusão que lhe fiz no início. Esses são os segredos que estavam contidos naquela alusão".

Ele então vê que não se deve acrescentar ou diminuir as palavras da Torá. O sentido literal é como se apresenta, de tal maneira que nem mesmo uma letra deve ser acrescentada ou retirada.

Portanto as pessoas do mundo precisam se esforçar para buscar a Torá e amá-la, como aprendemos.

Meditação

Esta meditação desperta nossa compreensão de
como o sistema espiritual opera. Ajuda-nos a não
nos desencorajarmos quando a Luz não é revelada no
momento e da maneira que desejamos. Dá o poder de
constantemente buscar e ansiar por revelações e tomá-
las em nossas mãos quando ocorrem.

→
Direção de leitura

בְּאַנְפִּין	אַנְפִּין	לְגַבֵּיהּ	אִתְגְּלִיאַת	לְגַבָּהּ	רָגִיל	דְּאִיהוּ	לְבָתַר
be'anpin	anpin	legabe	itgeliat	legaba	ragil	de'ihu	levatar

אָרְחִין	וְכָל	דִּילָהּ	סְתִימִין	רָזִין	כָּל	בַּהֲדֵיהּ	וּמְלִילַת
archin	vechol	dilá	setimin	razin	kol	bahade	umlilat

קַדְמָאִין	מִיּוֹמִין	טְמִירִין	בְּלִבָּהּ	דַּהֲווֹ	סְתִימִין
kadmain	miyomin	temirin	beliba	dahavo	setimin

*Se ele retorna com frequência, a Torá lhe é revelada face a
face, e conta- lhe todos os segredos e caminhos obscuros que se
encontravam ocultos em seu coração desde antigos dias.*

Preparação

(*Zohar*, *Noach*, Versículo 273)

Como qualquer empreendimento importante, o estudo do *Zohar* e outros trabalhos espirituais devem ser feitos com preparação, foco e respeito.

O respeito é necessário não apenas para mostrar que honramos esse trabalho. Ele é uma manifestação física de nossa consciência, e nossa consciência é o Recipiente no qual a Luz pode se manifestar.

Nem o estudo nem uma ação podem criar uma profunda conexão com a Luz se forem realizados de maneira descuidada. Muito pelo contrário. A quantidade de Luz revelada por nosso estudo e ações será diretamente proporcional à preparação realizada.

Nesta seção, Rav Yehuda acorda no meio da noite e começa a falar sobre assuntos espirituais.

Outro viajante, que também está acordado, começa a lhe fazer perguntas. Mas Rav Yehuda diz ao viajante que não pode discutir assuntos espirituais enquanto estiver deitado na cama.

Ele explica que uma discussão desse tipo exige uma cuidadosa preparação da mente, coração e alma. A preparação expressa respeito tanto pelo ato de estudar como pela Luz que ele revela.

Quanto maior for nosso respeito, mais forte será nossa conexão.

Direção de leitura →

273. רַבִּי יְהוּדָה, קָם לֵילְיָא חַד לְמִלְעֵי בְּאוֹרַיְיתָא, בְּפַלְגוּ
befalgu be'orayeta lemilei chad lelya kam Yehuda Rabi

לֵילְיָא, בְּבֵי אוֹשְׁפִּיזָא, בְּמָתָא מְחַסְיָא. וַהֲוָה תַּמָּן
taman vahava machseya bemata ushpiza bevei lelya

בְּבֵיתָא, חַד יוּדָאי, דְּאָתָא בִּתְרֵי קְסִירָא דְּקַטְפִּירָא. פָּתַח
petach dekatfira kesira bitrei da'ata yuday chad beveta

רַבִּי יְהוּדָה וַאֲמַר, וְהָאֶבֶן הַזֹּאת אֲשֶׁר שַׂמְתִּי
samti asher hazot vehaeven va'amar Yehuda Rabi

מַצֵּבָה יִהְיֶה בֵּית אֱלֹקִים. דָּא הִיא אֶבֶן שְׁתִיָּה, דְּמִתַּמָּן
demitaman shetiya even hi da Elokim bet yihye matzeva

אִשְׁתִּיל עָלְמָא, וַעֲלָהּ אִתְבְּנֵי בֵּי מַקְדְּשָׁא.
makdesha bei itbenei va'ala alma ishtil

273. Rav Yehuda acordou certa noite para estudar. Era meia noite em uma hospedaria na cidade de Mata-Machesya. Havia outro viajante hospedado ali, que havia chegado com dois sacos de roupas para vender. Rav Yehuda começou a argumentação dizendo:

"E esta pedra que coloquei como pilar será casa de Deus".

E continuou:

"Essa pedra é a Pedra Fundamental sobre a qual o mundo foi estabelecido. E sobre essa pedra o Templo Sagrado foi construído".

274. זָקַף רֵישֵׁיהּ, הַהוּא יוּדָאי וְאָמַר הַאי מִלָּה אֵיךְ אֶפְשָׁר,
efshar ech mila hay veamar yuday hahu reshe zakaf

וְהָא אֶבֶן שְׁתִיָּה עַד לָא אִתְבְּרֵי עָלְמָא הֲוָת, וּמִינָּהּ אִשְׁתִּיל
ishtil umina havat alma itberei la ad shetiya even veha

עָלְמָא. וְאַתְּ אֲמָרְתְּ וְהָאֶבֶן הַזֹּאת אֲשֶׁר שַׂמְתִּי מַצֵּבָה.
matzeva samti asher hazot vehaeven amart ve'at alma

דְּמַשְׁמַע דְּיַעֲקֹב עֲוֵי לָהּ הַשְׁתָּא, דִּכְתִיב וַיִּקַּח
vayikach dichtiv hashta la shavei deYaakov demashma

אֶת הָאֶבֶן אֲשֶׁר שָׂם מֵרַאֲשׁוֹתָיו. וְתוּ, דְּיַעֲקֹב
deYaakov vetu mera'ashotav sam asher haeven et

בְּבֵית אֵל הֲוָה, וְהַאי אַבְנָא הֲוָה בִּירוּשְׁלֶם.
bevet el hava vehay avna hava biRushlem

274. O outro viajante ergueu a cabeça e disse:
"Como isso pode ser possível? Pois a Pedra Fundamental existia antes do mundo ter sido criado, e, a partir dela, o mundo foi estabelecido.

Você alega que *'E esta pedra que coloquei como pilar'* significa que até Jacó colocá-la como pilar, ela não havia estado em seu devido lugar. Conforme está escrito:

'E tomou a pedra que pôs à sua cabeceira...'

Mas a Pedra Fundamental foi estabelecida e ficou no seu lugar antes da criação do mundo.

Além disso, Jacó estava em Bet-El, ao passo que a Pedra Fundamental estava em Jerusalém, onde ela se encontra no local do Templo Sagrado".

275. רִבִּי יְהוּדָה, לָא אַסְחַר רֵישֵׁיהּ לְגַבֵּיהּ, פָּתַח וַאֲמַר
va'amar petach legabe reshe aschar la Yehuda Rabi

הִכּוֹן לִקְרַאת אֱלֹקֶיךָ יִשְׂרָאֵל. וּכְתִיב הַסְכֵּת וּשְׁמַע
ushma hasket uchtiv Israel elokecha likrat hikon

יִשְׂרָאֵל. מִלֵּי דְאוֹרַיְיתָא בְּעָיֵין כַּוָּונָה. וּמִלִּין דְאוֹרַיְיתָא,
de'orayeta umilin kavana bayan de'orayeta milei Israel

בְּעָאן לְאִתְתַּקְנָא בְּגוּפָא וּרְעוּתָא כַּחֲדָא. קָם הַהוּא יוּדָאִי,
yuday hahu kam kachada uruta begufa le'itetakana ba'an

וְאִתְלַבַּשׁ, וִיתֵיב לְגַבֵּיהּ דְּרַבִּי יְהוּדָה, וַאֲמַר זַכָּאִין
zakain va'amar Yehuda deRabi legabe veyatev ve'itlabash

אַתּוּן צַדִּיקַיָּא, דְּמִשְׁתַּדְּלֵי בְּאוֹרַיְיתָא יוֹמָא וְלֵילֵי.
velelei yoma be'orayeta demishtadlei tzadikaya atun

275. Rav Yehuda, sem virar seu rosto em direção ao homem citou o versículo:

"Prepara-te, ó Israel, para te encontrares com o teu Deus."

E continuou, como está escrito:

" 'Atende e ouve, ó Israel'.

Isso significa que as palavras da Torá (sabedoria espiritual) exigem plena atenção. Não devem nunca ser abordadas sem que o corpo e a alma estejam devidamente focados."

O outro viajante se levantou, vestiu-se, sentou-se ao lado de Rav Yehuda e disse:

"Feliz é você, justo, que estuda a Torá dia e noite".

אָמַר לֵיהּ רַבִּי יְהוּדָה, הַשְׁתָּא דְּכַוֵּנַת גַּרְמָךְ, אֵימָא .276
ema garmach dechavnat hashta Yehuda Rabi le amar

מִילָךְ, דְּנִתְחַבֵּר מִלֵּי דְאוֹרַיְיתָא כַּחֲדָא. דְּהָא מִלֵּי דְאוֹרַיְיתָא בַּעְיָין
bayan de'orayeta milei deha kachada denitchaber milach

תִּקּוּנָא דְגוּפָא, וְתִקּוּנָא דְלִבָּא. וְאִי לָאו, בְּעַרְסַאי שְׁכִיבְנָא
shechivna be'arsay lav ve'i deliba vetikuna degufa tikuna

וּבְלִבָּאי אֲמַרְנָא מִלִּין. אֶלָּא הָא תָּנֵינָן, דַּאֲפִילוּ חַד דְּיָתִיב
deyatev chad da'afilu taninan ha ela milin amarna uvlibay

וְלָעֵי בְּאוֹרַיְיתָא שְׁכִינְתָּא אִתְחַבְּרַת בַּהֲדֵיהּ, וּמַה שְׁכִינְתָּא
shechinta uma bahade itchabrat shechinta be'orayeta velaei

הָכָא, וַאֲנָא שָׁכִיב בְּעַרְסַאי. וְלָא עוֹד, אֶלָּא דִּבְעָיָין צַחוּתָא.
tzachuta deva'ayan ela od vela be'arsay shachiv va'ana hacha

276. Rav Yehuda falou:

"Agora que você se preparou devidamente, iremos conversar um com o outro, e você pode dizer o que quer dizer. Pois, antes de discutir a Torá uma pessoa deve preparar devidamente seu corpo e seu coração.

Se não fosse assim, eu ficaria deitado na cama e pensaria nessas coisas em meu coração.

Mas aprendemos que até mesmo uma única pessoa sentada e estudando a Torá está acompanhada pela *Shechiná*. E se a *Shechiná* já estiver presente, como posso ficar deitado na cama?

Também, para se aprofundar na Torá, uma pessoa precisa de uma mente clara, e quem fica deitado na cama não tem uma mente clara.

277. וְתוּ, דְּכָל בַּר נָשׁ, דְּקָם לְמִלְעֵי לְמִלְעֵי בְּאוֹרַיְיתָא,
be'orayeta lemilei dekam nash bar dechol vetu

מִפַּלְגוּ לֵילְיָא, כַּד אִתְעַר רוּחַ צָפוֹן, קֻדְשָׁא בְּרִיךְ הוּא אָתֵי
atei Hu Berich Kudsha tzafon ruach itar kad lelya mipalgu

לְאִשְׁתַּעְשְׁעָא עִם צַדִּיקַיָּא בְּגִנְתָּא דְעֵדֶן. וְהוּא וְכָל צַדִּיקַיָּא
tzadikaya vechol vehu de'Eden beginta tzadikaya im le'ishtashe'a

דִּבְגִנְתָּא, כֻּלְּהוּ צַיְּיתִין לְאִלֵּין מִלִּין דְּנַפְקֵי מִפּוּמֵיהּ.
mipume denafkei milin le'ilen tzayetin kalho divginta

וּמַה קֻדְשָׁא בְּרִיךְ הוּא, וְכָל צַדִּיקַיָּא, מִתְעַדְּנִין לְמִשְׁמַע
lemishma mitadnin tzadikaya vechol Hu Berich Kudsha uma

מִלֵּי דְאוֹרַיְיתָא בְּשַׁעְתָּא דָא. וַאֲנָא אֱהֵא שָׁכִיב בְּעַרְסָאי.
be'arsay shachiv ehe va'ana da besha'ata de'orayeta milei

אֲמַר לֵיהּ, הַשְׁתָּא אֵימָא מִילָךְ.
milach ema hashta le amar

277. Além disso, quando uma pessoa acorda para estudar Torá no meio da noite, quando o vento do norte desperta, o Criador entra no Jardim do Éden e desfruta do prazer da companhia dos justos.

E Ele, juntamente com os justos no Jardim, ouve as palavras que saem da boca daquela pessoa.

Portanto, se o Criador e os justos desfrutam do prazer de ouvir as palavras da Torá nessa hora, como posso ficar deitado em minha cama? "

Rav Yehuda disse ao viajante:

"Assim, agora diga o que tem a dizer".

MEDITAÇÃO

Esta meditação traz o entendimento sobre a necessidade de nos prepararmos para o trabalho espiritual com a consciência certa. Esta meditação por si só pode também ser um dos passos dessa preparação.

← Direção de leitura

וּכְתִיב הַסְכֵּת וּשְׁמַע יִשְׂרָאֵל. מִלֵּי דְּאוֹרַיְיתָא בָּעְיָין כַּוְונָה.
kavana bayan de'orayeta milei Israel ushma hasket uchtiv

וּמִלִּין דְּאוֹרַיְיתָא, בָּעָאן לְאִתְתַּקָּנָא בְּגוּפָא וּרְעוּתָא כַּחֲדָא.
kachada uruta begufa le'itetakana ba'an de'orayeta umilin

"Atende e ouve, ó Israel". Isso significa que as palavras da Torá (sabedoria espiritual) exigem plena atenção. Nunca deve ser abordada sem que o corpo e a alma estejam devidamente focados.

III
Meditações
para maior
consciência

Expandindo nosso anseio pela Luz

"A visão de Rav Chiya"

(Zohar, Prólogo, Versículo 49)

Às vezes, sentimo-nos como se algo nos tivesse derrubado. Temos um sentimento de estar sozinhos na escuridão, com uma forte sensação de vazio.

Quando isso acontece, precisamos entender que não conseguiremos passar por esse momento sem a Luz do Criador, e esse entendimento por si só traz um anseio por conexão.

Os problemas do nosso cotidiano existem por alguma razão. Precisamos enfrentar desafios e até mesmo sentir dor para ansiar genuinamente pela Luz.

Mas, quando obter conexão com a Luz do Criador se torna verdadeiramente nosso desejo de todo o coração, a dor do nosso cotidiano desaparece de uma maneira quase milagrosa.

Nesta seção, ficamos sabendo que Rav Chiya jejuou para alcançar um nível espiritual em que merecesse que seu mais profundo desejo fosse atendido: uma visão de Rav Shimon e seu filho, Rav Elazar.

O desejo de que isso acontecesse era tão grande que ele se esqueceu completamente do desconforto físico causado pelo jejum.

Quando finalmente a visão de Rav Shimon lhe foi concedida, o próprio Rav Chiya foi elevado a um nível mais alto de conexão com a Luz do Criador.

Direção de leitura ←

49. אִשְׁתַּטַּח רַבִּי חִיָּיא בְּאַרְעָא וְנָשֵׁיק לְעַפְרָא, וּבְכָה

uvcha le'afra unshak be'ara Chiya Rabi ishtatach

וַאֲמַר, עַפְרָא עַפְרָא, כַּמָּה אַתְּ קָשֵׁי קְדָל, כַּמָּה אַתְּ

at kama kedal keshei at kama afra afra va'amar

בַּחֲצִיפוּ, דְּכָל מַחֲמַדֵּי עֵינָא יִתְבְּלוּן בָּךְ, כָּל

kol bach yitbelon ena machamadei dechol bachatzifu

עַמּוּדֵי נְהוֹרִין דְּעָלְמָא תֵּיכוֹל וְתֵידוֹק. כַּמָּה אַתְּ וְצַיְפָא,

chatzifa at kama vetedok techol de'alma nehorin amudei

בּוֹצִינָא קַדִּישָׁא דַּהֲוָה נָהֵיר עָלְמָא שַׁלִּיטָא רַבְרְבָא מְמַנָּא

memana ravreva salita alma naher dahava kadisha botzina

דִּזְכוּתֵיהּ מְקַיֵּים עָלְמָא, אִתְבְּלֵי בָּךְ. רַבִּי שִׁמְעוֹן נְהִירוּ

nehiru Shimon Rabi bach itbelei alma mekayem dizchute

דְּבוּצִינָא, נְהִירוּ דְּעָלְמִין, אַנְתְּ בְּלֵי בְּעַפְרָא וְאַנְתְּ קָיֵים

kayam ve'ant be'afra balei ant de'almin nehiru devotzina

וְנָהֵג עָלְמָא. אִשְׁתּוֹמֵם רִגְעָא חֲדָא, וַאֲמַר עַפְרָא עַפְרָא לָא

la afra afra va'amar chada riga ishtomem alma unhag

תִּתְגָּאֵי, דְּלָא יִתְמַסְרוּן בָּךְ עַמּוּדִין דְּעָלְמָא, דְּהָא רַבִּי

Rabi deha de'alma amudin bach yitmasrun delá titgaei

שִׁמְעוֹן לָא אִתְבְּלֵי בָּךְ.

bach itbelei la Shimon

49. Rav Chiya se prostrou na terra, beijou o pó e exclamou:
"Pó, pó, como você é teimoso! Você é tão desavergonhado que
todos os prazeres do olho pereçam em você! Você consome todos
os faróis de Luz do mundo, que são as pessoas justas, e as tritura
tornando-as nada. Como você é impertinente!

A Luz Sagrada que iluminou o mundo, o grande líder que governa
o mundo todo e cujo mérito sustenta o mundo foi consumido
por você!

Rav Shimon, a Luz da Iluminação, a Luz dos Mundos, você
perece no pó mesmo enquanto sustenta e governa o mundo".

Rav Chiya então ficou pensativo por um instante e depois disse:

"Pó, pó, não seja orgulhoso! Os pilares do mundo não serão entregues às suas mãos. Rav Shimon não será consumido por você!"

50. קָם רַבִּי וְחִיָּא וַהֲוָה בְּכֵי. אֲזַל, וְרַבִּי יוֹסֵי
kam Rabi Chiya vahava bachei azal veRabi Yosei

עִמֵּיה. מֵהַהוּא יוֹמָא אִתְעֲנֵי אַרְבְּעִין יוֹמִין לְמֵחֲמֵי
imé mehahu yoma itanei arbe'in yomin lemechemei

לְרַבִּי שִׁמְעוֹן. אָמְרוּ לֵיה לֵית אַנְתְּ רַשַׁאי לְמֵחֲמֵי לֵיה.
leRabi Shimon amaru le ant let rashay lemechemei le

בְּכָה וְאִתְעֲנֵי אַרְבְּעִין יוֹמִין אַחֲרָנִין, אַחֲזִיאוּ לֵיה
becha ve'itanei arbe'in yomin acharinin achaziu le

בְּחֶזְוָוא לְרַבִּי שִׁמְעוֹן וְרַבִּי אֶלְעָזָר בְּרֵיה, דַּהֲווֹ
bechezva leRabi Shimon veRabi Elazar bere dahavo

לָעָאן בְּמִלָּה דָּא דְּאָמַר רַבִּי יוֹסֵי, וַהֲווֹ כַּמָּה אַלְפִין
la'an bemila da da'amar Rabi Yosei vahavo kama alfin

צַיְיתִין לְמִלּוּלֵיה.
tzayetin lemilule

50. Chorando, Rav Chiya caminhou na companhia de Rav Yosi. Durante quarenta dias, ele jejuou para que pudesse se encontrar com Rav Shimon. Quando lhe disseram:

"Você não tem as condições necessárias para vê-lo", ele chorou e jejuou por outros quarenta dias.

Então, foi mostrado a ele em uma visão Rav Shimon e seu filho, Rav Elazar.

Eles discutiam a interpretação daquele certo mundo que Rav Yosi havia mencionado em nome de Rav Shimon. E muitos milhares estavam ouvindo as palavras deles.

51. אַדְהָכֵי, וְהָמָא כַּמָּה גַּדְפִין רַבְרְבִין עָלָאִין, וּסְלִיקוּ
usliku ilain ravrevin gadfin kama chama adhachei

עֲלַיְיהוּ רַבִּי שִׁמְעוֹן וְרַבִּי אֶלְעָזָר בְּרֵיה וּסְלִיקוּ לִמְתִיבְתָּא
limtivta useliku bere Elazar veRabi Shimon Rabi alayhu

174

דִּרְקִיעָא, וְכָל אִלֵּין גַּדְפִּין הֲוֹו מְחַכָּאן לְהוּ. וַחֲמָא

chama leho mechakan havo gadfin ilen vechol dirkia

דְּמִתְהַדְרָן וּמִתְחַדְּשָׁן בְּזִיוּוּן וּנְהִירוּ יַתִּיר מִנְּהוֹרָא

minhora yatir unhiru beziyvon umitchadshan demithadran

דְּזִיוָוא דְּשִׁמְשָׁא.

deshimsha deziva

51. Nessa visão, Rav Chiya viu grandes asas celestiais aguardando Rav Shimon e Rav Elazar. Eles subiram nas asas e, voando, foram levados para a Academia Celestial.

Rav Chiya então viu que o esplendor de Rav Shimon e Rav Elazar era constantemente renovado, e que eles brilhavam mais do que o sol.

52. פְּתַח רִבִּי שִׁמְעוֹן וַאֲמַר, יֵיעוֹל רִבִּי חִיָּיא וְלֶיחֱמֵי,

velechemei Chiya Rabi ye'ol va'amar Shimon Rabi petach

בְּחַכְמָה דְּזַמִּין קוּדְשָׁא בָּרוּךְ הוּא לְוַוֹדָתָא אַנְפֵּי צַדִּיקַיָּיא

tzadikaya anpei lechadta hu baruch kadosh dezamin bichma

לְזִמְנָא דְּאָתֵי. וְזַכָּאָה אִיהוּ מַאן דְּעָאל הָכָא בְּלָא

bela hacha de'al man ihu zaka'a da'atei lezimna

כְּסוּפָא וְזַכָּאָה מַאן דְּקָאֵים בְּהַהוּא עָלְמָא, כְּעַמּוּדָא תַּקִּיף

takif ke'amuda alma behahu dekaem man vezaka'a chissufa

בְּכֹלָּא, וַחֲמָא דַּהֲוָה עָאל וַהֲוָה קָם רִבִּי אֶלְעָזָר

Elazar Rabi kam vahava al dahava vachama bechola

וּשְׁאַר עַמּוּדִין דְּיַתְבִין תַּמָּן. וְהוּא הֲוָה כְּסִיף, וְאַשְׁמִיט

ve'ashmit kesif hava vehu taman deyatvin amudin ushar

גַּרְמֵיהּ, וְעָאל וְיָתֵיב לְרַגְלוֹי דְּרִבִּי שִׁמְעוֹן.

Shimon deRabi leragloy veyatev ve'al garme

52. Rav Shimon abriu a discussão dizendo:

"Deixe Rav Chiya entrar e ver como o Criador irá restaurar os rostos dos justos no Mundo Vindouro. Quanto é feliz aquele que vem aqui livre de vergonha, e quanto é feliz aquele que está ereto neste mundo, como um forte pilar que suporta tudo".

Rav Chiya, em sua visão, viu a si mesmo entrando. Ele viu Rav Elazar se levantar, da mesma maneira que todos os outros pilares do mundo que antes estavam sentados.

Todos se levantaram em honra a Rav Chiya, e Rav Chiya sentiu que não era merecedor.

Ao entrar, ele se separou dos pilares do mundo e sentou-se aos pés de Rav Shimon.

MEDITAÇÃO

Com frequência, uma verdadeira ânsia por uma conexão com a Luz vem apenas depois de uma experiência de dor e sofrimento. Com esta meditação, a ânsia pela Luz é despertada sem que haja necessidade de caos em nenhum aspecto de nossa vida.

← Direção de leitura

לְרַבִּי לִמְחֶמֵי יוֹמִין אַרְבְּעִין אִתְעֲנֵי יוֹמָא מֵהַהוּא
leRabi lemechemei yomin arbe'in itanei yoma mehahu

שִׁמְעוֹן. אָמְרוּ לֵיהּ לֵית אַנְתְּ רַשַּׁאי לִמְחֶמֵי לֵיהּ.
le lemechemei rashay ant let le amaru Shimon

בָּכָה וְאִתְעֲנֵי אַרְבְּעִין יוֹמִין אַחֲרִינִין, אַחְזִיאוּ לֵיהּ
le achaziu acharinin yomin arbe'in ve'itanei becha

בְּחֶזְוָא לְרַבִּי שִׁמְעוֹן וְרַבִּי אֶלְעָזָר בְּרֵיהּ,
bere Elazar veRabi Shimon leRabi bechezva

Durante quarenta dias, ele jejuou para que pudesse se encontrar com Rav Shimon. Quando lhe disseram "Você não tem as condições necessárias para vê-lo", ele chorou e jejuou por outros quarenta dias. Então, em uma visão, foi mostrado a ele Rav Shimon e seu filho, Rav Elazar.

Quando precisamos remover julgamentos de nossa vida

"Rav Yitzchak e o poder da mudança"

(Zohar, Vayechi, Versículo 144)

Algo em sua vida pode lhe parecer muito doloroso e estar além de seu poder de mudar.

Pode se tratar de um problema em seu trabalho, ou em sua saúde, ou em seu relacionamento com alguém próximo a você.

Mas, independentemente de quanto uma situação possa parecer difícil ou impossível, mesmo que lhe dê a impressão de se tratar de uma sentença de morte, qualquer julgamento pode ser removido através da conexão com a Luz do Criador.

Rav Yitzchak visita Rav Yehuda e fala de uma maneira que sugere que ele, Rav Yitzchak, acredita que está prestes a morrer.

Rav Yehuda fica perturbado com essa preocupação do amigo e pede a Rav Yitzchak que se explique. Os dois amigos decidem, então, consultar seu professor, Rav Shimon.

Depois de ver o Anjo da Morte na presença de Rav Yitzchak, Rav Shimon pede a Deus para remover esse julgamento – e o pedido é atendido.

Rav Yitzchak, então, dorme. Em um sonho, vê seu pai que descreve as boas vindas que o estariam aguardando no paraíso se tivesse morrido.

Rav Yitzchak obteve um adiamento até o dia em que ele entrará no Mundo Superior junto com Rav Shimon.

← Direção de leitura

144. רִבִּי יִצְחָק, הֲוָה יָתֵיב יוֹמָא וַזָּד, אַפְּתְוָזָא דְרִבִּי
deRibi afitcha chad yoma yatev hava Yitzchak Ribi

יְהוּדָה, וַהֲוָה עָצֵיב, נָפֵיק רִבִּי יְהוּדָה, אַשְׁכְּחֵיה
ashkeche Yehuda Ribi nafek atzev vahava Yehuda

לְתַרְעֵיה, דַּהֲוָה יָתֵיב וְעָצֵיב, אָמַר לֵיה מַאן יוֹמָא דֵין
den yoma man le amar ve'atzev yatev dahava letare

מִשְׁאָר יוֹמִין.
yomin mishar

144. Um dia, Rav Yehuda ficou surpreso ao encontrar Rav
Yitzchak sentado tristemente à sua porta. Preocupado, Rav
Yehuda perguntou se havia acontecido algo.

145. אָמַר לֵיה, אָתֵינָא לְגַבָּךְ, לְמִבְעֵי מִינָךְ תְּלַת מִלִּין:
milin telat minach lemivei legabach atena le amar

וַזָּד, דְּכַד תֵּימָא מִלֵּי דְאוֹרַיְיתָא, וְתַדְכַּר מֵאִינוּן
me'inun vetadkar de'orayeta milei tema dechad chad

מִלִּין דַּאֲנָא אֲמֵינָא, דְּתֵימָא לוֹן בִּשְׁמִי, בְּגִין לְאַדְכָּרָא
le'adkara begin mishmi lon detema amina da'ana milin

שְׁמִי. וְזָד דְּתִזְכֵּי לְיוֹסֵף בְּרִי בְּאוֹרַיְיתָא. וְזָד,
vechad be'orayeta beri leyosef detizkei vechad shemi

דְּתֵיזֵיל לְקִבְרִי כָּל ז' יוֹמִין, וְתִבְעֵי בָּעוּתִיךְ עֲלָי.
alai bautich vetivei yomin zain kol lekivri detezel

145. Rav Yitzchak disse:
"Vim lhe pedir três coisas. Primeiro, se você mencionar
algum dos meus ensinamentos depois de eu ter deixado
este mundo, por favor, certifique-se de que o faz em minha
memória.Segundo, que você ensine a Torá a meu filho, Yossef.
Terceiro, que você visite meu túmulo durante todos os sete dias
de luto, e, se tiver algum pedido, que o faça lá".

146. אָמַר לֵיהּ מִנַּיָן לָךְ. אָמַר לֵיהּ, הָא נִשְׁמָתִי

nishmati ha le amar lach minayin le amar

אִסְתַּלְקַת מִנָּי בְּכָל לֵילְיָא, וְלָא אַנְהֵיר לִי בְּחֶלְמָא,

bechelma li anher vela lelya bechol mini istalkat

כְּמָה דַּהֲוָה בְּקַדְמֵיתָא, וְעוֹד דְּכַד אֲנָא מַצְלֵינָא, וּמָטֵינָא

umatina matzlena ana dechad ve'od vekadmeta dahava kema

לְשׁוֹמֵעַ תְּפִלָּה, אַשְׁגְּוֹנָא בְּצוּלְמִי דִּילִי בְּכוּתְלָא, וְלָא וֹמֵינָא

chamina vela bechotla dili betzulmi ashgachna tefila leshome'a

לֵיהּ, וַאֲמֵינָא דְּהוֹאִיל וְצוּלְמָא אִתְעֲבַר וְלָא אִתְחֲזֵי, דְּהָא

deha itchazei vela itavar vetzalma deho'il va'amina le

כָּרוֹזָא נָפֵיק וְכָרֵיז, דִּכְתִיב אַךְ בְּצֶלֶם יִתְהַלֵּךְ אִישׁ,

ish yithalech betzelem ach dichtiv vecharez nafek karoza

כָּל זִמְנָא דְּצוּלְמָא דְּבַר נָשׁ לָא יִתְעֲבַר מִנֵּיהּ,

mine yitavar la nash devar detzulma zimna kol

יִתְהַלֵּךְ אִישׁ, וְרוּחֵיהּ אִתְקַיְּימָא בְּגַוֵּיהּ, אִתְעֲבַר צוּלְמָא דְּבַר

devar tzulma itavar begave itkayema veruche ish yithalech

נָשׁ וְלָא אִתְחֲזֵי, אִתְעֲבַר מֵהַאי עָלְמָא.

alma mehay itavar itchazei vela nash

146. Rav Yehuda perguntou:

"Pelo que você diz, vejo que está esperando morrer. Mas por que acredita nisso?"

Rav Yitzchak lhe contou:

"Minha alma parte de mim todas as noites quando eu durmo, mas não me ilumina mais com sonhos. Além disso, quando eu rezo e chego ao versículo *'Aquele que ouve e aceita as preces'*, procuro minha sombra na parede e não a vejo. Então, por a sombra ter desaparecido, espero morrer.

Pois está escrito: *'Certamente todo homem caminha com uma sombra.'*

Enquanto a sombra de um homem não o tiver deixado, *'todo homem caminha'*. Ou seja, seu espírito permanece dentro dele. Mas quando a sombra de um homem não é mais vista, ele faz sua passagem deste mundo".

147. אָמַר לֵיהּ וּמֵהָכָא, דִּכְתִיב כִּי צֵל יָמֵינוּ עֲלֵי
alei yamenu tzel ki dichtiv umehacha le amar

אָרֶץ. אָמַר לֵיהּ, כָּל אִלֵּין מִלִּין דְּאַתְּ בָּעֵי עֲבִידְנָא, אֲבָל
aval avidna baei de'at milin ilen kol le amar aretz

בָּעֵינָא מִנָּךְ דִּבְהַהוּא עָלְמָא, תְּבָרֵיר דּוּכְתָּאי גַּבָּךְ,
gabach duchtay tevarer alma divhahu minach baina

כְּמָה דַּהֲוֵינָא בְּהַאי עָלְמָא. בָּכָה רַבִּי יִצְחָק וַאֲמַר,
va'amar Yitzchak Ribi bacha alma behay dahavena kema

בְּמָטוּ מִנָּךְ, דְּלָא תִתְפָּרֵשׁ מִנָּאי כָּל אִלֵּין יוֹמִין.
yomin ilen kol minay titparesh delá minach bematu

147. Rav Yehuda acrescentou:

"Também deriva do versículo 'Pois nossos dias são como uma sombra passageira sobre a terra.'"

Então Rav Yehuda disse:

"Vou atender aos seus pedidos. Mas eu também peço a você que reserve para mim um lugar no outro mundo ao seu lado, da mesma forma que estive ao seu lado neste mundo".

Ao ouvir isso, Rav Yitzchak chorou e disse:

"Por favor, não me deixe sozinho".

148. אֲזָלוּ לְגַבֵּיהּ דְּרַבִּי שִׁמְעוֹן, אַשְׁכְּחוּהוּ דַּהֲוָה לָעֵי
laei dahava ashkechuhu Shimon deRibi legabe azalu

בְּאוֹרָיְתָא, זָקִיף עֵינוֹי רַבִּי שִׁמְעוֹן, וְחָמָא לְרַבִּי
leRibi vechama Shimon Rabi enoy zakef be'orayeta

יִצְחָק, וְחָמָא לְמַלְאַךְ הַמָּוֶת דְּרָהֵיט קָמֵיהּ,
kame derahet hamavet lemalach vechama Yitzchak

וְרָקִיד קָמֵיהּ. קָם רַבִּי שִׁמְעוֹן, אָחִיד בִּידֵיהּ דְּרַבִּי
deRibi bide achid Shimon Ribi kam kamé veraked

יִצְחָק, אֲמַר, גּוֹזַרְנָא, מַאן דְּרָגִיל לְמֵיעַל, יֵעוֹל.
ye'ol leme'al deragil man gozarna amar Yitzchak

וּמַאן דְּלָא רָגִיל לְמֵיעָאל, לָא יֵיעוֹל. עָאלוּ רַבִּי יִצְחָק
Yitzchak Ribi alu ye'ol la leme'al ragil delá uman

וְרַבִּי יְהוּדָה, קָטֵיר מַלְאַךְ הַמָּוֶת לְבַר.
levar hamavet malach kater Yehuda veRibi

182

148. Eles foram até Rav Shimon e o encontraram ocupado com a Torá. Rav Shimon levantou os olhos e viu o Anjo da Morte correndo e dançando na frente de Rav Yitzchak.

Rav Shimon se levantou, segurou a mão de Rav Yitzchak e disse: "Eu decreto que todos aqueles que estão acostumados a vir até mim entrem, e aqueles que não estão acostumados não entrem". Portanto, o Anjo da Morte ficou do lado de fora, incapaz de entrar. Mas Rav Yitzchak e Rav Yehuda entraram.

149. אַשְׁגַּח רַבִּי שִׁמְעוֹן, וְוַוְבְמָא, דְּעַד כְּעַן לָא מְטָא
   ashgach Rabi Shimon vechama de'ad ke'an la mata

עָדְנָא, דְּהָא עַד תְּמַנְיָא דְּיוֹמָא שָׁעֲתֵי הֲוָה זִמְנָא,
   idana deha ad temanya deyoma shatei hava zimna

אוֹתְבֵיהּ קַמֵּי רַבִּי שִׁמְעוֹן, וַהֲוָה לָעֵי לֵיהּ בְּאוֹרַיְיתָא.
   otve kamei Rabi Shimon vahava laei le be'orayeta

אָמַר רַבִּי שִׁמְעוֹן לְרִבִּי אֶלְעָזָר בְּרֵיהּ, תִּיב אַפִּתְחָא
   amar Rabi Shimon leRibi Elazar bere tiv afitcha

וּמַה דְּתֶחֱמֵי, לָא תִּשְׁתָּעֵי בַּהֲדֵיהּ, וְאִי יִבְעֵי לְמֵיעַאל
   uma detechemei la tishtaei bahade ve'i yivei leme'al

הָכָא, אוֹמֵי אוֹמָאָה דְּלָא לֵיעוֹל.
   hacha omei oma'a delá le'ol

149. Rav Shimon olhou para Rav Yitzchak e viu que o momento da morte do amigo não viria antes da oitava hora do dia.

Rav Shimon disse a seu filho, Rav Elazar:

"Sente-se à porta e não fale com ninguém que aparecer. Se alguém quiser entrar, invoque um juramento para que não entre".

Então, Rav Shimon colocou Rav Yitzchak à sua frente e estudou a Torá com ele.

150. אָמַר רַבִּי שִׁמְעוֹן לְרִבִּי יִצְחָק, וְחָמֵית דְּיוֹקְנָא
   amar Rabi Shimon leRibi Yitzchak chamet deyokna

דְּבַר בְּשַׁעְתָּא, תָּנֵינָן, דְּהָא. לָא, אוֹ דָּא, יוֹמָא דְּאָבוּךְ
devar beshata taninan deha la o da yoma da'avuch

תַּמָּן מִשְׁתַּכְחִין וְקָרֵיבוֹי אֲבוֹי מֵעַלְמָא אִסְתַּלַּק נָשׁ
taman mishtakchin vekarevoy avoy me'alma istalak nash

דַּהֲוָה אִינוּן וְכָל, לוֹן וְאִשְׁתְּמוֹדַע וְזָמָא, לוֹן עִמֵּיהּ,
dahava inun vechol lon ve'ishtemoda lon vechama imé

מִתְכַּנְשֵׁי כֻּלְּהוּ חַד בְּדַרְגָּא עַלְמָא בְּהַהוּא גַּבַּיְיהוּ מְדוֹרֵיהּ
mitkanshei kulhu chad bedarga alma behahu gabayhu medore

דְּתִשְׁרֵי אֲתַר עַד נִשְׁמָתֵיהּ, וְאָזְלִין עִם עִמֵּיהּ, וּמִשְׁתַּכְחֵי
detishrei atar ad nishmate im ve'azlin imé umishtakchei

בְּאַתְרֵיהּ. אֲמַר, עַד כְּעַן לָא וְזָמֵינָא.
chamena la ke'an ad amar be'atre

150. Rav Shimon disse a Rav Yitzchak:
"Você viu hoje a imagem de seu pai que já partiu, ou não?
Pois aprendemos que quando um homem está prestes a deixar
este mundo, seu pai e seus parentes que já partiram deste mundo
estão lá com ele, e ele os vê e os reconhece.
E todos aqueles com quem ele irá residir no outro mundo se reúnem
para estar com ele, e acompanham sua alma até sua morada".
Rav Yitzchak respondeu:
"Até agora eu não vi a imagem de meu pai".

151. אַדְהָכֵי קָם רַבִּי שִׁמְעוֹן וַאֲמַר, מָארֵי דְּעַלְמָא,
de'alma marei va'amar Shimon Ribi kam adhachei

אִשְׁתְּמוֹדַע רַבִּי יִצְחָק לְגַבָּן, וּמֵאִנּוּן שִׁבְעָה עַיְינִין
ayenin shiva ume'inun legaban Yitzchak Ribi ishtemoda

דְּהָכָא הוּא, הָא אֲחִידְנָא בֵּיהּ, וְהַב לִי. נָפַק קָלָא וַאֲמַר,
va'amar kala nafak li vehav be achidna ha hu dehacha

כֻּרְסְיָּא דְּמָארֵיהּ קְרִיבָא בְּגַדְפוֹי דְּרַבִּי שִׁמְעוֹן, הָא דִּידָךְ
didach ha Shimon deRibi begadfoy keriva demare kurseya

הוּא, וְעִמָּךְ תַּיְיתֵיהּ, בְּזִמְנָא דְּתֵיעוֹל לְמִשְׁרֵי בְּכֻרְסְיָךְ.
bechurseyach lemishrei dete'ol bezimna tayete ve'imach hu

אֲמַר רַבִּי שִׁמְעוֹן וַדַּאי.
vaday Shimon Rabi amar

151. Então Rav Shimon se levantou e disse:

"Mestre do Universo, temos um certo Rav Yitzchak conosco, o qual é um dos sete olhos. Veja enquanto eu o abraço agora, dê-o para mim".

Uma voz ressoou dizendo:

"O trono de Seu Mestre, que é a parte feminina do Divino, uniu-se à Luz, por meio das asas de Rav Shimon, ou seja, através do trabalho de Rav Shimon. Eis que Rav Yitzchak é seu, e você virá com ele quando você próprio se sentar em seu lugar".

Rav Shimon disse:

"Certamente o levarei comigo quando eu partir do mundo".

152. אַדְּהָכִי, וְחָמָא רִבִּי אֶלְעָזָר, דַּהֲוָה אִסְתַּלֵּיק מַלְאַךְ
malach istalek dahava Elazar Ribi chama adhachei

הַמָּוֶת, וְאָמַר, לֵית קוּפְטְרָא דִּטְיפְסָא, בְּאַתַר דְּרִבִּי שִׁמְעוֹן
Shimon deRibi ba'atar detifsa koftera let va'amar hamavet

בֶּן יוֹחַאי שְׁכִיחַ. אָמַר רִבִּי שִׁמְעוֹן לְרִבִּי אֶלְעָזָר בְּרֵיהּ,
bere Elazar leRibi Shimon Ribi amar shechiach yochay ben

עוּל הָכָא, וְאָחִיד בֵּיה בְּרִבִּי יִצְחָק, דְּהָא וְחָמֵינָא בֵּיהּ
be chamena deha Yitzchak beRibi be ve'ached hacha ul

דִּמְסתָּפֵי, עָאל רִבִּי אֶלְעָזָר, וְאָחִיד בֵּיה. וְרִבִּי שִׁמְעוֹן
Shimon veRibi be ve'ached Elazar Ribi al demistafei

אַהֲדַר אַנְפֵּיהּ וְלָעֵי בְּאוֹרַיְיתָא.
be'orayeta velaei anpe ahadar

152. Enquanto Rav Shimon falava, Rav Elazar viu o Anjo da Morte partir e disse:

"Nenhum julgamento permanece no lugar em que Rav Shimon se encontra".

Rav Shimon então disse a Rav Elazar:

"Venha aqui e abrace o Rav Yitzchak, porque eu vejo que ele está com medo".

Rav Elazar entrou e o abraçou, e Rav Shimon retornou ao estudo da Torá.

153. נְיֵים רִבִּי יִצְחָק, וְחָזְמָא לַאֲבוֹי, אֲמַר לֵיהּ בְּרִי,
beri le amar la'avoy vechama Yitzchak Ribi nayem

זַכָּאָה וְחוּלָקָךְ, בְּעָלְמָא דֵין, וּבְעָלְמָא דְאָתֵי, דְּהָא בֵּין
ben deha de'atei uvalma den be'alma chulakach zaka'a

טַרְפֵּי אִילָנָא דְּחַיֵּי דְּגִנְתָּא דְעֵדֶן, אִתְיְהֵב אִילָנָא רַבָּא
raba ilana ityehev de'eden deginta dechayei ilana tarpei

וְתַקִּיף בִּתְרֵין עָלְמִין, רַבִּי שִׁמְעוֹן בֶּן יוֹחַאי הוּא, דְּהָא
deha hu Yorrai ben Shimon Rabi almin bitren vetakif

הוּא אָחִיד לָךְ בְּעַנְפוֹי, זַכָּאָה וְחוּלָקָךְ בְּרִי.
beri chulakach zaka'a be'anfoy lach achid hu

153. Então, Rav Yitzchak dormiu, e, em sonho, viu seu pai que lhe disse:

"Meu filho, feliz é sua porção neste mundo e no Mundo Vindouro, pois você se senta em meio a folhas da Árvore da Vida no Jardim do Éden. Uma grande e forte árvore em ambos os mundos é Rav Shimon. Ele abraça você com seus galhos. Feliz é a sua porção meu filho".

154. אֲמַר לֵיהּ אַבָּא, וּמַה אֲנָא הָתָם, אֲמַר לֵיהּ תְּלַת יוֹמִין
yomin telat le amar hatam ana uma Aba le amar

הֲווֹ דְּחוֹפוּ אִדְּרָא דְּמִשְׁכָּבָךְ, וְתַקִּינוּ לָךְ
lach vetakinu demishkavach idra dechafo havo

כֵּיוָן פְּתִיחָן, לְאַנְהָרָא לָךְ מֵאַרְבַּע סִטְרִין דְּעָלְמָא,
de'alma sitrin me'arba lach le'anhara petichan keyvan

וְאֲנָא וְחַמֵּינָא דּוּכְתֵּיךְ וְחָדֵינָא, דַּאֲמֵינָא זַכָּאָה
zaka'a da'amena vechadena duchtech chamena va'ana

וְחוּלָקָךְ בְּרִי. בַּר דְּעַד כְּעָן, בְּרַךְ לָא זָכֵי בְּאוֹרַיְיתָא.
be'orayeta zachei la berach ke'an de'ad bar beri chulakach

154. Rav Yitzchak perguntou:
"Pai, qual será o meu lugar lá, no Mundo da Verdade?"
E o pai de Rav Yitzchak lhe disse:
"Por três dias, seu aposento tem sido preparado com janelas abertas para brilhar sobre você a partir das quatro direções do mundo.

Eu havia visto seu lugar, eu havia me regozijado e dito:
'Feliz é a sua porção, filho.'
A única coisa que me entristeceu foi o fato de que você não havia
ainda ensinado a Torá a seu filho."

155. וְהָא הַשְׁתָּא הֲוֵי זְמִינִין לְמֵיתֵי גַּבָּךְ, תְּרֵיסַר צַדִּיקַיָּא
tzadikaya teresar gabach lemetei zeminin havei hashta veha

דְּחַבְרַיָּא, וְעַד דַּהֲוֵינָא נָפְקֵי, אִתְּעַר קָלָא בְּכֻלְּהוּ עָלְמִין,
almin bechulhu kala itar nafkei dahavena ve'ad dechavraya

מָאן חַבְרִין דְּקָיְימִין הָכָא, אִתְעֲטָרוּ, בְּגִינֵיהּ דְּרִבִּי שִׁמְעוֹן,
Shimon deRibi begine itataru hacha dekayemin chavrin man

שְׁאֶלְתָּא שָׁאִיל, וְאִתְיְיהִב לֵיהּ.
le ve'ityehev shael she'elta

155. O pai de Rav Yitzchak continuou:
"Doze homens justos que haviam estado em meio aos amigos
estavam se preparando para ir até você.
Enquanto eles estavam a caminho, um som se fez ouvir em todos
os mundos:
'Amigos que estão aqui, Rav Shimon fez um pedido ao Criador
para que Rav Yitzchak não morresse! E o pedido foi concedido!'

156. וְלָא דָא בִּלְחוֹדוֹי, דְּהָא שַׁבְעִין דּוּכְתֵּי מִתְעַטְּרָן הָכָא
hacha mitatran duchtei shavin deha bilchodoy da vela

דִּילֵיהּ. וְכָל דּוּכְתָּא וְדוּכְתָּא, פָּתוּחִין פְּתִיחִין לְשַׁבְעִין
leshavin petichan patchin veduchta duchta vechol dile

עָלְמִין, וְכָל עָלְמָא וְעָלְמָא אִתְפַּתַּח לְע' רְהִיטִין, וְכָל
vechol rehitin leayin itpatach ve'alma alma vechol almin

רְהִיטָא וּרְהִיטָא, אִתְפַּתַּח לְשַׁבְעִין כִּתְרִין עִלָּאִין, וּמִתַּמָּן אִתְפַּתְּחוּ
itpatachu umitaman ilain kitrin leshavin itpatach urhita rehita

אַרְחִין לְעַתִּיקָא, סְתִימָאָה דְּכֹלָּא, לְמֶחֱמֵי בְּהַהוּא נְעִימוּתָא
ne'imuta behahu lemechemei dechola setima'a le'atika archin

עִלָּאָה דְּנַהֲרָא, וּמַהֲנְיָא לְכֹלָּא, כְּמָה דְּאַתְּ אָמַר, לַחֲזוֹת
lachazot amer de'at kema lechola umhanya denahara ila'a

בְּנוֹעַם ה' וּלְבַקֵּר בְּהֵיכָלוֹ, מַהוּ בְּהֵיכָלוֹ וּלְבַקֵּר בְּהֵיכָלוֹ,

behechalo ulvaker mahu behechalo ulvaker Hashem beno'am

הַיְינוּ דִּכְתִיב בְּכָל בֵּיתִי נֶאֱמָן הוּא.

hu ne'eman beti bechol dichtiv hayenu

156. "Não apenas isso, mas também setenta lugares foram enfeitados para Rav Shimon no Mundo Superior.

Cada lugar tem portas que se abrem para setenta mundos, cada mundo se abrindo para setenta canais, abertos para setenta coroas celestiais, onde há caminhos conduzindo a Atika, o mais oculto de todos, para contemplar a formosura mais elevada que delicia a todos e brilha sobre todos, conforme é dito:

'*Para contemplar a formosura de Deus e para inquirir em Seu templo*'.

Conforme está escrito: '*Em toda Minha casa ele é fiel*'."

157. אֲמַר לֵיהּ אַבָּא, כַּמָּה זִמְנָא יְהִיבוּ לִי בְּהַאי

behay li yehivu zimna kama Aba le amar

עָלְמָא, אֲמַר לֵיהּ לֵית לִי רְשׁוּתָא, וְלָא מוֹדָעֵי

modaei vela reshuta li let le amar alma

לֵיהּ לְבַר נָשׁ, אֲבָל בְּהִלּוּלָא רַבָּא דְּרִבִּי שִׁמְעוֹן,

Shimon deRibi raba behilula aval nash levar le

תְּהֵא מְתַקֵּן פָּתוֹרֵיהּ, כַּמָה דְּאַתְּ אָמַר צָאֶנָה

tze'ena amer de'at kema patore metaken tehe

וּרְאֶינָה בְּנוֹת צִיּוֹן בַּמֶּלֶךְ שְׁלֹמֹה בְּעֲטָרָה

ba'atara Shelomo bamelech Tziyon benot urena

שֶׁעִטְּרָה לּוֹ אִמּוֹ בְּיוֹם וְחֲתֻנָתוֹ וּבְיוֹם שִׂמְחַת לִבּוֹ.

libo simchat uvyom chatunato beyom imo lo she'itra

157. Rav Yitzchak perguntou:

"Pai, quanto tempo foi dado a mim para viver neste mundo?"

O pai respondeu:

"Não recebi permissão para lhe dizer, pois o homem não é feito para ter essa informação.

Mas no banquete para Rav Shimon no dia de sua partida do mundo, você estará lá para arrumar sua mesa e para revelar mistérios com ele.

Conforme está escrito:

'Mulheres de Sião, venham ver o rei! O rei Salomão está usando a coroa que recebeu da sua mãe no dia do seu casamento, naquele dia de tanta felicidade".

158. אַדְהֲכֵי אִתְּעַר רִבִּי יִצְחָק, וַחֲוָה וְזָיֵיךָ, וְאַנְפּוֹי
ve'anpoy chayech vahava Yitzchak Ribi itar adhachei

נְהִירִין, וְזָמָא רִבִּי שִׁמְעוֹן, וְאִסְתְּכַל בְּאַנְפּוֹי, אֲמַר לֵיה
le amar be'anpoy ve'istakel Shimon Ribi chama nehirin

מִלָּה וַזִדְתָּא שְׁמַעְתָּא, אֲמַר לֵיה וַדַּאי, סַח לֵיה, אִשְׁתְּטַח
ishtatach le sach vaday le amar shemata chadta mila

קַמֵּיה דְּרִבִּי שִׁמְעוֹן.
Shimon deRibi kame

158. Rav Yitzchak então despertou, riu e seu rosto brilhou.

Rav Shimon olhou para o rosto dele e disse:

"Você ouviu uma grande revelação".

Rav Yitzchak respondeu:

"Certamente eu ouvi".

E contou para Rav Shimon o que viu em seu sonho, e se prostrou no chão diante do mestre.

159. תָּאנָא, מֵהַהוּא יוֹמָא, הֲוָה רִבִּי יִצְחָק אָזֵיד אוֹדִי לִבְרֵיה
livre ached Yitzchak Ribi hava yoma mehahu tana

בִּידֵיה, וְלָעֵי לֵיה בְּאוֹרַיְיתָא, וְלָא הֲוָה שַׁבְקֵיה. כַּד
kad shavke hava vela be'orayeta le velaei bide

הֲוָה עָאל קַמֵּיה דְּרִבִּי שִׁמְעוֹן, אוֹתְבֵיה לִבְרֵיה לְבַר,
levar livre otve Shimon deRibi kamé al hava

וְיָתֵיב קַמֵּיה דְּרִבִּי שִׁמְעוֹן, וַהֲוָה קָרֵי קַמֵּיה
kame karei vahava Shimon deRibi kamé veyatev

ה׳   עָשְׁקָה לִי עָרְבֵנִי.

arveni   li   ashka Hashem

159. Aprendemos que, a partir daquele dia, Rav Yitzchak pegou a mão de seu filho, estudou a Torá com ele e nunca o deixou. Quando ele ficava diante de Rav Shimon, seu filho permanecia do lado de fora.

Rav Yitzchak ficava sentado diante de Rav Shimon e declarava: "Ó Deus, remova minha dor e seja minha proteção".

MEDITAÇÃO

Ler esta seção e usar esta meditação pode despertar a
energia para remover julgamentos. Da mesma maneira
que Rav Shimon removeu o julgamento de morte
dirigido a Rav Yitzchak, nós também podemos obter o
poder de remover decretos negativos.

Direção de leitura →

מַלְאַךְ אִסְתַּלֵּיק דַּהֲוָה, דַּהֲוָה אֶלְעָזָר רִבִּי וְזִמָּא, אַדְהָכֵי,
malach istalek dahava Elazar Ribi chama adhachei

שִׁמְעוֹן דְּרִבִּי בַּאֲתַר דְּטִיפְסָא, קוֹפְטְרָא לֵית וַאֲמַר, הַמָּוֶת,
Shimon deRibi ba'atar detifsa koftera let va'amar hamavet

בֶּן יוֹחָאי שְׁכִיוַז.
shechiach Yorrai ben

*Enquanto Rav Shimon falava, Rav Elazar viu o Anjo da
Morte partir e disse: "Nenhum julgamento permanece no
lugar em que Rav Shimon se encontra".*

Um lugar além da morte:

"O canal da imortalidade"

(Zohar, Terumá, Versículo 467)

Quase todos nós temos medo da morte.

Embora ela pareça inevitável e além de nosso controle, a Kabbalah ensina que isso não é bem assim.

O mundo como o conhecemos não é o último estado da existência.

A morte é necessária no estágio em que nos encontramos, mas, no final, alcançaremos a imortalidade graças ao nosso trabalho espiritual.

Ao contrário de outros objetivos espirituais que podemos atingir individualmente, a imortalidade só poderá ser atingida quando uma massa crítica de pessoas tiver sido alcançada e uma transformação ocorrer para toda a humanidade.

O *Zohar* revela que existe no mundo um local onde o anjo da destruição não tem domínio, onde a morte não existe.

A letra *Tet* do alfabeto hebraico é um canal para a vida sem fim e está suspensa sobre esse lugar. E devido à energia dessa letra, a morte ali não tem poder.

O anjo da destruição não pode entrar naquele local e ele foge da letra *Tet*.

A localização física desse lugar não tem importância, não se trata de um Shangrilá mágico a ser procurado.

Esse lugar físico representa uma semente de consciência que pode florescer e se tornar uma consciência global de que a imortalidade é possível.

Depois de pedir ao Rav Yitzchak uma explicação a esse respeito, os alunos se aproximam de Rav Shimon.

Ele explica então que Deus criou o mundo utilizando a energia das letras hebraicas e as inscrições do Nome Sagrado.

Como nos ensinam os kabalistas, a língua hebraica e suas letras constituem um meio universal de comunicação. Elas são formas por meio das quais toda a humanidade pode se conectar com a Luz do Criador.

O trabalho espiritual de trazer a imortalidade para o nosso mundo já foi iniciado para nós.

Deus plantou a semente da imortalidade ao criar um lugar onde não existe a morte. Esse local é uma linha aberta - um canal - para a energia da imortalidade.

Devido à existência dessa semente, não precisamos criar algo a partir do nada. A nós, cabe a tarefa bem mais fácil de expandir um canal já existente.

Para fazê-lo, não precisamos buscar ou ir até o local físico da imortalidade. Nosso trabalho espiritual deve ser o de nos conectarmos com a energia da imortalidade e com a "morte da morte" que é o nosso verdadeiro destino.

Nesta seção é importante entender por que Rav Yitzchak não aceita comentar o motivo do anjo da morte não ter domínio naquele local. Rav Yitazchak não comenta nada porque ele próprio não havia recebido ensinamento de seus professores a esse respeito.

Sendo um kabalista, ele jamais falaria sobre algo a respeito do qual ele não tivesse recebido instrução. E assim, a pergunta é levada à autoridade mais elevada que é Rav Shimon.

Direção de leitura ←

467. אֲתַר אִית בְּיִשׁוּבָא, דְּלָא שַׁלְטָא בֵּיהּ הַהוּא מְחַבְּלָא,
mechabla hahu be shalta delá beyisuva it atar

וְלָא אִתְיְיהִיב לֵיהּ רְשׁוּ לְאַעֲלָא תַּמָּן, וְכָל אִינּוּן
inun vechol taman le'a'ala reshu le ityehiv vela

דְּדַיְירֵי תַּמָּן, לָא מֵתִין, עַד דְּנָפְקִין לְבַר מִקַּרְתָּא.
mikarta levar denafkin ad metin la taman dedayerei

וְלֵית לָךְ בַּר נָשׁ מִכָּל דְּדַיְירִין תַּמָּן, דְּלָא
dela ta'ama dedayerin mikol nash bar lach velet

מֵתִין, וְכֻלְּהוּ מֵתִין כִּשְׁאַר בְּנֵי נָשָׁא, אֲבָל לָאו
lav aval nasha Benei kishar metin vechulhu metin

בְּמָתָא. מַאי טַעְמָא בְּגִין דְּלָא יַכְלִין לְמֵיתַב
lemetav yachlin delá begin ta'ama mai bemata

תָּדִיר בְּמָתָא, אֶלָּא אִלֵּין נָפְקִין, וְאִלֵּין עָאלִין, וְעַל דָּא
da ve'al alin ve'ilen nafkin ilen ela bemata tadir

כֻּלְּהוּ מֵתִין.
metin kulhu

467. Há um local no mundo onde o anjo da destruição e da morte não tem domínio nem permissão de entrar.
As pessoas que ali residem só morrem quando saem dessa cidade. E não há ninguém ali que não morra. Todos morrem em outros lugares, como as demais pessoas, mas não naquela cidade.
Por que elas morrem?
Elas não podem permanecer naquela cidade o tempo todo. E como estão sempre entrando e saindo dali, elas acabam morrendo em algum outro local.

468. מַאי טַעְמָא לָא שַׁלְטָא תַּמָּן הַהוּא מַלְאָךְ מְחַבְּלָא.
mechabla malach hahu taman shalta la ta'ama mai

אִי תֵּימָא דְּלָא קַיְימָא בִּרְשׁוּתֵיהּ, הָא אַרְעָא קַדִּישָׁא
kadisha ara ha birshute kayema delá tema i

195

דְּלָא קָיְימָא בְּרְשׁוּ אַחֲרָא, וּמֵתִין, בְּהַהוּא אֲתַר
atar behahu umetin achara birshu kayema delá

אֲמַאי לָא מֵתִין. אִי תֵימָא בְּגִין קְדוּשָׁא, לֵית אֲתַר
atar let kedusha begin tema i metin la amay

בִּקְדוּשָׁה בְּכָל יְשׁוּבָא כְּגַוְונָא דְּאֶרֶץ
de'eretz kegavná yishuva bechol bikdusha

יִשְׂרָאֵל. וְאִי תֵימָא, בְּגִין הַהוּא גַּבְרָא דִּבְנֵי לָהּ. כַּמָה
kama la devanei gavra hahu begin tema ve'i Israel

בְּנֵי נָשָׁא הֲווֹ דְּזָכוּתֵיהוֹן יַתִּיר מִדִּילֵיהּ. אָמַר
amar midile yatir dizchutehon havo nasha Benei

רַבִּי יִצְחָק, אֲנָא לָא שְׁמַעְנָא וְלָא אֵימָא.
ema vela shemana la ana Yitzchak Rabi

468. Por que razão o anjo da destruição não tem domínio ali?
Se dissermos que as pessoas não morrem ali porque a cidade não
está sob o domínio do anjo da destruição, como faremos para
explicar o fato de que as pessoas morrem na Terra Santa onde ele
também não tem domínio?
Então por que as pessoas não morrem nesse lugar?
Não podemos dizer que é devido à santidade do local, pois
não há lugar tão sagrado como a Terra Santa, e lá, as pessoas
morrem. Se dissermos que é devido ao mérito do homem que
construiu a cidade, temos que concordar que há outras pessoas
que têm mais mérito do que ele.
Rav Yitzchak disse:
"Eu não ouvi dos meus professores nada sobre isso, e não posso
comentar".

469. אָתוּ שָׁאִילוּ לֵיהּ לְרַבִּי שִׁמְעוֹן, אָמַר לוֹן, וַדַּאי
vaday lon amar Shimon leRabi le shailu atu

הַהוּא אֲתַר לָא שַׁלְטָא עֲלֵיהּ מַלְאָךְ הַמָּוֶת, וְקוּדְשָׁא
veKudsha hamavet malach ale shalta la atar hahu

בְּרִיךְ הוּא לָא בָּעֵי דִּבְהַהוּא אֲתַר יְמוּת בַּר
bar yemut atar divhahu baei la Hu Berich

נָע לְעָלְמִין, וְאִי תֵימָא, דִקֹדֶם לָכֵן בְּהַהוּא
nash le'almin ve'i tema dekodem lachen behahu

דּוּכְתָּא, עַד לָא אִתְבְּנֵי, מִיתוּ בֵּיה בְּנֵי נָשָׁא, לָאו
duchta ad la itbenei mitu be Benei nasha lav

הָכִי. אֶלָּא מִיּוֹמָא דְּאִתְבְּרֵי עָלְמָא, אִתְתָּקָן הַהוּא אֲתַר,
hachi ela miyoma de'itberei alma itetakan hahu atar

לְקִיּוּמָא, וְרָזָא דְּרָזִין הָכָא, לְאִנּוּן דְּמִסְתַּכְּלֵי
lekiyuma veraza derazin hacha le'inun demistaklei

בְּרָזָא דְּחָכְמְתָא.
beraza dechachmeta

469. Eles vieram e perguntaram a Rav Shimon.
Ele disse:
"Certamente o Anjo da Morte não tem domínio sobre aquele
lugar, e Deus não quer que nenhuma pessoa jamais morra lá.
Se dissermos que originalmente as pessoas de fato morriam
naquele lugar antes que a cidade fosse construída, não estaremos
dizendo o que realmente acontecia.
Desde o dia em que o homem foi criado, aquele lugar estava
estabelecido, e o segredo dos segredos está contido nessa ideia,
para aqueles que avistam os segredos da Sabedoria.

470. כַּד בָּרָא קוּדְשָׁא בְּרִיךְ הוּא עָלְמָא, בָּרָא לֵיה
le bara alma Hu Berich Kudsha bara kad

בְּרָזָא דְּאַתְוָון, וְאִתְגַּלְגְּלוּ אַתְוָון, וּבָרָא עָלְמָא, בְּגִלּוּפֵי
begilufei alma uvara atvan ve'itgalgelu de'atvan beraza

דִּשְׁמָא קַדִּישָׁא. אִתְגַּלְגְּלוּ אַתְוָון, וְאִסְתַּחֲרוּ עָלְמָא בְּגִלּוּפֵי
begilufei alma ve'ascharu atvan itgalgelu kadisha dishma

וְכַד אִתְגְּלֵי וְאִתְפַּשַׁט עָלְמָא וְאִתְבְּרֵי, וַהֲווֹ אַתְוָון
atvan vahavo ve'itberei alma ve'itpashat itgelei vechad

סוּחֲרָן לְמִבְרֵי, אָמַר קוּדְשָׁא בְּרִיךְ הוּא דְּיִסְתַּיֵּים
deyistayem Hu Berich Kudsha amar lemivrei sacharan

בְּיוֹ"ד, אִשְׁתְּאָרַת אֶת ט' בְּהַהוּא דּוּכְתָּא, תַּלְיָא בָּאֲוִירָא,
ba'avera talya duchta behahu tet at ishte'arat beyod

טֵי"ת, אִיהוּ אָת, דְּנְהִירוּ וַחַיִּין, בְּגִין כָּךְ, מַאן דְּחָזֵי
dechamei man kach begin chayin dinhiru at ihu tet

טֵי"ת בְּחֶלְמֵיהּ, סִימָנָא טָבָא הוּא לֵיהּ, וְחַיִּין אִתְתָּקָנוּ
itetakanu vechayin le hu tava simana bechelme tet

לֵיהּ. וְעַל דָּא בְּגִין דַּהֲוָה ט' תַּלְיָא עַל גַּבֵּי
gabei al talya tet dahava begin da ve'al le

הַהוּא אֲתָר, לָא שַׁלְטָא בֵּיהּ מוֹתָא.
mota be shalta la atar hahu

470. "Quando Deus criou o mundo, Ele o criou com o segredo das letras do alfabeto hebraico.

As letras começaram a girar, partindo da última até chegar à primeira. E Ele criou o mundo com as inscrições do Nome Sagrado e as letras giraram e circundaram o mundo com inscrições.

Quando o mundo se tornou manifesto, quando se expandiu e foi criado e as letras estavam girando para criar, Deus disse que o mundo deveria ser concluído com *Yud*, a décima letra.

A letra *Tet*, a nona letra, ficou suspensa no ar naquele lugar, onde o anjo destruidor não teria domínio.

Tet é a letra que ilumina com vida, portanto, é um bom sinal enxergar a letra *Tet* em um sonho, e a vida está preparada para quem a vê.

Portanto, uma vez que *Tet* está suspensa sobre aquele lugar, a morte não tem domínio ali".

> ## MEDITAÇÃO
>
> Ler esta seção desperta o entendimento de que o canal da imortalidade existe. Mantém nosso foco na imortalidade, enxergando-a não apenas como o objetivo de nosso trabalho, mas também como nosso verdadeiro destino.

← Direção de leitura

אֲתָר אִית בְּיִשׁוּבָא, דְּלָא שָׁלְטָא בֵּיהּ הַהוּא מְחַבְּלָא,
atar it beyisuva delá shalta be hahu mechabla

וְלָא אִתְיְיהִיב לֵיהּ רְשׁוּ לְאַעֲלָא תַּמָן,
vela ityehiv le reshu le'a'ala taman

Há um local no mundo onde o anjo da destruição e da morte não tem domínio nem permissão de entrar.

199

Ajuda das almas dos justos

"O falecimento de Rav Shimon"

(*Zohar*, *Ha'azinu*, Versículo 196)

A vida nos traz situações com as quais simplesmente não conseguimos lidar sozinhos.

Precisamos de ajuda e a Kabbalah nos oferece a sabedoria para enfrentar esses desafios.

Mas além do conhecimento, a Kabbalah nos oferece ferramentas práticas. Uma delas é o poder de obter assistência das almas dos justos que partiram deste mundo.

Isso pode ser feito ao visitarmos os túmulos dessas pessoas justas e também ao estudarmos seus ensinamentos.

Os kabalistas ainda explicam que quando um justo morre, é no momento de seu falecimento que a totalidade de sua Luz é revelada.

Esta seção do *Zohar* descreve os momentos finais da vida de Rav Shimon, ao ser concluída a *Idra Zuta* (a assembleia menor).

Fala da apreciação que todos ao redor de Rav Shimon sentiam por ele.

Ele era tão respeitado que por ocasião de sua morte houve violentas discussões sobre o local onde deveria ser enterrado.

A leitura desta seção nos conecta com o nível máximo da alma de Rav Shimon.

← ─────────

Direção de leitura

196. אָמַר רִבִּי אַבָּא, לָא סַיֵּים בּוּצִינָא קַדִּישָׁא לְמֵימַר
lememar kadisha butzina siyem la Aba Ribi amar

חַיִּים, עַד דְּאִשְׁתְּכְכוּ מִלּוֹי, וַאֲנָא כְּתַבְנָא סָבַרְנָא
savarna katavna va'ana miloy de'ishtechachu ad chayim

לְמִכְתַּב טְפֵי, וְלָא שְׁמַעְנָא. וְלָא זָקִיפְנָא רֵישָׁא, דִּנְהוֹרָא הֲוָה
hava dinhora resha zakifna vela shemana vela tefei lemichtav

סַגִּי, וְלָא הֲוָה יָכִילְנָא לְאִסְתַּכְּלָא. אַדְהָכִי אוֹדַעְזַעְנָא, שְׁמַעְנָא
shemana izda'aza'ana adhachi le'istakla yachilna hava vela sagi

קָלָא דְּקָארֵי וְאָמַר אֶרֶךְ יָמִים וּשְׁנוֹת חַיִּים וְגוֹ'.
vegomer chayim ushnot yamim erech ve'amar dekarei kala

שְׁמַעְנָא קָלָא אַחֲרָא, וְחַיִּים שָׁאַל מִמְּךָ וְגוֹ'.
vegomer mimcha sha'al chayim achara kala shemana

196. Rav Aba falou:

"Rav Shimon mal tinha acabado de pronunciar a palavra 'vida' quando suas palavras cessaram.

Eu escrevia suas palavras e estava prestes a escrever mais, e aí não ouvi mais nada.

Não levantei a minha cabeça, porque a Luz era grande e eu não conseguia olhar.

Então tremi e ouvi uma voz chamando e dizendo: 'Extensão de dias e vida longa'.

Então ouvi outra voz dizendo: 'Ele pediu vida a Ti...'

197. כָּל הַהוּא יוֹמָא, לָא אַפְסִיק אֶשָּׁא מִן בֵּיתָא, וְלָא
vela beta min esha afsik la yoma hahu kol

הֲוָה מַאן דְּמָטֵי לְגַבֵּיהּ, דְּלָא יָכִילוּ דִּנְהוֹרָא
dinhora yachilu delá legabe dematei man hava

וְאֶשָּׁא הֲוָה בְּסוֹחֲרָנֵיהּ. כָּל הַהוּא יוֹמָא נָפִילְנָא עַל
al nafilna yoma hahu kol besucharane hava ve'esha

202

אַרְעָא, וְגֵעֵינָא. בָּתַר דְּאָזִיל אֶשָׁא, וַחֲמֵינָא לְבוּצִינָא
ara vegaena batar de'azil esha chamena levutzina

קַדִּישָׁא קֹדֶשׁ הַקֳּדָשִׁים, דְּאִסְתַּלַּק מִן עָלְמָא, אִתְעַטָּף
kadisha kodesh hakodashim de'istelak min alma itataf

שְׁכִיב עַל יְמִינֵיהּ, וְאַנְפּוֹי וַיְיכִין.
shachiv al yemine ve'anpoy chayechin

197. Durante todo aquele dia, o fogo não cessou na casa, e ninguém pôde chegar perto dele, devido à Luz e ao fogo que o circundaram. Fiquei prostrado no chão o dia todo, chorando alto.

Depois que o fogo cessou, vi que o Rav Shimon – a Luz Sagrada, o Sagrado dos Sagrados – havia partido deste mundo, e estava deitado sobre seu lado direito com a fisionomia sorridente.

198. קָם רִבִּי אֶלְעָזָר בְּרֵיהּ, וְנָטִיל יְדוֹי וְנָשִׁיק לוֹן,
kam Ribi Elazar bere venatil yedoy venashik lon

וְאֲנָא לְוַזִיכְנָא עַפְרָא דִתְחוֹת רַגְלוֹי. בָּעוּ וְזַבְרַיָּיא
va'ana lachichna afra ditchot ragloy bau chavraya

לְמִבְכֵי, וְלָא יְכִילוּ לְמַלְלָא. שָׁארוּ וְזַבְרַיָּיא בִּבְכִיָּה,
lemivkei vela yachilu lemalela sharu chavraya bevichya

וְרִבִּי אֶלְעָזָר בְּרֵיהּ נָפִיל תְּלַת זִמְנִין, וְלָא יְכִיל לְמִפְתַּח
veRibi Elazar bere nafil telat zimnin vela yachil lemiftach

פּוּמֵיהּ. לְבָתַר פָּתַח וְאָמַר, אַבָּא אַבָּא. תְּלַת הֲווֹ, וְחַד
pume levatar patach ve'amar aba Aba telat havo chad

אִתְחַזֵירוּ. הַשְׁתָּא תְּנוּד וַיֵּיתָא, צִפֳּרָאן טָאסִין, מִשְׁתַּקְעָן
itchazeru hashta tenud cheyvata tziparan tasin mishtakan

בְּנוּקְבָּאן דְּיַמָּא רַבָּא, וְוַזִבְרַיָּיא כֻּלְּהוּ עֲתִיַּין דְּמָא.
benukban deyama raba vechavraya kulhu shatyan dama

198. Rav Elazar, seu filho, levantou-se e pegou suas mãos e as beijou, enquanto eu beijava o pó sob seus pés.

Os amigos começaram a chorar.

Rav Elazar caiu no chão três vezes e não conseguia abrir a boca. Finalmente ele disse:

"Pai, pai, havia três que se tornaram um novamente. Agora, depois que essa grande árvore se foi, os animais selvagens que costumavam andar sob a árvore vão vagar, e os pássaros que costumavam morar em seus galhos fortes irão afundar na fissura do grande mar, e os amigos, em vez do bem que recebiam da árvore, beberão sangue".

קָם רבִּי וַזִּיא עַל רַגְלוֹי וְאָמַר, עַד הַשְׁתָּא .199
hashta ad ve'amar ragloy al Chiya Ribi kam

בּוּצִינָא קַדִּישָׁא מִסְתְּכַל עֲלָן. הַשְׁתָּא לָאו הוּא עִדָּן,
idan hu lav hashta alan mistekal kadisha butzina

אֶלָּא לְאִשְׁתַּדְלָא בִּיקָרֵיהּ. קָם רבִּי אֶלְעָזָר וְרבִּי אַבָּא,
aba veRibi Elazar Ribi kam bikare le'ishtadla ela

נָטְלוּ לֵיהּ בְּטִיקְרָא דְסִיקְלָא, מַאן וְזָמָא עִרְבּוּבְיָא דְּחַבְרַיָּיא,
dechavraya irbuvya chama man desikla betikra le natlu

וְכָל בֵּיתָא הֲוָה סָלִיק רֵיוָזִין סְלִיקוּ בֵּיהּ בְּפוּרְיֵיהּ,
befurye be seliku rechin salik hava beta vechol

וְלָא אִשְׁתַּמַּשׁ בֵּיהּ, אֶלָּא רבִּי אֶלְעָזָר וְרבִּי אַבָּא.
aba veRibi Elazar Ribi ela be ishtemash vela

199. Rav Chiya levantou-se e disse:
"Até agora, a Luz Sagrada nos protegia. Agora é a hora de lutar para honrá-lo".
Rav Elazar e Rav Aba se levantaram e levaram Rav Shimon para uma cama que parecia uma escada. Quem já havia visto alguma vez tal confusão dos amigos? A casa toda emitia boas fragrâncias. Eles o levantaram em sua cama, e ninguém o serviu a não ser Rav Elazar e Rav Aba.

אָתוּ טְרִיקִין, וּמָארֵי תְּרִיסִין דִּכְפַר צִפֵּרִי וְטַרְדָא בְּהוּ .200
behu vetarda Tzipori dichfar terisin umarei terikin atu

בְּנֵי מֵרוֹנְיָא, צַוְוֹחִין בְּקִטְירִין, דְּוַהֲשִׁיבוּ דְּלָא יִתְקְבַר
yitkebar delá dechashivu biktirin tzavechin Meronya Benei

תַּמָּן. בָּתַר דְּנָפַק פּוּרְיָיא, הֲוָה סָלִיק בַּאֲוִירָא. וְאֶשָׁא הֲוָה
hava ve'esha ba'avira salik hava purya denafak batar taman

לָהִיט קַמֵּיה, שָׁמְעוּ קָלָא, עוּלוּ וְאָתוּ, וְאִתְכַּנָּשׁוּ לְהִילוּלָא
lehilula ve'itkenashu ve'atu ulu kala shamu kamé lahit

דְּרִבִּי שִׁמְעוֹן, יֵבָא שָׁלוֹם יָנוּחוּ עַל מִשְׁכְּבוֹתָם.
mishkevotam al yanuchu shalom yavo Shimon deRibi

200. Bandidos e homem armados vieram da aldeia de Tzipori,
querendo que ele fosse enterrado lá.

Os habitantes de Meron os fizeram ir embora e gritaram com
eles e suas multidões, porque queriam que Rav Shimon fosse
enterrado em Meron.

Depois que a cama dele foi levada da casa, ela se elevou no ar e
um fogo ardeu diante dela. Então uma voz disse:

"Venham e reúnam-se para a celebração de Rav Shimon. Que ele
venha em paz e descanse em seu lugar de descanso".

201. כַּד עָאל לִמְעַרְתָּא שָׁמְעוּ קָלָא בִּמְעָרְתָּא, זֶה הָאִישׁ
haish ze bimarta kala shamu limarta al kad

מַרְעִישׁ הָאָרֶץ מַרְגִּיז מַמְלָכוֹת, כַּמָּה פִּטְרִין בִּרְקִיעָא
birkia pitrin kama mamlachot margiz ha'aretz marish

מִשְׁתַּכְּחִין בְּיוֹמָא דֵין בְּגִינָךְ, דְּנָא דְּרִבִּי שִׁמְעוֹן
Shimon deRibi dena beginach den beyoma mishtakchin

בֶּן יוֹחַאי, דִּמְאָרֵיה מִשְׁתַּבַּח בֵּיה בְּכָל יוֹמָא. זַכָּאָה
zaka'a yoma bechol be mishtebach demare Yorrai ben

וְחוּלָקֵיה לְעֵילָּא וְתַתָּא. כַּמָּה גְּנִיזִין עִלָּאִין מִסְתַּמְרָן לֵיה,
le mistamran ilain genizin kama vetata le'ela chulake

עֲלֵיה אִתְּמַר וְאַתָּה לֵךְ לַקֵּץ וְתָנוּחַ וְתַעֲמוֹד לְגוֹרָלְךָ
legoralcha veta'amod vetanuach laketz lech ve'ata itmar ale

לְקֵץ הַיָּמִין.
hayamin leketz

201. Quando Rav Shimon entrou na caverna, eles ouviram uma
voz vindo de dentro:

"Este é o homem que fez com que a terra tremesse, que fez reinados tremerem.

Quantos anjos incitadores nos céus foram aquietados hoje por sua causa!

Este é Rav Shimon Bar Yorrai, com quem seu Mestre glorifica a Si mesmo diariamente.

Abençoada seja sua porção acima e abaixo. Quantos tesouros celestiais o aguardam!

A respeito dele se diz:

'Tu, porém, segue o teu caminho até ao fim; pois descansarás e, ao fim dos dias, te levantarás para receber a tua herança'".

MEDITAÇÃO

Com esta meditação, conectamo-nos com a grande alma de Rav Shimon Bar Yorrai e trazemos sua assistência às nossas vidas quando dela precisamos.

Direção de leitura

בְּמֵעַרְתָּא, זֶה הָאִישׁ מַרְעִישׁ הָאָרֶץ מַרְגִּיז מַמְלָכוֹת,
mamlachot margiz ha'aretz marish haish ze bimarta

כַּמָּה פְּטִירִין בִּרְקִיעָא מִשְׁתַּכְּכִין בְּיוֹמָא דֵין בְּגִינָךְ,
beginach den beyoma mishtakchin birkia pitrin kama

דְּנָא דְּרִבִּי שִׁמְעוֹן בֶּן יוֹחָאי, דְּמָארֵיהּ מִשְׁתַּבַּח בֵּיהּ
be mishtebach demare Yorrai ben Shimon deRibi dena

בְּכָל יוֹמָא. זַכָּאָה וֹוּלְקֵיהּ לְעֵילָּא וְתַתָּא. כַּמָּה גְּנִיזִין
genizin kama vetata le'ela chulake zaka'a yoma bechol

עִלָּאִין מִסְתַּמְּרָן לֵיהּ, עֲלֵיהּ אִתְּמַר וְאַתָּה לֵךְ לַקֵּץ
laketz lech ve'ata itmar ale le mistamran ilain

וְתָנוּחַ וְתַעֲמוֹד לְגוֹרָלְךָ לְקֵץ הַיָּמִין.
hayamin leketz legoralcha veta'amod vetanuach

Este é o homem que fez com que a terra tremesse, que fez reinados tremerem. Quantos anjos incitadores nos céus foram aquietados hoje por sua causa! Este é Rav Shimon Bar Yorrai, com quem seu Mestre glorifica a Si mesmo diariamente. Abençoada seja sua porção acima e abaixo. Quantos tesouros celestiais o aguardam! A respeito dele se diz: "Tu, porém, segue o teu caminho até ao fim; pois descansarás e, ao fim dos dias, te levantarás para receber a tua herança."

A FONTE DE TODA A PLENITUDE VERDADEIRA

"RAV ABA E RAV YOSI"

(ZOHAR, LECH LECHÁ, VERSÍCULO 282)

Neste exato instante, o que você almeja em sua vida?

Talvez seja um trabalho melhor ou um relacionamento estimulante. Você pode estar esperançoso de conseguir fazer aquela viagem para o Havaí, de adquirir uma casa de veraneio em algum lugar da moda, ou obter "mais" coisas, "diferentes" e "melhores".

Não sinta absolutamente nenhuma culpa por isso. Na verdade, a Kabbalah nos diz que devemos desfrutar do que o mundo físico tem a oferecer. Mas devemos ter em mente que nada no mundo físico pode nos trazer plenitude duradoura.

Sempre que sentimos alegria com alguma coisa, a verdadeira fonte daquele prazer é a centelha da Luz do Criador ali presente.

Até mesmo quando comemos um pedaço de chocolate, o prazer que sentimos é na verdade a Luz, porque há uma centelha de Luz em todas as coisas físicas. Mas esse prazer é apenas momentâneo, porque é apenas uma centelha de Luz.

Somente por meio de nosso trabalho espiritual podemos nos conectar com a infinita abundância de Luz que traz a plenitude completa e duradoura.

Esta seção do *Zohar* fala do estudo da Torá, ou trabalho espiritual, que é muito mais do que uma experiência intelectual. Esse estudo revela uma Luz enorme, tanto para o aluno individualmente como para o mundo.

Nossa motivação para nos dedicarmos ao estudo da Torá não deve ser nosso desejo egoísta de obter conhecimento. Nosso objetivo dever ser o de revelar Luz para nós mesmos e de compartilhá-la com outros.

Esta seção se relaciona com a Luz que é revelada por meio do estudo da Torá (trabalho espiritual).

Rav Aba ajuda seu aluno, Rav Yosi, a transformar seu trabalho espiritual, para que deixe de ser uma busca egoísta e se torne um processo de conexão com a Luz do Criador, com o intuito de melhorar a vida de Rav Yosi e do mundo como um todo.

Direção de leitura →

282. רִבִּי אַבָּא כַּד אָתָא מֵהָתָם, הֲוָה מַכְרִיז, מָאן
man machriz hava mehatam ata kad Aba Ribi

בָּעֵי עוּתְרָא, וּמָאן בָּעֵי אוֹרְכָא דְּחַיֵּי בְּעָלְמָא דְּאָתֵי,
de'atei be'alma dechayei orcha baei uman otra baei

יֵיתֵי וְיִשְׁתַּדַּל בְּאוֹרַיְיתָא. הֲווֹ מִתְכַּנְּשִׁין כּוּלֵי
kulei mitkanshin havo be'orayeta veyishtadal yetei

עָלְמָא לְגַבֵּיהּ. רַוָוק חַד הֲוָה בִּשְׁיִבְבוּתֵיהּ. יוֹמָא וַד
chad yoma beshivevute hava chad ravak legabe alma

אָתָא לְגַבֵּיהּ, אֲמַר לֵיהּ רִבִּי, בָּעֵינָא לְמִלְעֵי בְּאוֹרַיְיתָא, כְּדֵי
kedei be'orayeta lemilei baena Ribi le amar legabe ata

שֶׁיֶהֱוֵי לִי עוּתְרָא. אֲמַר לֵיהּ הָא וַדַּאי. אֲמַר לֵיהּ
le amar vaday ha le amar otra li sheyihye

מַה שְּׁמֶךְ. אֲמַר לֵיהּ יוֹסֵי. אֲמַר לוֹן לְתַלְמִידוֹי
letalmidoy lon amar Yosei le amar shemecha ma

דְּיִקְרוּן לֵיהּ רִבִּי יוֹסֵי מָארֵי דְּעוּתְרָא. וִיקָרָא. יָתֵיב
yatev vikara de'otra marei Yosei Ribi le deyikrun

וְאִתְעַסַּק בְּאוֹרַיְיתָא.
be'orayeta ve'itasak

282. Depois que Rav Aba retornou da Babilônia, ele declarou que aqueles que desejassem riqueza e vida eterna no Mundo Vindouro deveriam estudar a Torá. E, assim, a comunidade inteira se reuniu ao redor dele para se dedicar a esse estudo.

Na vizinhança, havia um homem solteiro que certo dia disse ao Rav Aba:

"Rav Aba, quero estudar a Torá para que eu possa ficar rico".

Rav Aba respondeu:

"Claro, sem dúvida, você merecerá muita riqueza ao estudar a Torá. Qual é o seu nome?"

O homem respondeu: "Yosi".

Então Rav Aba disse aos alunos para se referirem a ele como
"Yosi, um homem com muita riqueza e glória".
E Yosi assumiu a tarefa de estudar a Torá.

283. לְיוֹמִין, הֲוָה קָאֵים קַמֵּיה, אֲמַר לֵיה רִבִּי, אָן
    an   Ribi   le   amar   kamé   kaem   hava   leyomin

הוּא עוֹתְרָא. אֲמַר שְׁמַע מִינָה, דְּלָא לְשֵׁם שָׁמַיִם
 shamayim   leshem   delá   mina   shema   amar   otra   hu

קָא עָבֵיד, וְעָאל לְאִדְרֵיה, שְׁמַע זַד קָלָא דְּהֲוָה
 dahava   kala   chad   shema   le'idre   ve'al   aved   ka

אֲמַר, לָא תַעֲנְשֵׁיה, דְּגַבְרָא רַבָּא לִיהֲוֵי. תָּב לְגַבֵּיה,
legabe   tav   lihevei   raba   degavra   ta'anshe   la   amar

אֲמַר לֵיה, תִּיב בְּרִי תִּיב, וַאֲנָא יְהָיבְנָא לָךְ עוֹתְרָא.
 otra   lach   yahivna   va'ana   tiv   beri   tiv   le   amar

283. O tempo passou. Um dia, Yosi foi até seu professor e
perguntou:
"Rav Aba, onde está a riqueza que deveria vir do estudo da Torá?"
Rav Aba pensou:
"Eu vejo que ele não está estudando para seu crescimento
espiritual."
Enquanto ia para seu quarto para pensar no que fazer com Yosi,
Rav Aba ouviu uma voz dizendo:
"Não o puna, porque ele se tornará um grande homem".
Rav Aba retornou a Yosi e disse:
"Sente-se meu filho. Eu lhe darei riqueza".

284. אַדְהָכֵי, אָתָא גַּבְרָא זַד, וּמָאנָא דְּפָז בִּידֵיה, אַפְקֵיה
 afke   bide   defaz   umana   chad   gavra   ata   adhachei

וּנְפַל נְהוֹרָא בְּבֵיתָא. אֲמַר לֵיה רִבִּי בְּעֵינָא לְמִזְכֵּי
lemizkei   baena   Rabi   le   amar   beveta   nehora   unfal

בְּאוֹרַיְיתָא, וַאֲנָא לָא זְכִינָא, וּבְעֵינָא מָאן דְּיִשְׁתַּדַּל
deyishtadal   man   uvaena   zachina   la   va'ana   be'orayeta

בְּאוֹרַיְיתָא בְּגִינִּי. דְּהָא אִית לִי עוֹתְרָא סַגֵּי, דְּקָא שֵׁבַק

shevak deka sagei otra li it deha begini be'orayeta

לִי אַבָּא, דְּכַד יָתִיב עַל פָּתוֹרֵיהּ, הֲוָה מְסַדַּר

mesadar hava petore al yatin dechad Aba li

עֲלֵיהּ, תְּלֵיסַר כַּסֵּי מֵאִלֵּין. וּבָעֵינָא לְמִזְכֵּי בְּאוֹרַיְיתָא,

be'orayeta lemizkei uvaena me'ilen kasei telesar ale

וַאֲנָא יָהִיבְנָא עוֹתְרָא.

otra yahivna va'ana

284. Naquele momento, um visitante surgiu com um recipiente feito de puro ouro. Enquanto ele o exibia, o brilho do objeto iluminava a casa toda. Ele disse:

"Rav Aba, quero merecer o entendimento da Torá. Mas como eu não mereci esse entendimento, estou procurando alguém que possa estudar a Torá em meu nome.

Eu herdei grande riqueza de meu pai, que costumava colocar na sua mesa treze taças como esta feita de puro ouro. Gostaria de alcançar o mérito de estudar Torá, e darei minha riqueza a quem consiga isso em meu nome".

285. אָמַר לֵיהּ לְהַהוּא רַוָּוק, תִּשְׁתַּדַּל בְּאוֹרַיְיתָא,

be'orayeta tishtadal ravak lehahu le amar

וְדַאֲיהֵיב לָךְ עוֹתְרָא, יְהַב לֵיהּ הַהוּא כַּסָּא דְּפָו. קָרָא

kara defaz kassa hahu le yehav otra lach vedayahev

עֲלֵיהּ רִבִּי אַבָּא, לֹא יַעַרְכֶנָּה זָהָב וּזְכוּכִית וּתְמוּרָתָהּ

utmurata uzchuchit zahav ya'archena lo Aba Ribi ale

כְּלִי פָו. יָתִיב וְלָעָא בְּאוֹרַיְיתָא, וְהַהוּא בַּר נָשׁ הֲוָה

hava nash bar vehahu be'orayeta vela'a yatin faz keli

יָהִיב לֵיהּ עוֹתְרָא.

otra le yahiv

285. Então, Rav Aba disse a Yosi, o homem solteiro:

"Estude a Torá e esse homem lhe dará riqueza".

O visitante então deu a Rav Aba a taça de ouro, e como resposta, Rav Aba disse o versículo:

"Com ela não se pode comparar o ouro nem o cristal; e ela não se trocará por joia de fino ouro."

Yosi, o homem solteiro, então se sentou e estudou Torá e o visitante lhe deu ouro.

.286 לְיוֹמִין עָאל וַחֲמִידוּ דְּאוֹרַיְיתָא בִּמְעוֹי, יוֹמָא חַד
chad yoma bimoy de'orayeta chamidu al leyomin

הֲוָה יָתִיב, וַהֲוָה בָּכֵי. אַשְׁכְּחֵיהּ רַבֵּיהּ דַּהֲוָה
dahava rabe ashkeche bachei vahava yativ hava

בָּכֵי. אָמַר לֵיהּ עַל מָה קָא בָּכִית. וּמָה
uma le amar bachit ka ma al le amar bachei

מִּנְּזָנָא וַיֵּי דְּעָלְמָא דְּאָתֵי, בְּגִין הַאי, לָא
la hay begin de'atei de'alma chayei manachna

בָּעֵינָא אֶלָּא לְמִזְכֵּי לְגַבָּאי. אָמַר לְהַשְׁתָּא
lehhashta amar legabay lemizkei ela be'ena

שְׁמַע מִנָּהּ דְּהָא לְשֵׁם שָׁמַיִם קָא עָבֵיד.
aved ka shamayim leshem deha mina shema

286. À medida que os dias passavam, um sincero desejo de estudar a Torá entrou no coração de Yosi. Um dia ele se sentou e chorou. Rav Aba o encontrou chorando e disse:
"Por que você está chorando?"
Yosi respondeu:
"Para obter riqueza, eu estou deixando para trás a vida no Mundo Vindouro! Eu não quero mais estudar em nome do visitante, mas quero merecer a Torá para mim mesmo".
Rav Aba falou:
"Agora eu sei que Yosi está estudando para crescer espiritualmente".

.287 קָרָא לֵיהּ לְהַהוּא גַּבְרָא, אָמַר לֵיהּ טוֹל עוֹתְרָךְ וְהַב
vehav otrach tol le amar gavra lehahu le kara

לֵיהּ לְיַתְמֵי וּלְמִסְכְּנֵי, וַאֲנָא יְהִיבְנָא לָךְ חוּלָק
chulak lach yahivna va'ana ulmiskenei leyatmei le

לֵיהּ אַהֲדַר לְעָאן דַּאֲנַן מַה בְּכָל בְּאוֹרַיְיתָא, יַתִּיר
le ahadar la'an da'anan ma bechol be'orayeta yatir

אַעֲדֵי לָא יוֹמָא וְעַד דְּפָז, כַּסָּא הַהוּא יוֹסֵי רִבִּי
a'adei la yoma ve'ad defaz kasa hahu Yosei Ribi

יוֹסֵי רִבִּי וְהָיִינוּ פַּז, בֶּן בְּנוֹי וּמִן שְׁמֵיהּ
Yosei Ribi vehayenu Pazi ben benoy umin sheme

דְּלֵית וּבְנוֹי. הוּא אוֹרַיְיתָא, לְכַמָּה וְזָכָה פַּזִי, בֶּן
delet uvnoy hu orayeta lechama vezacha pazi ben

בְּאוֹרַיְיתָא. דְּלָעֵי כְּמַאן בְּעָלְמָא טַב אֲגַר לָךְ
be'orayeta delaei keman be'alma tav agar lach

287. Rav Aba mandou chamar o visitante e lhe disse:
"Leve a sua riqueza de volta e a compartilhe com os pobres e órfãos. Eu lhe darei uma porção maior na Torá de tudo que estamos aprendendo".

Rav Yosi devolveu o ouro que o visitante havia lhe dado, e até o dia de hoje o nome *"Filho do Ouro"* (em hebraico ben Pazi) não foi tirado de Rav Yosi nem de seus filhos.

Ele se tornou o famoso Rav Yosi ben Pazi. Ele e seus filhos mereceram abundante estudo da Torá, porque não há maior recompensa no mundo do que o estudo da Torá.

E pagamento por esse estudo não é necessário, conforme está escrito:

"Com ela não se pode comparar o ouro nem o cristal; e ela não se trocará por joia de fino ouro."

Meditação

Se você perceber que está muito envolvido com coisas físicas, esta meditação o ajudará a recuperar seu foco. Utilize-a para fortalecer sua compreensão de que a plenitude suprema vem do trabalho e do entendimento espiritual.

Direção de leitura

בְּאוֹרַיְיתָא. דְּלָעֵי כְּמָאן בְּעָלְמָא טַב אֲגַר לָךְ דְּלֵית

be'orayeta   delaei   keman   be'alma   tav   agar   lach   delet

Não há maior recompensa no mundo do que o estudo da Torá. E pagamento por esse estudo não é necessário, conforme está escrito: "Com ela não se pode comparar o ouro nem o cristal; e ela não se trocará por joia de fino ouro."

ALCANÇANDO O EQUILÍBRIO:

"O PREFÁCIO DA IDRA RABA"

(ZOHAR, IDRA RABA, VERSÍCULO 8)

Na maior parte do tempo, forças externas dominam nossa vida.

Basta alguém ou alguma coisa nos aborrecer para que fiquemos focados naquela sensação negativa.

Os kabalistas nos ensinam que para manter uma conexão com a Luz, precisamos ter um espírito estável. Isso significa permanecermos equilibrados independentemente do que é dito, ouvido ou feito.

Esta seção do *Zohar* diz respeito à importância da fala, e também a ficar calado. Uma constante necessidade de falar, de mostrar a todos os segredos que conhecemos, é sinal de um espírito instável.

Criar estabilidade interna significa treinar a nós mesmos a não falar e a não reagir de modo impulsivo. É preciso lutar cada vez mais no sentido de conseguir ter um espírito estável.

Direção de leitura ←

8. רַבִּי שִׁמְעוֹן פָּתַח וְאָמַר, הוֹלֵךְ רָכִיל מְגַלֶּה סוֹד
sod megale rachil holech ve'amar patach Shimon Rabi

וְנֶאֱמַן רוּחַ מְכַסֶּה דָבָר. הוֹלֵךְ רָכִיל, הַאי קְרָא
kera hay rachil holech davar mechase ruach vene'eman

קַשְׁיָא, אִישׁ רָכִיל מִבָּעֵי לֵיהּ לְמֵימַר, מַאן הוֹלֵךְ.
holech man lememar le mibaei rachil ish kashya

אֶלָּא מַאן דְּלָא אִתְיַישַׁב בְּרוּחֵיהּ, וְלָא הֲוֵי מְהֵימָנָא,
mehemana havei vela beruche ityeshav delá man ela

הַהוּא מִלָּה דְּשָׁמַע, אָזִיל בְּגַוֵּיהּ כְּחֵיזְרָא בְּמַיָּא, עַד
ad bemaya kechizra begavey azil deshama mila hahu

דְּרָמֵי לֵיהּ לְבַר. מַאי טַעְמָא. מִשּׁוּם דְּלֵית רוּחֵיהּ
ruche delet mishum ta'ama mai levar le deramei

רוּחָא דְּקִיּוּמָא. אֲבָל מַאן דְּרוּחֵיהּ רוּחָא דְּקִיּוּמָא,
dekiyuma rucha deruche man aval dekiyuma rucha

בֵּיהּ כְּתִיב, וְנֶאֱמַן רוּחַ מְכַסֶּה דָבָר. וְנֶאֱמַן רוּחַ,
ruach vene'eman davar mechase ruach vene'eman ketiv be

קִיּוּמָא דְּרוּחָא. בְּרוּחָא תַּלְיָא מִלְּתָא. וּכְתִיב, אַל תִּתֵּן אֶת
et titen al uchtiv milta talya berucha derucha kiyuma

פִּיךְ לַחֲטִיא אֶת בְּשָׂרֶךָ.
besarecha et lachati picha

8. Rav Shimon começou a argumentação dizendo:
"'Aquele que anda fofocando revela segredos; mas o fiel de espírito os encobre.'
Este versículo é difícil. Deveria ser *'aquele que fofoca'* em vez de *'aquele que anda fofocando'*.
O que é um fofoqueiro?
Futriqueiro, fofoqueiro se refere a alguém que não estabeleceu a sua mente de forma centrada e que, portanto, não é confiável. Tudo o que ele ouve vai se acumulando dentro dele, como uma prancha que, mantida submersa na água não afunda, mas quando é solta se projeta para cima.

A respeito daquele que tem um espírito equilibrado, diz-se:
'Mas o fiel de espírito os encobre (os segredos)'
'Fiel de espírito' significa um espírito equilibrado. Tudo depende do espírito.
Também está escrito:
'Não consintas que a tua boca faça pecar a tua carne'"

MEDITAÇÃO

Ao ler esta seção, despertamos o entendimento de
que precisamos desenvolver um espírito equilibrado e
obtemos assistência para fazê-lo.

Direção de leitura →

אֲבָל מַאן דְּרוּחֵיהּ רַוְוזָא דְקָיוּמָא, בֵּיהּ כְּתִיב, וְנֶאֱמָן
vene'eman ketiv be dekiyuma rucha deruche man aval

רוּחַ מְכַסֶּה דָּבָר. וְנֶאֱמָן רַוְוז, קָיוּמָא דְרוּחָא.
derucha kiyuma ruach vene'eman davar mechase ruach

*A respeito daquele que tem um espírito estável, diz-se: 'Mas
o fiel de espírito os encobre (os segredos).' Fiel de espírito
significa um espírito equilibrado.*

Entendendo a realidade maior

"Removendo o medo da morte"

(Zohar, Vayechi, Versículo 744)

Viver neste mundo nos faz pensar que ele é tudo o que existe. Mas há também outro mundo: o mundo espiritual infinito.

Um dos objetivos de nosso trabalho espiritual é parar de viver meramente na dimensão física e desenvolver uma conscientização sobre a existência de uma realidade maior e sobre o lugar que nela ocupamos.

O sofrimento que sentimos em nosso cotidiano vem de nosso foco estreito. Quando nos conscientizamos de que há uma realidade maior, o sofrimento e o medo desaparecem.

Isso se aplica também ao nosso medo da morte. Temos medo da morte porque ela representa um mundo desconhecido.

Mas nesta seção, o *Zohar* explica que uma vez que estejamos conscientes da dimensão mais ampla, poderemos viver no mundo infinito até mesmo antes de fazermos nossa passagem desta vida. A morte se torna apenas um passo de um mundo de existência para outro, não a entrada em uma escuridão incompreensível.

Aqui o *Zohar* discute essas ideias por meio de uma história de um pai e seu filho. O filho vai embora para crescer e viver longe do palácio, mas o lugar mais prazeroso que ele encontra é a casa paterna, quando a ela retorna.

É claro que quando deixamos este mundo - desde que tenhamos atingido o crescimento espiritual e o objetivo pelo qual aqui estamos - retornamos a um lugar muito melhor.

O poder desta seção está em derrubar as barreiras entre o mundo físico e o metafísico. Expandimos nossa consciência além da dimensão física e nos abrimos para os mundos além dela.

→

Direção de leitura

744. וְאִי תֵּימָא, הָא עִלָּאִין אִינּוּן מִתְּרֵין סִטְרִין, אַמַּאי
amay sitrin mitren inun ilain ha tema ve'i

נַחְתִּין לְהַאי עָלְמָא, וְאַמַּאי אִסְתַּלְּקוּ מִנֵּיהּ. לְמַלְכָּא
lemalka miné istalku ve'amay alma lehay nachatin

דְּאִתְיְלֵיד לֵיהּ בַּר, שַׁדַּר לֵיהּ לְחַד כְּפָר, לְמַרְבָּה לֵיהּ,
le lemarba kefar lechad le shadar bar le de'ityeled

וּלְגַדְּלָא לֵיהּ, עַד דְּיִתְרַבֵּי, וְיוֹלְפוּן לֵיהּ אָרְחֵי דְּהֵיכָלָא
dehechala archei le veyolfun deyitrabei ad le ulgadla

דְּמַלְכָּא. שָׁמַע מַלְכָּא, דְּהָא בְּרֵיהּ רַב וְאִתְרַבֵּי. מַה
ma ve'itrabei rav bere deha malka shama demalka

עָבַד בִּרְחִימוּ דִּבְרֵיהּ, מְשַׁדַּר לָהּ לְמַטְרוֹנִיתָא אִמֵּיהּ
ime lematronita la meshadar divre birchimu avad

בְּגִינֵיהּ, וְאָעֵיל לְהֵיכָלֵיהּ, וְחַדֵּי עִמֵּיהּ כָּל יוֹמָא.
yoma kol imé vechadei lehechle ve'ael begine

744. Se as almas se elevam em dois lados – por que então elas descem a este mundo e por que elas o deixam?

Isso é como a história de um rei que gerou um filho e o enviou para ser criado em uma aldeia, para ali ser educado de acordo com os costumes do palácio.

Quando o rei soube que seu filho havia crescido, e por amá-lo muito, mandou a rainha, mãe dele, ir buscá-lo. Ela então o trouxe para o palácio, onde o rei diariamente se regozijava com a presença do filho.

745. כַּךְ קוּדְשָׁא בְּרִיךְ הוּא, אוֹלֵיד בַּר בְּמַטְרוֹנִיתָא, וּמַאי
umay vematronita bar oled Hu Berich Kudsha kach

אִיהוּ נִשְׁמָתָא עִלָּאָה קַדִּישָׁא, שַׁדַּר לֵיהּ לִכְפַר, לְהַאי
lehay lichfar le shadar kadisha ila'a nishmata ihu

עָלְמָא, דְּיִתְרַבֵּי בֵּיהּ, וְיוֹלְפוּן לֵיהּ אוֹרְחֵי דְּהֵיכָלָא
dehechala orchei le veyolfun be deyitrabei alma

דְּמַלְכָּא, כֵּיוָן דְּיָדַע מַלְכָּא דְּהָא בְּרֵיהּ אִתְרַבֵּי בְּהַאי
behay itrabei bere deha malka deyada keyvan demalka

כִּפַר, וְעִידָן הוּא לְמַיְיתֵי לֵיה לְהֵיכְלֵיה. עֲבַד בְּרוּזִ'ימוּ
birchimu avad lehechale le lemaytei hu ve'idan kefar

דְּבָרֵיה, מְשַׁדַּר לְמַטְרוּנִיתָא בְּגִינֵיה וְאָעִיל לֵיה לְהֵיכְלֵיה.
lehechale le ve'ael begine lematronita meshadar divre

נִשְׁמְתָא לָא סַלְקָא מֵהַאי עָלְמָא, עַד דְּאָתַת מַטְרוּנִיתָא בְּגִינֵה,
begina matronita de'atat ad alma mehay salka la nishmata

וְאָעֵילַת לֵה בְּהֵיכְלָא דְּמַלְכָּא, וִיתֵיבַת תַּמָּן לְעָלְמִין.
le'almin taman vitevat demalka behechala la ve'aelat

745. O Criador também gerou um filho através da *Shechiná*.
Quem é o filho? A Alma Sagrada Celestial.
Ele o enviou para a aldeia – ou seja, para este mundo – para ser criado e educado de acordo com o palácio do rei.
Quando o rei viu que seu filho havia crescido na aldeia, e que estava na hora de trazê-lo ao palácio, o que foi que ele fez?
Por amar o filho, ele enviou a *Shechiná* que o trouxe de volta ao palácio.
A alma nunca deixa este mundo enquanto a *Shechiná* não vier buscá-la e levá-la para o palácio do rei, onde ela permanece para sempre.

746. וְעִם כָּל דָּא, אוֹרְחָא דְּעָלְמָא, דְּאִינוּן בְּנֵי כִּפַר,
kefar Benei de'inun de'alma orcha da kol ve'im

בְּכָאן עַל פְּרִישׁוּ דְּבָרֵיה דְּמַלְכָּא מִנַּיְיהוּ. וְחַד
chad minayhu demalka divre perishu al bachan

פְּקֵחַ הֲוָה תַּמָּן, אָמַר לוֹן עַל מַה אַתּוּן בְּכָאן,
bachan atun ma al lon amar taman hava pike'ach

וְכִי לָאו בְּרֵיה דְּמַלְכָּא אִיהוּ, וְלָא אִתְחֲזֵי לְמֵידַר
lemedar itchazei vela ihu demalka bere lav vechi

יַתִּיר בֵּינַיְיכוּ, אֶלָּא בְּהֵיכְלָא דַּאֲבוֹי. כָּךְ מֹשֶׁה,
Moshé kach da'avoy behechala ela benaychu yatir

דַּהֲוָה פְּקֵחַ, וְחָמָא בְּנֵי כִּפַר דַּהֲוָה בְּכָאן.
bachan dahava chefar Benei chama pike'ach dahava

עַל דָּא אָמַר, בָּנִים אַתֶּם לַיָי' אֱלֹהֵיכֶם
Elohechem laHashem atem banim amar da al

לֹא תִתְגֹּדְדוּ.
titgodedu lo

746. Contudo, o mundo é constituído de tal maneira que os habitantes da aldeia choram quando o filho do rei se separa deles. Havia um sábio na aldeia que disse:

"Por que vocês estão chorando? Ele não é o filho do rei? Não é correto que ele viva entre vocês por mais tempo. Ele precisa morar no palácio de seu pai".

Moisés também, que era sábio, viu os habitantes da aldeia chorando e lhes disse:

"Filhos sois do Criador, não fareis cortes em vossa carne."

747. תָּא וֶחֱזֵי, אִילּוּ הֲווֹ יָדְעִין כֻּלְּהוּ צַדִּיקַיָּא הַאי,
hay tzadikaya kulhu yadin havo ilu chazei ta

הֲווֹ וָדְאָן הַהוּא יוֹמָא דְּמָטֵי לוֹן לְאִסְתַּלְּקָא
le'istalka lon dematei yoma hahu chadan havo

מֵהַאי עָלְמָא, וְכִי לָאו יְקָרָא עִלָּאָה הוּא, דְּמַטְרוֹנִיתָא אָתַת
atat dematronita hu ila'a yekara lav vechi alma mehay

בְּגִינַיְיהוּ, וּלְאוֹבָלָא לוֹן לְהֵיכָלָא לְמַלְכָּא, לְמֶחֱדֵי
lemechedei lemalka lehechala lon ulovala beginayhu

בְּהוֹ מַלְכָּא כָּל יוֹמָא, דְּהָא קוּדְשָׁא בְּרִיךְ הוּא לָא
la hu berich kudsha deha yoma kol malka beho

אִשְׁתָּעֲשַׁע אֶלָּא בְּנִשְׁמַתְהוֹן דְּצַדִּיקַיָּא.
detzadikaya benishmathon ela ishtasha

747. Venha e veja:

Se todos os justos soubessem disso, eles ficariam satisfeitos com a chegada do dia de partirem deste mundo.

Pois não é uma grande honra que a *Shechiná* venha buscá-los para escoltá-los ao palácio do rei, e que o rei se regozije com a presença deles todos os dias?

Pois o Criador encontra alegria somente com as almas dos justos.

Meditação

Com esta meditação, despertamos nossa consciência
para uma realidade maior, dentro da qual não há medo
da morte.

Direção de leitura ←——————

תָּא וַחֲזֵי, אִילוּ חֲזֵי הֲוּ יָדְעִין כֻּלְּהוּ צַדִּיקַיָּיא הָאי, הֲוּ
havo   hay tzadikaya kulhu yadin havo ilu chazei ta

וְזַדְאָן הַהוּא יוֹמָא דְּמָטֵי לוֹן לְאִסְתַּלְּקָא מֵהַאי עָלְמָא,
alma mehay le'istalka lon dematei yoma hahu chadan

*Venha e veja. Se todos os justos soubessem disso, eles ficariam
satisfeitos com a chegada do dia de partirem deste mundo.*

PROFESSORES E AMIGOS ESPIRITUAIS

"CUJO CORAÇÃO É DESPERTADO"

(ZOHAR, TERUMÁ, VERSÍCULO 38)

Quando você se encontrar em meio a dificuldades, veja com cuidado quem são as pessoas que você trouxe à sua vida.

Você não pode manter uma consciência positiva quando está rodeado de pessoas que têm uma consciência mais negativa que a sua.

Por outro lado, estar na presença de um professor justo ou de um amigo cuja consciência é mais elevada do que a sua, irá fortalecer a sua conexão com a Luz.

Isso não significa que você tenha que cortar imediatamente as relações com todos aqueles cujo trabalho espiritual ainda não foi completado.

Pelo contrário, você deve até mesmo buscar essas pessoas. Mas é essencial estar consciente do papel que elas estão desempenhando em sua vida.

Não confunda aqueles aos quais você pode ajudar com aqueles que podem lhe ensinar e lhe dar assistência.

O *Zohar* enfatiza o **desejo** pela conexão com a Luz como a qualidade mais importante a se procurar em um professor espiritual.

Estudo e intelecto não são as características mais importantes de um grande professor. O que é realmente essencial é que ele tenha o desejo de se conectar com a Luz com todo o coração e com toda a alma.

O Zohar também enfatiza a importância de se estar na presença de um professor em todos os momentos, independentemente das dificuldades que possam estar envolvidas.

Na seção a seguir, dificuldade é o que significa *"pagar a quantia integralmente."*

Essa é também uma importante forma de avaliar nosso próprio crescimento.

O Zohar afirma claramente que, ao avaliar nosso desejo interno de nos conectarmos com Criador, podemos saber se o Criador nos deseja.

→
Direção de leitura

38. וְעַל דָּא כְּתִיב, וְיִקְחוּ לִי תְּרוּמָה מֵאֵת כָּל
kol me'et teruma li veyikchu ketiv da ve'al

אִישׁ, מֵהַהוּא דְּאִקְרֵי אִישׁ, דְּאִתְגָּבַּר עַל יִצְרֵיהּ. וְכָל
vechol yitzre al de'itgabar ish de'ikrei mehahu ish

מַאן דְּאִתְגָּבַּר עַל יִצְרֵיהּ, אִקְרֵי אִישׁ. אֲשֶׁר יִדְּבֶנּוּ
yidvenu asher ish ikrei yitzre al de'itgabar man

לִבּוֹ, מַאי אֲשֶׁר יִדְּבֶנּוּ לִבּוֹ. אֶלָּא. דְּיִתְרְעֵי בֵּיהּ
be deyitre'ei ela libo yidvenu asher may libo

קוּדְשָׁא בְּרִיךְ הוּא, כְּמָה דְּאַתְּ אָמַר לְךָ אָמַר
amar lecha amer de'at kema Hu Berich Kudsha

לִבִּי. צוּר לְבָבִי. וְטוֹב לֵב. וַיִּיטַב לִבּוֹ. כֻּלְּהוּ
kulhu libo vayitav lev vetov levavi tzur libi

בְּקוּדְשָׁא בְּרִיךְ הוּא קָאֲמַר. אוּף הָכָא אֲשֶׁר יִדְּבֶנּוּ
yidvenu asher hacha uf ka'amar hu berich bekudsha

לִבּוֹ. מִנֵּיהּ תִּקְחוּ אֶת תְּרוּמָתִי, דְּהָא תַּמָּן אִשְׁתְּכַח
ishtechach taman deha terumati et tikchu miné libo

וְלָאו בְּאֲתַר אוֹחֲרָא.
achara ba'atar velav

38. Está escrito:

"... e separem para Mim uma oferenda de todo homem cujo coração o impelir a isso..."

Ou seja, aquele que supera sua inclinação negativa é chamado *"homem"*. E o que significa *"cujo coração o impelir a isso"* ?

Significa que Deus o deseja, conforme está escrito:

"De Ti meu coração disse "; " a força de meu coração "; "de um coração feliz " e "o coração Dele estava feliz ".

Todas essas expressões se referem ao coração (o desejo) de Deus. Aqui também *"cujo coração o impelir para isso"* se refere ao desejo de Deus.

"Tomareis Minha oferenda", porque é ali que Deus é encontrado. Pois Deus reside nele e em nenhum outro lugar.

39. וּמְנָא יַדְעִינָן דְּהָא קוּדְשָׁא בְּרִיךְ הוּא אִתְרְעֵי בֵּיהּ,
be   itre'ei Hu Berich Kudsha deha yadenan umna

וְשַׁוֵּי מָדוֹרֵיהּ בֵּיהּ. כַּד וְחֲמֵינָן דִּרְעוּתָא דְּהַהוּא בַּר
bar dehahu diruta chamenan kad be madore veshavei

נָשׁ, לְמִרְדַּף וּלְאִשְׁתַּדְּלָא אֲבַתְרֵיהּ דִּקוּדְשָׁא בְּרִיךְ הוּא
Hu Berich deKudsha avatre ulishtadla lemirdaf nash

בְּלִבֵּיהּ וּבְנַפְשֵׁיהּ וּבִרְעוּתֵיהּ, וַדַּאי תַּמָּן יַדְעִינָן דְּשַׁרְיָא
desharya yadinan taman vaday uvirute uvnafshe belibe

בֵּיהּ שְׁכִינְתָּא. כְּדֵין בָּעֵינָן לְמִקְנֵי הַהוּא בַּר נָשׁ,
nash bar hahu lemiknei baenan keden shechinta be

בְּכֶסֶף שְׁלִים, לְאִתְחַבְּרָא בַּהֲדֵיהּ וּלְמֵילַף מִנֵּיהּ. וְעַל
ve'al miné ulmelaf bahade le'itchabra shelim bechesef

דָּא קַדְמָאֵי הֲוֵי אָמְרֵי, וּקְנֵה לְךָ וָחֲבֵר, בַּאֲגַר שְׁלִים
shelim ba'agar chaver lecha ukne amrei havo kadmaei da

בָּעֵי לְמִקְנֵי לֵיהּ, בְּגִין לְמִזְכֵּי בִּשְׁכִינְתָּא. עַד הָכָא בָּעֵי
baei hacha ad bishchinta lemizkei begin le lemiknei baei

לְמִרְדַּף בָּתַר זַכָּאָה וּלְמִקְנֵה לֵיהּ.
le ulmikne zaka'a batar lemirdaf

39. Como sabemos que Deus o deseja e reside nele?

Quando vemos que a intenção de uma pessoa é buscar o Criador
- com todo o coração e alma, e desejo - temos certeza de que o
espírito de Deus nela reside.

Então, devemos pagar integralmente (fazer tudo o que for
necessário) para ser seu amigo e para aprender com essa pessoa.
A esse respeito, os antigos diziam: "... e adquira para si um amigo."
Devemos pagar o preço integral por esse amigo, para merecer o
espírito de Deus que reside nele. Essa é a distância necessária
para buscar um homem justo e merecê-lo.

MEDITAÇÃO

Essa meditação desperta o desejo de estarmos próximos de mestres e amigos espirituais. Fortalece nosso poder de trazê-los para nossas vidas e acende a chama da verdadeira apreciação pela presença deles.

←
Direção de leitura

וּמְנָא יָדְעֵינָן דְּהָא קוּדְשָׁא בְּרִיךְ הוּאאִתְרְעֵי בֵּיהּ,
be   huitre'ei   berich   kudsha   deha   yadenan   umna

וְשַׁוֵּי מְדוֹרֵיהּ בֵּיהּ. כַּד וְזַמֵּינָן דִּרְעוּתָא דְּהַהוּא בַּר
bar   dehahu   diruta   chamenan   kad   be   madore   veshavei

נָשׁ, לְמִרְדַּף וּלְאִשְׁתַּדְלָא אֲבַתְרֵיהּ דְּקוּדְשָׁא בְּרִיךְ הוּא
Hu   Berich   deKudsha   avatre   ulishtadla   lemirdaf   nash

בְּלִבֵּיהּ וּבְנַפְשֵׁיהּ וּבִרְעוּתֵיהּ, וַדַּאי תַּמָּן יָדְעֵינָן דְּשַׁרְיָא
desharya   yadinan   taman   vaday   uvirute   uvnafshe   belibe

בֵּיהּ שְׁכִינְתָּא. כְּדֵין בָּעֵינָן לְמִקְנֵי הַהוּא בַּר נָשׁ,
nash   bar   hahu   lemiknei   baenan   keden   shechinta   be

בְּכֶסֶף עָלִים, לְאִתְחַבְּרָא בַּהֲדֵיהּ וּלְמֵילַף מִנֵּיהּ.
mine   ulmelaf   bahade   le'itchabra   shelim   bechesef

Como sabemos que Deus o deseja e reside nele?
Quando vemos que a intenção de uma pessoa é buscar o Criador - com todo o coração e alma, e desejo - temos certeza de que o espírito de Deus nela reside.
Então, devemos pagar integralmente (fazer tudo o que for necessário) para ser seu amigo e para aprender com essa pessoa.

A batalha

"O oponente está atacando"

(Zohar, Idra Raba, Versículo 1)

Os grandes kabalistas comparam o trabalho espiritual a uma batalha.

Se você pensar que ganhou a batalha, ela já estará perdida. Precisamos nos lembrar disso quando começarmos a levar a nossa vida espiritual sem muito esforço.

O estudo e a meditação da Kabbalah não servem apenas para nos fazer relaxar.

No mundo, há uma constante luta entre a Luz e a escuridão.

Quanto mais Luz estiver presente no mundo, mais alegria e plenitude haverá, ao passo que mais escuridão significará mais dor e sofrimento.

O Zohar nos ensina a encarar isso como uma batalha. Estudar espiritualidade não é apenas obter informação. É um meio de revelar Luz e remover a escuridão, e assim remover a dor e o sofrimento.

Nesta seção, na chamada "Grande Assembléia", Rav Shimon começa a revelar segredos (ou seja, Luz) que nunca haviam sido revelados antes.

Ele começa com um dramático chamado à guerra, para preparar a própria consciência e as consciências de seus alunos para o verdadeiro propósito espiritual do trabalho deles.

O Zohar fala da necessidade de vivermos no sistema de três colunas.

Ou seja, a Coluna da Direita, que representa o Desejo de Compartilhar; a Coluna da Esquerda, que representa o Desejo de Receber; e a Coluna Central que restringe o Desejo de Receber favorecendo o Desejo de Compartilhar.

O Zohar diz que a Luz pode ser verdadeiramente revelada apenas quando vivemos com todas as três colunas – nem só compartilhando nem apenas recebendo.

→ Direção de leitura

1. תָּנֵּא, אָמַר רַבִּי שִׁמְעוֹן לְחַבְרַיָּא, עַד אֵימַת נֵיתִיב

netiv emat ad lechavraya Shimon Rabi amar tanya

בְּקַיְּימָא דְּחַד סַמְכָא. כְּתִיב עֵת לַעֲשׂוֹת לַיְיָ

laHashem la'asot et ketiv samcha dechad bekayema

הֵפֵרוּ תּוֹרָתֶךָ. יוֹמִין זְעֵירִין, וּמָארֵי דְּחוֹבָא דְּחִיק.

dachik dechova umarei ze'irin yomin toratecha heferu

כָּרוֹזָא קָארֵי כָּל יוֹמָא, וּמְחַצְּדֵי חַקְלָא זְעֵירִין אִינּוּן.

inun ze'irin chakla umchatzdei yoma kol karei karoza

וְאִינְהוּ בְּשׁוּלֵי כַּרְמָא. לָא אַשְׁגָּחָן, וְלָא יַדְעִין, לְאָן

le'an yadin vela ashgechan la karma beshulei ve'inhu

אֲתַר אַזְלִין כְּמָה דְּיָאוּת.

deyaut kema azlin atar

1. Aprendemos que Rav Shimon disse a seus amigos:
"Por quanto tempo permaneceremos sustentados por um único pilar?
Está escrito:
'*É chegado o tempo da intervenção do Eterno, pois eles infringiram Tua Torá.*'
Os dias são poucos e o Oponente está atacando.
A cada dia, o chamado por arrependimento ressoa, e os que colhem no campo são poucos. Aqueles que entendem o chamado estão no final do vinhedo, e até mesmo eles não prestam atenção ao chamado.

2. אִתְכְּנִשׁוּ וְחַבְרַיָּא לְבֵי אַדְּרָא, מְלוּבָּשִׁין שַׁרְיָין

sharyan melubashin idara levei chavraya itkanashu

סַיְיפֵי וְרוּמְחֵי בִּידֵיכוֹן, אַזְדָּרְזוּ בְּתִקּוּנֵיכוֹן. בְּעֵיטָא,

be'eta betikunechon izderazu bidechon verumchei sayfei

בְּחָכְמְתָא. בְּסוּכְלְתָנוּ. בַּדַּעְתָּא. בַּחֲזוּ. בִּידִין. בְּרַגְלִין.

beraglin bidin bechezu bedata besuchletanu bechachmeta

233

אַמְלִכוּ עֲלֵיכוֹן לְמַאן דִּבְרְשׁוּתֵיהּ וַזֵּי וּמוֹתָא. לְמִגְּזַר
lemigzar umota chayei devirshute leman alechon amlichu

מִלִּין דִּקְשׁוֹט. מִלִּין דִּקָדִישֵׁי עֶלְיוֹנִין צַיְיתֵי לְהוּ,
lehu tzaytei elyonin dekadishei milin dikshot milin

וַחֲדָאן לְמִשְׁמַע לְהוּ, וּלְמִנְדַּע לְהוּ.
lehu ulminda lehu lemishma vachadan

2. Juntem-se ao Trono, amigos, com escudos e espadas e lanças em suas mãos. Apressem-se com seu arrependimento, seu conselho, sua sabedoria, sua compreensão, seu conhecimento, sua aparência, suas mãos e seus pés. Designem como seu Rei aquele que tem autoridade sobre a vida e a morte para decretar palavras verdadeiras às quais o Sagrado Celestial escutará e ficará contente de ouvir e saber."

יָתִיב רַבִּי שִׁמְעוֹן וּבְכָה, וְאָמַר וַוי אִי גָּלֵינָא, 3.
galena i vay ve'amar uvacha Shimon Rabi yativ

וַוי אִי לָא גָּלֵינָא. וַחֲבְרַיָּיא דַּהֲוָה תַּמָּן אִשְׁתִּיקוּ.
ishtiku taman dahava chavraya galena la i vay

קָם רִבִּי אַבָּא וְאָמַר לֵיהּ, אִי נִיחָא קַמֵּיהּ דְּמָר
demor kamé nicha i le vamar Aba Ribi kam

לְגַלָּאָה, הָא כְּתִיב סוֹד יְיָ לִירֵאָיו, וְהָא וַחֲבְרַיָּיא
chavraya veha lire'av Hashem sod ketiv ha legala'a

אִלֵּין דַּחֲלִין דְּקוּדְשָׁא בְּרִיךְ הוּא אִינוּן, וּכְבָר עָאלוּ
alu uchvar inun hu berich deKudsha dachalin ilen

בְּאִדְּרָא דְּבֵי מַשְׁכְּנָא, מִנְּהוֹן עָאלוּ, מִנְּהוֹן נָפְקוּ.
nafku minhon alu minhon mashkena devei be'idara

3. Rav Shimon sentou-se, chorou, e disse:
"Ai de mim se eu revelar os segredos. E ai de mim se eu não revelá-los".
Os amigos que estavam ali reunidos ficaram em silêncio.
Finalmente, Rav Aba se levantou e disse para Rav Shimon:
"Se for correto meu Mestre revelar, veja o que está escrito:
' *O segredo de Deus está com aqueles que O temem.*'

Seus amigos temem o Criador. Eles já haviam entrado na assembléia anterior, onde você revelou segredos. Alguns deles entraram aqui e alguns saíram".

4. תָּאנָא, אִתְמְנוּ וַחֲבְרַיָּיא קַמֵּיהּ דְּרִבִּי שִׁמְעוֹן, וְאִשְׁתְּכָחוּ,
ve'ishtechachu Shimon deRibi kamé chavraya itmanu tana

רִבִּי אֶלְעָזָר בְּרֵיהּ. וְרִבִּי אַבָּא. וְרִבִּי יְהוּדָה. וְרִבִּי יוֹסֵי
Yosei veRibi Yehuda vRibi Aba vRibi bere Elazar Ribi

בַּר יַעֲקֹב. וְרִבִּי יִצְחָק. וְרִבִּי חִזְקִיָּה בַּר רַב.
rav bar chizkiya vRibi Yitzchak vRibi Yaakov bar

וְרִבִּי חִיָּיא. וְרִבִּי יוֹסֵי. וְרִבִּי יֵיסָא. יְדִין יָהֲבוּ לְרִבִּי
leRabi yahavu yedin Yesa vRibi Yosei vRibi Chiya vRibi

שִׁמְעוֹן, וְאֶצְבְּעָן זָקְפוּ לְעֵילָּא. וְעָאלוּ בְּחַקְלָא בֵּינֵי
Benei bechakla ve'alu le'ela zakfu ve'etzbe'an Shimon

אִילָנֵי וְיָתְבוּ. קָם רִבִּי שִׁמְעוֹן וְצַלֵּי צְלוֹתֵיהּ, יָתִיב
yativ tzelote vetzalei Shimon Rabi kam veyatvu ilanei

בְּגַוַּויְיהוּ וְאָמַר, כָּל חַד וְחַד יְשַׁוֵּי יְדוֹי בְּתוּקְפֵּיהּ.
betukpe yedoy yeshavei chad kol ve'amar begavayhu

שַׁווּ יְדַייְהוּ, וְנָסִיב לוֹן. פָּתַח וְאָמַר אָרוּר הָאִישׁ
haish arur ve'amar patach lon venasiv yedayhu shavu

אֲשֶׁר יַעֲשֶׂה פֶסֶל וּמַסֵּכָה מַעֲשֵׂה יְדֵי חָרָשׁ וְשָׂם
vesam charash yedei ma'ase umasecha fesel ya'ase asher

בַּסֵּתֶר וְעָנוּ כָּל הָעָם וְאָמְרוּ אָמֵן.
amen ve'amru ha'am chol ve'anu basater

4. Ficamos sabendo que os seguintes amigos estavam presentes: Rav Elazar (filho de Rav Shimon), Rav Aba, Rav Yehuda, Rav Yossi bar Yaakov, Rav Yitzchak, Rav Chizkyah bar Rav, Rav Chiya, Rav Yosi e Rav Yesa.

Eles tentaram alcançar Rav Shimon estendendo seus dedos para cima. Eles entraram no campo em meio a árvores e sentaram-se. Rav Shimon ficou de pé e rezou sua oração.

Então, ele se sentou entre os amigos e disse:

"Todos devem colocar as mãos no peito".

Cada um dos amigos fez o que ele disse, e Rav Shimon os aceitou.

Ele disse:

"Maldito o homem que fizer imagem de escultura ou de fundição, que é coisa abominável ao Eterno, obra de mãos de artífice, e a colocar em lugar secreto; e todo o povo dirá: Amém".

5. פָּתַח רַבִּי שִׁמְעוֹן וְאָמַר, עֵת לַעֲשׂוֹת לַיְיָ, אֲמַאי
amay   laHashem   la'asot   et   ve'amar   Shimon   Rabi   patach

עֵת לַעֲשׂוֹת לַיְיָ. מִשׁוּם דְּהֵפֵרוּ תּוֹרָתֶךָ. מַאי
may   toratecha   deheferu   mishum   laHashem   la'asot   et

הֵפֵרוּ תּוֹרָתֶךָ, תּוֹרָה דִּלְעֵילָא. דְּאִיהִי מִתְבַּטְּלָא אִי לָא יִתְעֲבִיד
yitavid   la   i   mitbatla   de'ihi   dilela   Torá   toratecha   heferu

בְּתִקּוּנוֹי דָּא. וּלְעַתִּיק יוֹמִין אִתְּמַר. כְּתִיב אַשְׁרֶיךָ יִשְׂרָאֵל
Israel   ashrech   ketiv   itmar   yomin   ulatik   da   betikunoy

מִי כָמוֹךָ. וּכְתִיב, מִי כָמוֹךָ בָּאֵלִים יְיָ.
Hashem   baelim   chamocha   mi   uchtiv   chamocha   mi

5. Rav Shimon então disse:

"'*É chegado o tempo da intervenção do Eterno.* Por que está na hora de agir? Porque '*Eles infringiram a Tua Torá*'.

Eles infringiram a Torá acima, porque ela é infringida se não for feita na sua perfeição embaixo.

A respeito do Antigo de Dias é dito:

'*Bem aventurado és tu, ó Israel! Quem é como tu?*'

E também diz: '*Quem é como Tu, Deus, entre os deuses?*'

6. קָרָא לְרַבִּי אֶלְעָזָר בְּרֵיהּ, אוֹתְבֵיהּ קָמֵיהּ, וּלְרַבִּי אַבָּא
aba   ulRabi   kamé   otve   bere   Elazar   leRibi   kara

מִסִּטְרָא אַחֲרָא, וְאָמַר אֲנָן כֻּלְּלָא דְּכוֹלָא. עַד הַשְׁתָּא
hashta   ad   dechola   kelala   anan   ve'amar   achara   misitra

אִתְתַּקְנוּ קָיְימִין. אִשְׁתִּיקוּ, שָׁמְעֵי קָלָא, וְאַרְכּוּבָתָן דָּא
da   ve'arkuvatan   kala   shamei   ishtiku   kayamin   itetekanu

לְדָא נָקְשָׁן. מַאי קָלָא. קָלָא דִּכְנוּפְיָיא עִלָּאָה דְּמִתְכַּנְפֵי.

demitkanfei ila'a dichnufya kala kala may nakshan leda

6. Rav Shimon chamou seu filho, Rav Elazar, que estava sentado diante dele. Rav Aba estava do outro lado e disse:

"Até agora os três pilares estavam sendo construídos. Mas agora nós, que estamos aqui juntos, incluímos todos os elementos espirituais".

Então, eles ficaram calados, até que ouviram um som que os fez tremer. Era o som dos amigos que haviam morrido e estavam se reunindo no Mundo Superior.

7. וַחֲדֵי רַבִּי שִׁמְעוֹן וְאָמַר, יְיָ, שְׁמַעְתִּי שִׁמְעָךָ

chadei Rabi Shimon ve'amar Hashem shamati shimacha

יָרֵאתִי הָתָם יָאוּת הֲוָה לְמֶהֱוֵי דָּחִיל. אֲנַן בַּחֲבִיבוּתָא

bachavivuta anan dachil lemehevei hava ye'ot hatam yareti

תַּלְיָיא מִלְּתָא, דִּכְתִיב וְאָהַבְתָּ אֵת יְיָ אֱלֹהֶיךָ, וּכְתִיב

uchtiv Elohecha Hashem et ve'ahavta dichtiv milta talya

מֵאַהֲבַת יְיָ אֶתְכֶם, וּכְתִיב אָהַבְתִּי אֶתְכֶם וְגוֹ'.

vegomer etchem ahavti uchtiv etchem Hashem me'ahavat

7. Rav Shimon se regozijou e disse:

"Deus, eu Te ouvi, e fiquei com medo".

Era verdade que ele estava com medo, uma vez que naquele momento ele estava conectado com Chavakuk, que era da Coluna da Esquerda.

Mas, para nós que estamos unidos à Coluna Central, nossa conexão é baseada no amor.

Está escrito:

"*E amarás ao Eterno, teu Deus, teu Criador*".

Também está escrito:

"*Porque Deus te amou*"

E também está escrito:

"*Eu te amei...*"

Meditação

Aprendemos em outras leituras que nunca devemos nos tornar complacentes em nosso trabalho espiritual. Não podemos esquecer que nosso trabalho é uma batalha entre a Luz e a escuridão. Quando meditamos utilizando esta seção, recuperamos nosso foco e a clareza sobre a verdadeira batalha em curso em nossas vidas.

← Direção de leitura

שַׁרְיָן	מְלוּבָּשִׁין	אִדְרָא,	לְבֵי	וַחַבְרַיָּא	אִתְכַּנָּשׁוּ
sharyan	melubashin	idara	levei	chavraya	itkanashu

בְּעֵיטָא,	בְּתִקּוּנֵיכוֹן.	אוְדְּרָזוּ	בִּידֵיכוֹן,	וְרוּמְחֵי	סַיְפֵי
be'eta	betikunechon	izderazu	bidechon	verumchei	sayefei

בְּרַגְלִין.	בִּידִין.	בְּחֵזוּ.	בְּדַעְתָּא.	בְּסוּכְלְתָנוּ.	בְּחָכְמְתָא.
beraglin	bidin	bechezu	bedata	besuchletanu	bechachmeta

Juntem-se ao Trono, amigos, com escudos e espadas e lanças em suas mãos. Apressem-se com seu arrependimento, seu conselho, sua sabedoria, sua compreensão, seu conhecimento, sua aparência, suas mãos e seus pés.

Ajudando os outros

"Busque aqueles que ainda não superaram sua inclinação negativa"

(Zohar, Terumá, Versículo 40)

Às vezes, encontramos amigos sofrendo ou precisando de assistência, mas não sabemos como ajudá-los.

Embora certamente seja importante assisti-los na resolução do problema imediato, devemos também ajudá-los a perceber que a raiz que causou tal situação é a falta de Luz.

Ao despertar a conexão deles com a Luz, tanto o problema imediato como a raiz do que o causou podem ser sanados.

Pode ser que não percebamos isso, mas a razão de estarmos neste mundo é ajudar os outros de uma forma duradoura.

Além disso, precisamos buscar ativamente aqueles que precisam de nossa ajuda, com a mesma energia que procuramos aqueles que podem nos ajudar.

Somente se uma pessoa ajudar a outra – e essa, por sua vez ajudar mais duas, e assim por diante, até o infinito – poderemos alcançar uma massa crítica na qual dor e sofrimento deixarão de existir de uma vez por todas.

Como vimos na seção anterior, mais Luz no mundo significa mais alegria e plenitude, ao passo que mais escuridão significa mais dor e sofrimento.

Portanto, é importante não apenas realizar nossa própria transformação, como também ajudar os outros a realizar a deles. Talvez você duvide de sua capacidade de oferecer ajuda, ou pense que suas próprias imperfeições o desqualifiquem e o impeçam de ajudar os outros.

Você pode estar pensando:

"Como posso ajudar os outros se tenho tanto caos em minha própria vida?"

Mas o *Zohar* enfatiza fortemente que as bênçãos que trazemos para nossa vida se manifestam por meio do trabalho de ajudar os demais a remover a escuridão deles.

Esse entendimento, extraído desta seção do *Zohar,* é a base de todo o trabalho do Kabbalah Centre.

Direção de leitura

40. אוּף הָכִי, הַהוּא זַכָּאָה בָּעֵי לְמִרְדַף בָּתַר וְזַיָּיבָא,
chayava batar lemirdaf baei zaka'a hahu hachi uf

וּלְמִקְנֵי לֵיה בַּאֲגַר שְׁלִים, בְּגִין דְּיֶעְבַּר מִנֵּיה הַהוּא
hahu miné deyebar begin shelim ba'agar le ulmiknei

זוּהֲמָא, וְיִתְכַּפְיָא סִטְרָא אוּחֲרָא, וְיַעֲבִיד לְנַפְשֵׁיה, בְּגִין
begin lenafshe veya'avid achara sitra veyitkafya zuhama

דְּיִתְחֲשַׁב עֲלֵיה, כְּאִילּוּ הוּא בָּרָא לֵיה. וְדָא אִיהוּ שְׁבָחָא
shevacha ihu veda le bara hu ke'ilu ale deyitchashav

דְּיִסְתָּלַק בֵּיה יְקָרָא דְּקוּדְשָׁא בְּרִיךְ הוּא יַתִּיר מִשְּׁבָחָא
mishvacha yatir Hu Berich deKudsha yekara be deyistalak

אוּחֲרָא, וְאִסְתַּלְקוּתָא דָּא יַתִּיר מִכֹּלָּא. מַאי טַעֲמָא. בְּגִין
begin ta'ama may mikola yatir da ve'istalkuta achara

דְּאִיהוּ גָּרִים לְאַכְפְּיָא סִטְרָא אוּחֲרָא, וּלְאִסְתַּלְקָא יְקָרָא
yekara ulistalka achara sitra le'achpeya garim de'ihu

דְּקוּדְשָׁא בְּרִיךְ הוּא. וְעַל דָּא כְּתִיב בְּאַהֲרֹן, וְרַבִּים
verabim be'Aharon ketiv da ve'al Hu Berich deKudsha

הֵשִׁיב מֵעָוֹן. וּכְתִיב בְּרִיתִי הָיְתָה אִתּוֹ.
ito hayta beriti uchtiv me'avon heshiv

40. O justo deve buscar aqueles que não superaram sua inclinação negativa e comprá-los pagando o preço integral, a fim de remover a negatividade deles, de subjugar o Outro Lado deles, e para construí-los, pois considera-se como se eles tivessem acabado de ser criados.

Esta ação eleva a grandeza (Luz) de Deus mais do que qualquer outra e essa elevação é mais alta do que qualquer outra. Por que razão?

Porque por meio dessas ações, os justos fizeram com que o Outro Lado fosse subjugado e a grandeza de Deus, elevada, conforme está escrito a respeito de Aarão:

"E ele afastou muitos de ações negativas".

41. תָּא וַחֲזֵי, כָּל מַאן דְּאָחֵיד בִּידָא דְּחַיָּיבָא, וְאִשְׁתָּדַּל

ve'ishtadal dechayava bida de'achid man kol chazei ta

בֵּיהּ, לְמִשְׁבַּק אָרְחָא בִּישָׁא, אִיהוּ אִסְתַּלָּק בִּתְלַת סִלּוּקִין,

silukin bitlat istalak ihu bisha archa lemishvak be

מַה דְּלָא אִסְתַּלָּק הָכִי בַּר נָשׁ אוֹחֲרָא. גָּרִים

garim achara nash bar hachi istalak delá ma

לְאַכְפְּיָא סִטְרָא אוֹחֲרָא. וְגָרִים דְּאִסְתַּלָּק קוּדְשָׁא

kudsha de'istalak vegarim achara sitra le'achpeya

בְּרִיךְ הוּא בִּיקָרֵיהּ. וְגָרִים לְקַיְּימָא כָּל עָלְמָא בְּקִיּוּמֵיהּ

bekiyume alma kol lekayema vegarim bikare hu berich

לְעֵילָּא וְתַתָּא. וְעַל הַאי בַּר נָשׁ כְּתִיב, בְּרִיתִי הָיְתָה

hayta beriti ketiv nash bar hay ve'al vetata le'ela

אִתּוֹ הַחַיִּים וְהַשָּׁלוֹם. וְזָכֵי לְמֶחֱמֵי בְּנִין

benin lemechemei vezachei vehashalom hachayim ito

לִבְנוֹי, וְזָכֵי בְּהַאי עָלְמָא, וְזָכֵי לְעָלְמָא דְּאָתֵי. כָּל

kol de'atei le'alma vezachei alma behay vezachei livnoy

מָארֵי דִּינִין, לָא יַכְלִין לְמֵידָן לֵיהּ, בְּהַאי עָלְמָא וּבְעָלְמָא

uvalma alma behay le lemedan yachlin la dinin marei

דְּאָתֵי. עָאל בִּתְרֵיסַר תַּרְעֵי, וְלֵית מַאן דִּימְחֵי בִּידֵיהּ. וְעַל

ve'al bide deyimchei man velet tarei bitresar al de'atei

דָּא כְּתִיב, גִּבּוֹר בָּאָרֶץ יִהְיֶה זַרְעוֹ דּוֹר יְשָׁרִים יְבוֹרָךְ.

yevorach yesharim dor zaro yihye ba'aretz gibor ketiv da

הוֹן וָעֹשֶׁר בְּבֵיתוֹ וְצִדְקָתוֹ עוֹמֶדֶת לָעַד. זָרַח

zarach la'ad omedet vetzidkato beveto va'osher hon

בַּחֹשֶׁךְ אוֹר לַיְשָׁרִים וְגוֹ'.

vegomer laysharim or bachoshech

41. Venha e veja:

Todo aquele que segura a mão de uma pessoa que não superou sua inclinação negativa e se empenha em ajudá-la a sair do caminho da negatividade é elevado em três elevações, às quais nenhuma outra pessoa pode subir.

Ele faz o Outro Lado ser subjugado, ele faz com que o Criador seja elevado, e ele faz com que o mundo seja preservado tanto acima como embaixo.

Sobre essa pessoa está escrito:

"Minha ligação era com ele para vida e paz".

E ele tem o mérito de ver os filhos de seus filhos e obtém mérito neste mundo e no Mundo Vindouro.

Todos os acusadores não conseguirão julgá-lo neste mundo e no mundo futuro.

Ele entra através dos doze portões, e não há nada que o impeça de entrar.

Está escrito:

"Poderosa na terra será sua descendência, uma geração íntegra e abençoada. Fartura e riqueza haverá em sua casa, e sua generosidade durará para sempre. Mesmo na escuridão, uma luz resplandece para os íntegros, pois Ele é compassivo, misericordioso e justo..."

Meditação

Esta seção traz a apreciação pela importância de ajudar os outros e desperta nossa capacidade de agir e assistir àqueles que precisam de nossa ajuda.

→ Direção de leitura

תָּא	וַחֲזֵי,	כָּל	מַאן	דְּאָחִיד	בִּידָא	דְּחַיָּיבָא,	וְאִשְׁתַּדַּל
ta	chazei	kol	man	de'achid	bida	dechayava	ve'ishtadal

בֵּיהּ,	לְמִשְׁבַּק	אָרְחָא	בִּישָׁא,	אִיהוּ	אִסְתַּלַּק	בִּתְלַת	סִלּוּקִין,
be	lemishvak	archa	bisha	ihu	istalak	bitlat	silukin

מַה	דְּלָא	אִסְתַּלַּק	הָכִי	בַּר	נָשׁ	אַחֲרָא.
ma	delá	istalak	hachi	bar	nash	achara

Venha e veja: Todo aquele que segura a mão de uma pessoa que não superou sua inclinação negativa e se empenha em ajudá-la a sair do caminho da negatividade é elevado em três elevações, às quais nenhuma outra pessoa pode subir.

DISSEMINANDO O ZOHAR

"QUANDO O ZOHAR FOR REVELADO, MULTIDÕES SE JUNTARÃO A ELE"

(ZOHAR CHADASH, TIKUNIM VERSÍCULO 114A)

Aqui o *Zohar* compara seu poder ao da Arca de Noé.

Durante a época de Noé, havia destruição no mundo inteiro, mas aqueles que entraram na arca foram protegidos.

Da mesma maneira, nós que entramos no *Zohar* estamos protegidos da escuridão existente em nosso tempo.

Além disso, o *Zohar* prevê que quando ele for finalmente revelado depois de tantos séculos de ocultamento, multidões se juntarão para se conectar com ele.

Será essa reunião de pessoas ao redor do *Zohar* – como se estivessem entrando na arca – que dará ao mundo as condições de realizar seu propósito.

Conectar-se ao *Zohar* é, na verdade, uma experiência de voltar no tempo, ao momento da história quando todas as almas justas se reuniram e houve uma grande revelação.

Pessoalmente, posso dizer que acredito que uma importante parte de meu trabalho é tornar possível às pessoas se reunirem ao redor do *Zohar,* e nele entrar, obtendo a conexão com a Luz.

← Direção de leitura

וְהַאי וְחִבּוּרָא הוּא כְּגַוְונָא דְתֵבַת נֹחַ דְּאִתְכְּנַשׁ בֵּיהּ
be de'itkenash Noach detevat kegavna hu chibura vehay

כָּל וְחִבּוּרָא בְּהַאי מִתְכַּנְּשִׁין הָכִי וָמִין, מִין כָּל
kol chibura behay mitkanshin hachi vamin min kol

זֶה בְּהוֹן, דְּאִתְּמַר מִדוֹת, וְאַנְשֵׁי דְצַדִיקַיָּא נִשְׁמָתִין
ze behon de'itmar midot ve'anshei detzadikaya nishmatin

דְלָאו וְאַחֲרָנִין בּוֹ, יָבוֹאוּ צַדִיקִים לַיהֹ"ה הַשַׁעַר
delav ve'acharanin vo yavou tzadikim laHashem hasha'ar

מִתַּמָּן. אִתְדְּוֹחֲין צַדִיקִים
mitaman itdachyan tzadikim

Este livro é como a arca de Noé, dentro da qual se reúnem todos os diferentes gêneros e espécies.

Assim também, todas as almas dos justos e das pessoas de nível elevado estão reunidas neste livro.

A respeito deles é dito:

"Este é o portão de Deus. Os justos o atravessam e os que não são justos não entram."

וְכַד אִתְגַּלְיָא הַאי וְחִבּוּרָא בְּעָלְמָא, סַגִּיאִין מִתְכַּנְּשִׁין
mitkanshin sagi'in be'alma chibura hay itgalya vechad

לְגַבֵּיהּ, דְּאִתְּמַר בְּהוֹן, כִּי אֶת אֲשֶׁר יֶשְׁנוֹ פֹּה וְגוֹמֵר,
vegomer po yeshno asher et ki behon de'itmar legabe

וְאֶת אֲשֶׁר אֵינֶנּוּ פֹּה, בְּהַאי וְחִבּוּרָא עִמָּנוּ הַיּוֹם.
hayom imanu chibura behay po enenu asher ve'et

Quando esta obra prima que é o *Zohar* for revelada ao mundo, multidões se juntarão a ela. A respeito dessas multidões, é dito: *"Mas com aquele que hoje está aqui conosco e com aquele que hoje não está aqui conosco - por meio desta obra, todos eles estão hoje aqui conosco."*

MEDITAÇÃO

Ao ler esta seção, despertamos a Luz de proteção do
Zohar e a revelação da Luz dessa obra prima no mundo.

Direção de leitura ←

וְכַד אִתְגַּלְיָא הַאי וְחִבּוּרָא בְּעָלְמָא, סַגִּיאִין מִתְכַּנְּשִׁין לְגַבֵּיה,
legabe mitkanshin sagi'in be'alma chibura hay itgalya vechad

*Quando esta obra prima que é o Zohar for revelada ao
mundo, multidões se juntarão a ela.*

Árvore da vida

"Porque eles sentirão o sabor do Zohar"

(*Zohar, Nassô*, Versículo 90)

Nesta leitura, Moisés tem um diálogo com Rav Shimon Bar Yorrai.

Moisés explica que os sábios, ou seja, os que estudam o *Zohar*, "*brilharão como o firmamento*", o que denota a profunda conexão que eles têm com a Luz do Criador, que é fonte de nossa plenitude e a verdadeira essência do *Zohar*.

Esse é o significado das diversas metáforas usadas nesta passagem, tais como *Árvore da Vida, Sefirá* de *Biná*, e *Mãe Celestial*, a qual é denominada "arrependimento".

Moisés afirma que todos aqueles que tiverem conexão com o *Zohar* não necessitarão de purificação ou teste para se conectarem com a revelação final e a chegada do Messias.

Quando o *Zohar* emprega o termo Messias, *Mashiach* em hebraico, refere-se a um tempo em que toda a humanidade alcançará a plenitude e a remoção de toda dor, sofrimento e morte – um tempo em que haverá uma completa revelação de Luz.

Precisamos estar conscientes de que o termo 'israelita' não se refere a uma nação ou grupo étnico, mas sim àqueles que se dedicam ao trabalho espiritual e ao estudo do *Zohar*.

Quando Moisés fala de um *"sabor da Árvore da Vida"*, refere-se a uma completa conexão de coração, mente, corpo e alma com o *Zohar* - incluindo o sentido do paladar.

A sentença final desta leitura descreve a total clareza que existirá no tempo da revelação final, quando a presença do Criador será absolutamente clara, e todo o caos e confusão terão fim.

→ Direção de leitura

90. וְהַמַּשְׂכִּילִים יָבִינוּ, מִסִּטְרָא דְּבִינָה, דְּאִיהוּ אִילָנָא דְּחַיֵּי,

dechayei ilana de'ihu devina misitra yavinu vehamaskilim

בְּגִינַיְהוּ אִתְּמַר, וְהַמַּשְׂכִּילִים יַזְהִירוּ כְּזוֹהַר הָרָקִיעַ

harakia kezohar yazhiru vehamaskilim itmar beginayhu

בְּהַאי חִבּוּרָא דִּילָךְ דְּאִיהוּ סֵפֶר הַזּוֹהַר, מִן זוֹהֲרָא דְּאִימָּא

de'ima zohara min haZohar Sefer de'ihu dilach chibura behay

עִלָּאָה תְּשׁוּבָה. בְּאִלֵּין לָא צָרִיךְ נִסָּיוֹן, וּבְגִין דַּעֲתִידִין

da'atidin uvgin nisayon tzarich la be'ilen teshuva ila'a

יִשְׂרָאֵל לְמִטְעַם מֵאִילָנָא דְּחַיֵּי, דְּאִיהוּ הַאי סֵפֶר הַזּוֹהַר,

haZohar Sefer hay de'ihu dechayei me'ilana lemitam Israel

יִפְּקוּן בֵּיהּ מִן גָּלוּתָא בְּרַחֲמֵי. וְיִתְקַיֵּים בְּהוֹן, יְיָ

Hashem behon veyitkayem berachamei galuta min be yipkun

בָּדָד יַנְחֶנּוּ וְאֵין עִמּוֹ אֵל נֵכָר.

nechar el imo ve'en yanchenu badad

90. *"Mas os sábios entenderão"* uma vez que eles são do lado de *Biná*, que *é a Árvore da Vida*.

Para eles foi dito:

"'E aqueles que são sábios brilharão como o esplendor (Zohar) do firmamento com sua obra prima, que é o livro do *Zohar*, da Luz da Mãe Celestial, chamada 'arrependimento'.

Eles não precisam de teste ou de purificação, porque os israelitas no futuro sentirão o sabor da *Árvore da Vida*, que é o livro do *Zohar*.

Eles deixarão o exílio com misericórdia. Será verdade a respeito deles que *'somente o Criador os guiará e não haverá nenhum Deus estranho com eles'"*.

MEDITAÇÃO

Com esta meditação, despertamos nossa capacidade de - por meio do nosso estudo - sentir o sabor do *Zohar* com todo nosso ser.

Por meio da profunda conexão que esse estudo traz, nós e o mundo inteiro ficamos mais próximos do fim de toda dor, sofrimento e até mesmo da morte.

Direção de leitura

דְּאִיהוּ	דְּחַיֵּי,	מֵאִילָנָא	לְמִטְעַם	יִשְׂרָאֵל	דַּעֲתִידִין	וּבְגִין
de'ihu	dechayei	me'ilana	lemitam	Israel	da'atidin	uvgin

בְּרַחֲמֵי.	גָּלוּתָא	מִן	בֵּיהּ	יִפְקוּן	הַזֹּהַר,	סֵפֶר	הַאי
berachamei	galuta	min	be	yipkun	hazohar	sefer	hay

E porque os israelitas no futuro sentirão o sabor da Árvore da Vida, que é o livro do Zohar, eles deixarão o exílio com misericórdia.

IMORTALIDADE

"ELE ELIMINARÁ A MORTE PARA SEMPRE"

(ZOHAR, BERESHIT A, VERSÍCULO 481)

Nesta seção final, o *Zohar* fala de um mundo que se tornou perfeito, que é o propósito final da Criação e o objetivo de nosso trabalho espiritual.

Como o *Zohar* deixa claro, por meio de nosso trabalho podemos fazer surgir um mundo no qual dor, sofrimento e até a própria morte são eliminados para sempre.

→ Direção de leitura

481. אֲמַר רְבִּי יִצְחָק, כָּל דָּרִין דְּאִשְׁתַּכְלְלוּ מִשֵּׁת,
miShet de'ishtachlalu darin kol Yitzchak Ribi amar

כֻּלְהוּ צַדִּיקֵי וַחֲסִידֵי לְבָתַר אִתְפַּשְׁטוּ וְאוֹלִידוּ וְאוֹלִיפוּ
ve'olifu ve'olidu itpashtu levatar vachasidei tzadikei kalho

אוּמָנוּתָא דְּעָלְמָא, לְשֵׁיצָאָה בְּרוֹמְחִין וְסַיְיפִין, עַד דְּאָתָא
da'ata ad usyafin beromchin leshetza'a de'alma umnuta

נֹחַ, וְאַתְקִין לוֹן תִּקּוּנָא דְּעָלְמָא, וּלְמִפְלַח וּלְאַתְקָנָא
ulatkana ulmiflach de'alma tikuna lon ve'atken Noach

אַרְעָא, דְּהָא בְּקַדְמֵיתָא לָא הֲווֹ זַרְעִין וְחָצְדִין, לְבָתַר
levatar vechatzdin zarin havo la bekadmeta deha ara

אִצְטְרִיכוּ לְהַאי, דִּכְתִיב עוֹד כָּל יְמֵי הָאָרֶץ וְגוֹ'.
vegomer ha'aretz yemei kol od dichtiv lehay itzterichu

481. Rav Yitzchak disse que todas aquelas gerações que tiveram origem e vieram de Shet eram pias e justas.

Mas à medida que elas se espalharam e se multiplicaram, as pessoas foram aprendendo as habilidades terrenas de destruição com espadas e lanças.

Isso continuou até a chegada de Noé.

Quando Noé veio pela primeira vez, as pessoas não plantavam nem colhiam. Ele melhorou o mundo para os habitantes daquela época e os ensinou a cultivar a terra. Então, eles passaram a depender da agricultura. Esse é o significado do versículo:

"Enquanto a terra durar..."

482. רְבִּי אֶלְעָזָר אֲמַר, זַמִּין קוּדְשָׁא בְּרִיךְ הוּא לְתַקָּנָא
letakana hu berich kudsha zamin amar Elazar Ribi

עָלְמָא, וּלְאַתְקָנָא רוּחָא בִּבְנֵי נָשָׁא, בְּגִין דְּיוֹרְכוּן
deyorchun begin nesha bivnei rucha ulatkana alma

יוֹמִין לְעָלְמִין, הֲדָא הוּא דִּכְתִיב כִּי כִימֵי הָעֵץ יְמֵי
yemei haetz kimei ki dichtiv hu hada le'almin yomin

עַמִּי וְגוֹ'. וּכְתִיב וּבִלַּע הַמָּוֶת לָנֶצַח וּמָחָה
ami vegomer uchtiv ubila hamavet lanetzach umacha

ה' אֱלֹקִים דִּמְעָה מֵעַל כָּל פָּנִים וְחֶרְפַּת עַמּוֹ
Hashem Elokim dima me'al kol panim vecherpat amo

יָסִיר מֵעַל כָּל הָאָרֶץ, כִּי ה' דִּבֵּר.
yasir me'al kol ha'aretz ki Hashem diber

482. Rav Elazar disse que, no futuro, o Criador irá corrigir o mundo e transformar o espírito da vida nas pessoas para que elas vivam para sempre.

A respeito disso está escrito:

"Porque os dias do meu povo serão como os dias da árvore".

E também:

"Ele eliminará a morte para sempre, e assim enxugará o Criador as lágrimas de todas as faces, e tirará de toda a terra a mácula do seu povo; porque o Criador o disse."

MEDITAÇÃO

Por meio das palavras desta meditação, despertamos em nós – em nossos corações e mentes – o verdadeiro propósito da Criação. Ao ler esta seção, também colocamos o mundo inteiro – incluindo a nós mesmos – um passo mais próximos de vivenciar uma realidade em que a dor, o sofrimento e até a própria morte são eliminados para sempre.

← Direção de leitura

רבִּי אֶלְעָזָר אֲמַר, זַמִּין קוּדְשָׁא בְּרִיךְ הוּא לְתַקְנָא

letakana Hu Berich Kudsha zamin amar Elazar Ribi

עָלְמָא, וּלְאַתְקָנָא רוּחָא בִּבְנֵי נְשָׁא, בְּגִין דְּיוֹרְכוּן יוֹמִין

yomin deyorchun begin nesha bivnei rucha ulatkana alma

Rav Elazar disse que, no futuro, o Criador irá corrigir o mundo e transformar o espírito da vida nas pessoas para que elas vivam para sempre.

Mais Livros que Podem Ajudá-Lo a Trazer a Sabedoria da Kabbalah para sua Vida:

O ZOHAR

Composto há mais de dois mil anos, o Zohar é um conjunto de vinte e três livros, com comentários sobre assuntos bíblicos e espirituais na forma de conversas entre mestres espirituais. Mas descrever o Zohar apenas em termos físicos é um grande equívoco. Na verdade, o Zohar é uma poderosa ferramenta para alcançarmos os mais importantes propósitos em nossas vidas. Foi dado a toda a Humanidade pelo Criador, para nos trazer proteção e nos conectar com Sua Luz, com o objetivo final de realizar nosso direito de nascença a uma verdadeira transformação espiritual.

Mais de oitenta anos atrás, quando o Kabbalah Centre foi fundado, o Zohar havia virtualmente desaparecido do mundo. Poucas pessoas, de modo geral, tinham ouvido falar dele. Quem procurasse lê-lo em qualquer país, idioma ou custo, via-se diante de uma longa e infrutífera busca.

Hoje, tudo isso mudou. Através do trabalho do Kabbalah Centre e dos esforços editoriais de Michael Berg, o Zohar está sendo levado ao mundo, não apenas no aramaico original, mas também em inglês. A nova versão do Zohar em aramaico/inglês oferece tudo o que é necessário para uma conexão com esse texto sagrado em todos os níveis: o texto original em aramaico para ser escaneado (ou seja, percorrido com nossos olhos, sem nos preocuparmos em entender o significado, apenas para nos conectarmos com seu poder) e a tradução para o inglês, com comentários claros, concisos, para estudo e aprendizado.

Kabbalah: O Poder de Mudar Tudo de Yehuda Berg

Kabbalah: O Poder de Mudar Tudo é um manual progressivo para a vida diária para despertar a consciência e criar mudança pessoal e global. Yehuda Berg examina as áreas problemáticas da política, da religião, do meio ambiente e da economia, e demonstra como tudo, independentemente de quão desanimador seja, pode ser transformado através da mudança de nossa mente. Escrevendo de uma maneira inteligente, concisa e às vezes irreverente, Yehuda Berg insiste para que arquemos com nossas responsabilidades, porque cada ação que fazemos no presente cria um efeito quântico. Esse livro explica a verdade incômoda de que as mudanças globais são oportunidades para a mudança individual. Mude sua mente e mude nosso mundo.

Tornando-se Como Deus de Michael Berg

Aos 16 anos, o estudioso da Kabbalah Michael Berg deu início à colossal tarefa de traduzir o Zohar, o principal texto kabalístico, do original em aramaico para a primeira versão completa em inglês. O Zohar – composto de 23 volumes – é considerado uma obra em que se encontra toda a informação sobre o Universo, sendo que sua sabedoria somente agora começa a ser comprovada pela ciência.

Durante os dez anos em que trabalhou na tradução do Zohar, Michael Berg descobriu o segredo, há muito esquecido, que a humanidade procura há mais de 5 mil anos: como alcançar o nosso destino final. Tornando-se Como Deus revela o método de transformação que permite às pessoas realmente se libertarem da chamada "natureza do ego" e alcançarem a verdadeira alegria e felicidade duradoura.

Berg apresenta a ideia revolucionária de que pela primeira vez na história está sendo oferecida à humanidade a oportunidade de Tornar-se Como Deus.

Os 72 Nomes de Deus de Yehuda Berg

Os 72 Nomes de Deus não são simplesmente nomes, mas uma verdadeira tecnologia de ponta que toca profundamente a alma humana. São a chave para nos livrarmos da depressão, do estresse, da estagnação, da raiva e de muitos outros problemas emocionais e físicos. Os 72 Nomes constituem uma conexão com a infinita corrente espiritual que flui no Universo. Ao utilizar essa fonte de poder da maneira certa, você consegue adquirir controle sobre a sua vida e transformá-la para melhor.

NANO: Tecnologia da mente sobre a matéria de Rav Berg

A Kabbalah explica como obter controle sobre o mundo físico, inclusive sobre nossa vida pessoal, no nível mais profundo da realidade. Ensina-nos a alcançar e estender a mente sobre a matéria e desenvolver a capacidade de criar plenitude, alegria e felicidade quando controlamos tudo no nível mais básico da existência. Assim, a Kabbalah antecede e prevê a tendência mais empolgante do atual desenvolvimento científico e tecnológico: a aplicação da nanotecnologia a todas as áreas da vida com a finalidade de criar resultados melhores, mais sólidos e eficientes.

Nesta sua mais recente e talvez mais brilhante obra, Rav Berg, um dos grandes kabalistas da nossa época, demonstra como a união entre a sabedoria da Kabbalah e o pensamento científico atual produzirão em um futuro próximo o fim do caos em nosso mundo.

Deus Usa Batom: Kabbalah para Mulheres de Karen Berg

Por milhares de anos, as mulheres foram proibidas de estudar a Kabbalah, a antiga fonte de sabedoria que explica quem somos e qual é o nosso propósito no Universo. Karen Berg mudou isso. Ela abriu as portas do Kabbalah Centre a toda e qualquer pessoa em busca dos ensinamentos da Kabbalah.

Em Deus Usa Batom, Karen Berg compartilha a sabedoria da Kabbalah, especialmente o que pode afetar a mulher e seus relacionamentos. Revela o lugar especial das mulheres no Universo e por que elas têm uma vantagem espiritual sobre os homens. Explica como encontrar nossa alma gêmea e o propósito de nossa vida, nos encorajando a sermos seres humanos melhores.

Luz Simples de Karen Berg

Karen Berg vem dedicando sua vida a apresentar os ensinamentos da Kabbalah ao mundo e a expandir o papel das mulheres tanto dentro do campo da espiritualidade como no da comunidade global. É co-diretora e co-fundadora do The Kabbalah Centre International, a maior organização educacional e espiritual voltada ao ensino dessa antiga e atemporal sabedoria. Seu trabalho é marcado por um ardente e constante entusiasmo diante da possibilidade da Kabbalah ser utilizada como uma ferramenta prática, permitindo que as próprias pessoas melhorem a qualidade de suas vidas.

Luz Simples não é para ser lido de uma só vez, ou seguindo uma sequência determinada, embora isso também possa ser feito; é um livro para ser lido sempre que precisar de alimento para a mente e de uma fonte de inspiração.

Educação de um Kabalista de Rav Berg:

A Kabbalah é a mais antiga tradição mística do mundo, anterior a qualquer religião organizada. É nada menos que um abrangente guia de vida – um conjunto de ferramentas espirituais para lidar com desafios, revelações, reveses e sucessos. Definitivamente, um caminho para a transcendência. Nenhum aspecto da Kabbalah é mais importante do que a relação mestre e discípulo. Em Educação de um kabalista, o elemento essencial em uma grande tradição espiritual é iluminado pelo autor.

Tendo como cenário o Estado de Israel durante o turbulento período da Guerra dos Seis Dias, as poderosas lembranças de Rav Berg trazem à tona o desenvolvimento de seu relacionamento pessoal com o grande kabalista Rav Yehuda Brandwein.

Rav Brandwein encontrou em Rav Berg o homem e a alma dignos de dar continuidade à jornada espiritual dos grandes kabalistas. E em Educação de um kabalista, você também percorrerá a mesma jornada com Rav Berg a seu lado.

Regras espirituais do Relacionamento:

Está difícil encontrar sua alma gêmea? Talvez seja a hora de tentar uma nova abordagem: As Regras Espirituais do Relacionamento.

A Kabbalah ensina que não estamos sozinhos e que nosso destino é ser feliz. Descubra como as Leis do Universo trabalham a seu favor, desde que você comece a entendê-las, a reconhecer o pleno potencial para o amor verdadeiro e o compartilhar que existe dentro de todos nós. Se você se dispor a fazer o esforço espiritual, verá que uma conexão verdadeira com a Luz e com outro ser humano se resume a uma questão de consciência e certeza. O poder está em suas mãos.

Idas e Vidas de Karen Berg

Se vivêssemos com total conhecimento da reencarnação e do karma, ficaríamos profundamente cientes do significado de nossas ações e não nos sentiríamos mais como vítimas desse mundo caótico e bizarro. A vida faria muito mais sentido, e seria infinitamente mais plena.

A reencarnação é a jornada da alma de volta à Luz, que se dá por meio de múltiplas encarnações físicas. Em cada vida, nossa alma retorna ao mundo físico para corrigir um aspecto diferente. Em uma encarnação, uma alma pode precisar aprender a ser financeiramente rica; na próxima, ela poderá ter de aprender a ser pobre. Pode precisar aprender sobre força ou fraqueza, raiva ou compaixão, beleza ou feiura. Não importa se éramos a Cleópatra ou um soldado da infantaria em uma encarnação passada, todos nós devemos estar conscientes das coisas em que falhamos em vidas anteriores e dos estragos que agora devemos consertar para que, dessa vez, façamos a correção necessária.

Ter consciência da jornada de nossa alma cria um contexto que pode guiar nossas vidas e ajudar-nos a dar valor a tudo que nos foi dado. Com este conhecimento, nossa alma conseguirá – após muitas vidas – a entender todas as lições e juntar todos os fragmentos. Com isso a alma reúne as centelhas da Luz de volta para si e, por fim, retorna completa à fonte de toda a Luz – ao Criador.

Quando temos consciência da reencarnação, os erros que cometemos nesta vida não se mostram tão devastadores: Nós desenvolvemos um nível de maturidade espiritual que nos permite perceber como tudo faz parte de um plano maior projetado para nos ajudar a mudar e crescer. A morte não é o fim do jogo, apenas uma chance de jogar novamente.

O KABBALAH CENTRE

Ensinamos Kabbalah não como estudo acadêmico, mas como uma maneira de criarmos uma vida melhor e um mundo melhor.

Quem somos

O Kabbalah Centre é uma instituição sem fins lucrativos e que tem como objetivo tornar os ensinamentos da Kabbalah compreensíveis e relevantes no nosso cotidiano. Os professores do Kabbalah Centre oferecem aos alunos ferramentas espirituais, baseadas em princípios kabalísticos que os alunos podem se dedicar a usar e que os ajudarão a enfrentar os desafios do dia a dia de uma forma diferente, tornando assim sua vida melhor. O Kabbalah Centre foi fundado por Rav Yehuda Ashlag em 1922 e hoje abrange o mundo inteiro com instalações físicas em mais de 40 cidades e ampla presença na internet. Para mais informações visite www.kabbalahcentre.com.br.

O que ensinamos

Há cinco princípios fundamentais:

Compartilhar: compartilhar é o propósito da vida e a única maneira de realmente recebermos plenitude. Quando compartilhamos, nos conectamos com a fonte de energia que a Kabbalah denomina Luz – a Infinita Fonte de Bondade, a Força Divina, o Criador. Ao compartilhar, podemos superar nosso ego – a força da negatividade.

Estar Consciente do Ego e o Equilíbrio do Ego: O ego é uma voz interna que faz com que as pessoas sejam egoístas, de mente estreita, limitadas, viciadas, irresponsáveis, negativas, zangadas, cheias de ódio e causem mal aos outros. O ego é a fonte principal dos nossos problemas, porque nos permite acreditar que os outros estão separados de nós. É o oposto do compartilhar e da humildade. O ego tem também um lado positivo, pois nos motiva à ação. Cabe a cada pessoa escolher se irá agir apenas em próprio benefício ou também em benefício dos demais. É importante estar consciente da existência de nosso ego e equilibrar sua parte negativa e positiva.

Existência de Leis Espirituais: Há leis espirituais no universo que afetam a vida das pessoas. Uma delas é a Lei de Causa e Efeito: o que colocamos no mundo iremos receber de volta, colhemos o que plantamos.

Somos Todos Um: Todo ser humano tem dentro de si a centelha do Criador, que liga cada um de nós a um único Todo. Esse entendimento nos coloca a par do preceito espiritual de que todo ser humano deve ser tratado com dignidade em qualquer ocasião e em qualquer circunstância. Individualmente, todos nós somos responsáveis pela guerra e a pobreza em todas as partes do mundo e uma pessoa não pode desfrutar plenitude verdadeira e duradoura enquanto outras pessoas sofrerem.

Sair de nossa zona de conforto pode criar milagres: Sentir desconforto para poder ajudar os outros nos permite acessar uma dimensão espiritual que, ao final, traz Luz e positividade às nossas vidas.

Como ensinamos

Cursos e Aulas. O Kabbalah Centre coloca seu foco diariamente em varias maneiras de ajudar os alunos a aprender os princípios centrais da Kabbalah: desenvolve cursos, aulas, palestras online, livros e materiais de áudio. Cursos e palestras online são fundamentais para alunos ao redor do mundo que querem estudar Kabbalah mas não possuem uma sede do Kabbalah Centre em sua comunidade.

Serviços e Eventos Espirituais. O Kabbalah Centre organiza e oferece semanal e mensalmente uma variedade de eventos sobre espiritualidade onde os alunos podem participar de palestras, meditações e também fazer refeições juntos. Alguns eventos são transmitidos ao vivo pela internet. O Kabbalah Centre organiza retiros espirituais e tours a locais de energia que foram tocados pela presença de grandes kabalistas. Por exemplo, há tours em locais onde os kabalistas estudaram ou foram enterrados, ou onde antigos textos como o Zohar foram elaborados. Eventos internacionais oferecem aos alunos do mundo inteiro a oportunidade de estabelecer conexões com energias únicas e disponíveis durante certos períodos do ano. Nesses eventos os alunos se encontram, compartilham experiências e constroem amizades.

Voluntariado. De acordo com o espírito dos princípios kabalísticos que enfatizam o compartilhar, o Kabbalah Centre oferece um programa de voluntariado para que os alunos possam participar de iniciativas em projetos humanitários, incluindo o compartilhar da sabedoria da própria Kabbalah através de programas de mentores. A cada ano, centenas de estudantes voluntários organizam projetos que beneficiam suas comunidades, como alimentação para os sem-teto, limpeza de praias e visitas a pacientes em hospitais.

Atendimento Personalizado. O Kabbalah Centre procura garantir que todo aluno receba suporte em seus estudos. Professores e mentores são parte da infraestrutura educacional disponível 24 horas por dia, 7 dias por semana.

Centenas de professores ao redor do mundo estão disponíveis aos alunos e também para criar programas de estudo para dar continuidade ao seu desenvolvimento. Esse estudo acontece pessoalmente, por telefone, em grupos de estudo, por meio de palestras na internet e até mesmo por meio de estudo dirigido ao aluno em formato de áudio ou pela internet.

Mentorado. O programa de mentores do Kabbalah Centre oferece a todo novo aluno um mentor que irá ajudá-lo a compreender melhor os princípios e ensinamentos kabalísticos. Os mentores são experientes alunos de Kabbalah interessados em dar suporte a novos alunos.

Publicações. Anualmente, o Kabbalah Centre traduz e publica alguns dos mais desafiadores textos kabalísticos para estudiosos em nível avançado, incluindo o *Zohar, Os Escritos do Ari* e *As Dez Emanações Luminosas com Comentários.* Baseados nessas fontes, o Kabbalah Centre publica anualmente, em mais de 30 idiomas, livros elaborados especialmente para iniciantes e para alunos de nível intermediário e os distribui ao redor do mundo.

Projeto Zohar. O *Zohar*, o principal texto da sabedoria kabalística, é um comentário a respeito de questões bíblicas e espirituais e foi compilado há mais de dois mil anos, sendo que se acredita seja uma fonte de Luz. Os kabalistas acreditam que quando ele é levado às áreas de escuridão e turbulência, pode criar mudança e trazer melhorias. O Projeto Zohar do Kabbalah Centre compartilha o *Zohar* em 95 países, distribuindo gratuitamente exemplares a organizações e indivíduos em reconhecimento pelos serviços prestados à comunidade e também em locais em perigo. No ano passado, mais de 50.000 exemplares do *Zohar* foram doados a hospitais, embaixadas, locais de cultos religiosos, universidades, organizações sem fins lucrativos, serviços de atendimento de emergências, zonas de guerra, locais devastados pela natureza, soldados, pilotos, funcionários governamentais, profissionais da área medica, pessoas envolvidas com ajuda humanitária entre outros.

Atualmente no Brasil existem duas sedes:

São Paulo
Alameda Itu, 1561 – Jardim Paulista
São Paulo – SP – 01421-005
Tel.: 11 3065 8555 - 11 3061 2307
E-mail: kcsaopaulo@kabbalah.com

Rio de Janeiro
Rua Vitor Maúrtua, 15 – Lagoa
Rio de Janeiro – RJ – 22471-200
Tel.: 21 3042 7272
E-mail: kcrio@kabbalah.com

Estude de qualquer lugar do mundo: Kabbalah *on-line* e apoio ao aluno

Se você tem condições de acesso a uma sede física do Kabbalah Centre ou não, devido a limitações de tempo ou localização, oferecemos outras oportunidades de participação na Comunidade do Kabbalah Centre.

São 3 passos simples para começar a estudar Kabbalah de qualquer lugar:

1) Siga nossa página no Facebook: vídeos gratuitos diários, insights e inspirações, além de ficar informado sobre eventos e promoções

2) Visite nosso site: www.kabbalahcentre.com.br para receber seu exemplar gratuito do bestseller internacional "O Poder da Kabbalah", de Yehuda Berg (mais de 180.000 cópias distribuídas gratuitamente até fevereiro de 2014)

Aliás, no mesmo site também oferecemos blogs, boletins informativos, sabedoria semanal, loja virtual, aulas *on-line* e muito mais. É uma forma excelente de se manter em sintonia com a sabedoria kabalística e também estar em em contato conosco, tendo acesso a programas que irão expandir sua mente e desafiar você a continuar seu trabalho espiritual.

3) Quer aprofundar-se na Sabedoria da Kabbalah? Comece estudando on line o Curso "O Poder da Kabbalah 1". Este curso é uma introdução à Kabbalah, com insights práticos para o dia a dia. Muitas respostas, para as perguntas mais intrigantes sobre a vida e um jeito bem simples para, de fato, ter mais controle sobre sua vida.

Todos os cursos e seminários são gravados e disponibilizados no nosso Portal do Aluno. Então, não importando onde você esteja, poderá acessar o Portal e fazer um bom proveito da sabedoria.

Também criamos grupos de estudos em diversas cidades brasileiras, além de oferecermos ao aluno a oportunidade de entrar em contato com um mentor, individualmente.

Para ter acesso a tudo isso entre em contato conosco

Tel.: 0800 7723272

E-mail: kcbrasil@kabbalah.com | suporte@kabbalahcentre.com.br

www.kabbalahcentre.com.br

Twitter: kabbalah_brasil

Facebook: Kabbalah Centre Brasil

Se você tem conhecimento da língua inglesa pode também checar os contatos do Kabbalah Centre International

www.kabbalahcentre.com

E-mail: kcare@kabbalah.com

Para aulas e seminários on-line em inglês acesse:
www.ukabbalah.com